MW01169069

Extraños
en dos patrias
Heidrun Adler,
Adrián Herr (eds.)

TEATRO EN LATINOAMÉRICA

Editado por la
Sociedad de Teatro y Medios
de Latinoamérica

Vol. 12

Extraños en dos patrias:

Teatro latinoamericano

del exilio

Editado por
Heidrun Adler y Adrián Herr
con la colaboración de
Almuth Fricke

Vervuert · Iberoamericana

2003

Bibliographic information published by Die Deutsche Bibliothek
Die Deutsche Bibliothek lists this publication in the Deutsche Nationalbibliografie;
detailed bibliographic data is available in the Internet at http://dnd.ddb.de.

© Iberoamericana, Madrid 2003
© Vervuert Verlag, Frankfurt am Main 2003
Reservados todos los derechos
Diseño de la portada: Michael Ackermann
Ilustración: Lorenzo Jaramillo: *cabezas*
   ISBN 84-8489-082-1 (Iberoamericana)
   ISBN 3-89354-661-8 (Vervuert)
   Depósito legal: M. 4.589-2003
The paper on which this book is printed meets
the requirements of ISO 9706
Printed in Spain
Imprenta Fareso, S. A.

El secreto de la redención es la memoria.

Para Pedro R. Monge Rafuls

Indice

Jens Häseler
¿VOCES EXTRAÑAS EN EL ÉTER?
DRAMAS RADIOFÓNICOS DE AUTORES CHILENOS EN LA RDA

Prólogo

El *Cantar de Mio Cid*, el poema épico en castellano antiguo que funda la lengua literaria de España, tiene como tema el exilio y la esperanza del regreso a la patria. Comienza con los versos:

> De los sos ojos tan fuertementre llorando,
> tornava la cabeça i estávalos catando.

El Cid vuelve la vista a la patria que tiene que abandonar. El siglo XX ha sido testigo de sucesivas oleadas de ciudadanos latinoamericanos que se han visto forzados a abandonar su patria, porque sus convicciones estaban en profunda discrepancia con la realidad de sus países; en muchas ocasiones, simplemente para salvar su vida. En la mayoría de los casos, no tuvieron tan siquiera la posibilidad de mirar atrás para despedirse. Cuando no fueron deportados sin más, tuvieron que huir precipitadamente, a menudo sin equipaje. El chileno Fernando Alegría describe su camino al exilio:

> Yo, un hombre sencillo, comencé el exilio - esta existencia que no tiene que ver con un país en específico, con un tiempo o con un lugar, como un despatriado entre despatriados.[1]

Si bien es posible que la gente de teatro esté más capacitada para adaptarse a nuevos ambientes - con frecuencia se refieren al escenario como su única patria -, también se ve expuesta, como los demás, a las dramáticas consecuencias del exilio. Para ganarse la vida, muchos tuvieron que ejercer trabajos ocasionales para los que estaban sobrecalificados, enseñar su idioma en universidades de segunda fila, etcétera. Tan sólo unos pocos lograron sobrevivir como dramaturgos, directores de escena o actores.

En el ámbito de los estudios latinoamericanos, no existe hasta ahora una investigación sistemática del exilio que incluya el teatro equiparable a la que llevan a cabo los germanistas y respecto a la emigración judía. Podemos mencionar aquí el minucioso trabajo pionero que ha realizado Osvaldo Obregón en su *Théâtre latino-américain en France, 1958-1987* (Rennes, 2000) y en numerosos artículos; el libro *Exils latino-américains: la malédiction d'Ulysse*, editado por Ana Vázquez y Ana María Araujo (París 1988), en el que aparecen también unas pocas personas vinculadas al mundo del teatro; *Documentación teatral*, las hojas publicadas por Jorge

---

[1] Fernando Alegría: „One true sentence", en REVIEW, *Latin American Literature and Arts* 30, 7 (sept., dic. 1981), pp. 21-23.

Díaz y Eduardo Guerrero en los años ochenta sobre las actividades de los artistas de teatro latinoamericanos en el exilio; los escritos sobre el trabajo teatral de Augusto Boal en Europa. En Estados Unidos, el ART HERITAGE CENTER y la revista *OLLANTAY* en Nueva York intentan reunir las publicaciones sobre el tema del exilio. *El vestuario se apolilló. Una historia del teatro El Galpón* (Montevideo, 1999), de César Campodónico, documenta el exilio mexicano del grupo EL GALPÓN de Montevideo.[2]

El presente volumen, *Extraños en dos patrias: teatro latinoamericano del exilio* acompaña la antología *Theaterstücke des lateinamerikanischen Exils,* el séptimo proyecto de la serie *Moderne Dramatik Lateinamerikas.*[3] En él se reúnen ensayos sobre distintos aspectos del teatro latinoamericano en el exilio. Se da por sentado que los términos de la discusión acerca del tema "exilio o emigración" son conocidos.[4] Sólo a modo de resumen: los conceptos de "destierro" (apropiado para el caso del Cid) y de "ostracismo", que definen el fenómeno del que nos ocupamos, han sido sustituidos por el más moderno de "exilio". Se entiende por "emigración" el abandono voluntario del propio país, pero muchas personas se ven más o menos obligadas a emigrar a causa de una situación política represiva. Además, si consideramos las migraciones masivas del siglo XX, ya no parece posible establecer una delimitación clara entre exilio y emigración. Nuestro interés se centra, no obstante, en el exilio motivado por razones políticas.

---

[2] El grupo EL GALPÓN DE MONTEVIDEO vivió de 1976 a 1984 en el exilio en México, donde casi todos de sus integrantes permanecieron unidos. El grupo tenía una casa propia que convirtió en un centro cultural. Las autoridades mexicanas le permitieron realizar representaciones por todo el país. Roger Mirza menciona más de 1500 funciones, 250 de las cuales fuera de México. EL GALPÓN vivió un intenso intercambio con otras formas de teatro que enriquecieron enormemente su trabajo al regresar a Montevideo.

[3] Hasta ahora han aparecido: 1. *Theaterstücke aus Argentinien,* eds. Hedda Kage; Halima Tahán. St. Gallen, Berlín, São Paulo 1993. 2. *Theaterstücke aus México,* eds. Heidrun Adler; Víctor Hugo Rascón Banda. Ibíd. 1993, con volumen complementario: *Materialien zum mexikanischen Theater,* eds. Heidrun Adler; Kirsten Nigro, Berlín 1994. 3. *Theaterstücke aus Brasilien,* eds. Henry Thorau; Sábato Magaldi, Berlín 1996. 4. *Theaterstücke lateinamerikanischer Autorinnen,* eds. Heidrun Adler; Kati Röttger. Frankfurt/Main 1998, con volumen complementario: *Performance, Pathos, Política - de los sexos.* ibíd. 1998. 5. *Kubanische Theaterstücke,* eds. Heidrun Adler; Adrián Herr. Frankfurt/Main 1999, con volumen complementario: *De las dos orillas: teatro cubano.* ibíd. 1999. 6. *Theaterstücke aus Chile,* eds. Heidrun Adler; María de la Luz Hurtado. Frankfurt/Main 2000, con volumen complementario: *Resistencia y poder: Teatro en Chile,* eds. Heidrun Adler; George Woodyard, Frankfurt/Main 2000.

[4] Véase, entre otros, Said 1984, Kaplan 1996, Israel 2000.

Como introducción al tema, Osvaldo Obregón ofrece una visión general de la diáspora[5] latinoamericana. También aborda las consecuencias de una larga estancia en el extranjero y las dificultades del regreso, que describe valiéndose de un neologismo acuñado por Mario Benedetti: des-exilio. Por último, nos ofrece un panorama detallado del trabajo de autores y compañías de teatro latinoamericanos en Francia y de las diversas dificultades a las que tienen que enfrentarse. Entre ellas, los artistas mencionan la lengua como el mayor obstáculo para proseguir su trabajo en el extranjero. Siendo la lengua un medio esencial del teatro, muchos latinoamericanos buscaron refugio en España, donde no era de temer encontrarse con barreras lingüísticas. Pero la lengua, como dice Heidegger, es la morada del ser. El fenómeno lingüístico es parte de otro más amplio que denominamos cultura. Cada medio cultural tiene sus normas particulares que se reflejan en la lengua. Y esa rica pluralidad semántica se pierde en la comunidad lingüística extranjera. Sólo en los casos más felices el drama escrito en el exilio se vuelve texto para los teatros del exilio.

Partiendo de algunas experiencias propias como hombre de teatro, el español Guillermo Heras describe lo difícil que les resulta precisamente a los latinoamericanos abrirse paso en el mundo del teatro en España. Nora Eidelberg, sirviéndose del ejemplo de la autora argentina Roma Mahieu, muestra con todo detalle cómo una obra de teatro escrita en Argentina tiene que ser reescrita para poder adaptarla al público español, porque las experiencias asociadas a unas palabras y una sintaxis concretas no se dejan trasladar mecánicamente a otro ambiente cultural. Pues la lengua es la que caracteriza a cada personaje, la que deja constancia de su posición social. Pero en un país extranjero la identificación a través del lenguaje no siempre funciona. Las obras de Mahieu apenas se representan en España. Después de veinte años la autora sigue siendo una extraña.

También el chileno Jorge Díaz ha pasado por una experiencia de exilio semejante a la de Mahieu. (Woodyard 2000: 79-94), aunque no por ello la condición de extranjero reciba el mismo tratamiento dramático en ambos autores. Efectivamente, mientras que en la obra de Díaz se discute sobre el exilio, Mahieu nos hace percibir el aislamiento cultural de sus personajes, a quienes muestra como marginados sociales o incluso enfermos. El sentimiento de ser un extraño, de estar excluido, es un tema que recorre toda la obra de Mahieu escrita en España.

---

5 El concepto se utiliza, según la definición de Kaplan, para referirse a un grupo "de personas expulsadas de un país".

Argentina es un país con una larga experiencia de exilio en ambas direcciones: por una parte es el clásico país de inmigración - la situación de los inmigrantes en Argentina, en su mayoría italianos, ha dado lugar a una singular manifestación teatral, el *grotesco criollo* -, por otra, las repetidas dictaduras han empujado periódicamente a los ciudadanos argentinos al exilio. Osvaldo Pellettieri nos ofrece un panorama de teatristas argentinos en el exilio.

En *Trauma y discurso: Tres piezas del exilio* George Woodyard presenta, junto con dos autores argentinos y uno chileno, las connotaciones predominantemente negativas del exilio. Roberto Cossa, cuyos textos se desarrollan en el ambiente de los inmigrantes italianos en Argentina, en *Gris de ausencia* nos muestra a estos mismos inmigrantes en Europa, adonde han regresado como exiliados de la Argentina. Arístides Vargas nos hace ver la experiencia del desarraigo como un vivir en vilo permanente, y Jorge Díaz se ocupa en concreto de la supervivencia en el exilio y la superación del trauma.

En *Asedios a una tradición: aspectos del motivo exílico en el teatro cubano postrevolucionario* Jorge Febles analiza el tema del exilio en las obras de autores cubanos de ambas orillas. Este tema se inserta en una tradición que se puede remontar hasta los orígenes de la literatura nacional cubana. La añoranza de la patria, la protesta y el topos de la familia dividida son unas constantes del teatro cubano que dan testimonio del conflicto recurrente entre irse y quedarse.[6] Febles muestra los cambios en el tratamiento del motivo tanto en Cuba como en el exilio: si inmediatamente después de la Revolución dejaba traslucir la mutua antipatía de ambas partes, en los últimos tiempos permite reconocer un claro acercamiento.

El conflicto de identidad de los "hijos del exilio" hace necesaria una diferenciación conceptual entre literatura del exilio y literatura étnica. Frauke Gewecke analiza en *Teatro y etnicidad: el ejemplo de los 'Cuban Americans'* varias obras de teatro de autores cubanos que viven en Estados Unidos y expone con una terminología clara los distintos estadios en el proceso de transformación de la identidad del exiliado: conciencia de la tradición, exaltación de la misma y, finalmente, apertura a la asimilación en la segunda o tercera generación.

Dos autores exilados distinguidos, Pedro R. Monge Rafuls y José Triana, sirven de ejemplo para analizar la función compensatoria del exilio.[7] Ambos autores aceptan el exilio como una parte de su identidad

---

6   Véase Montes Huidobro 1973.
7   Remitimos asimismo a las publicaciones sobre la obra de Matías Montes Huidobro de Jorge Febles y José Escarpanter y a Armando González, Jorge Febles: *Matías Montes Huidobro: Acercamiento a su obra literaria*. Levingston 1997.

social y personal. Triana vive en Francia, Monge Rafuls en Estados Unidos. Ambos aprovechan su situación de extranjeros para ampliar horizontes, desplazar perspectivas, desarrollar potenciales. Monge Rafuls se considera, explícitamente, un autor del exilio que adopta, no obstante, una actitud positiva respecto a ambas culturas: la cubana propia y la del país que lo acoge. Utiliza ambas como potencial combativo y conciliador para la propia creatividad.

> It is necessary to level a correct focus on the creative problematic without the author feeling he is loosing contact with the historicity of the culture at the same time that his role as emigrant intellectual finds himself suspended outside of history placed in a position alternating between judging history or annuling it, breaking with a past which weighs him down or, on the contrary, trying to sustain an arbitrary identification with the inheritance of the past, which can be transformed into a guardianishipism checking the creative search in the new and foreign world where he finds himself living. (Monge Rafuls 1994: 37)

Monge Rafuls se ha planteado como un reto el hecho de haber tenido que abandonar su país y ha desarrollado energías positivas encaminadas al entendimiento entre ambas culturas, no sólo en su obra, sino también con la fundación del ART HERITAGE CENTER y de la revista *OLLANTAY*. Salman Rushdie, refiriéndose a su novela *Este, Oeste*, se define como la coma entre ambos, el signo que une y separa al mismo tiempo. Monge Rafuls es asimismo una coma entre las culturas del Norte y del Sur.[8]

La obra de José Triana juega, como muestra Christilla Vasserot en *José Triana: El teatro como patria*, con la confusión de espacio y tiempo, lo que le permite ver su entorno desde dentro y desde fuera como "desde un exilio permanente". En su caso, más que en el de cualquier otro autor teatral latinoamericano, se puede afirmar que la obra que nace en el exilio va a ser casi necesariamente arte del desarraigo. Hay que decir, sin embargo, que la condición de exiliado de Triana es sobre todo consecuencia de un exilio interior.

La frontera entre México y Estados Unidos constituye una situación especial. Los territorios a ambos lados de la línea fronteriza tienen entre sí más cosas en común que con las culturas a las que pertenecen políticamente. Iani Moreno describe en *Exilio fronterizo* ese espacio singular entre dos culturas denominado Nepantla. Sus habitantes atraviesan diariamente en ambas direcciones no sólo la frontera política sino también la cultural. Su percepción tiene que ser por fuerza contrapuntística, ya que continuamente son testigos de dos culturas diferentes.

---

8 Esta es la razón por la cual le hemos dedicado este volumen.

En *El espejo trizado: Las figuraciones como pasos fronterizos del diálogo cultural*, Uta Atzpodien muestra la gran creatividad que puede engendrar esa situación fronteriza, tomando como ejemplo a Guillermo Gómez-Peña, el artista de performances mexicano-norteamericano. Gómez-Peña se define a sí mismo como "border-artist". Hace hablar a sus personajes en los distintos idiomas de la línea fronteriza y aprovecha los estereotipos de ambas culturas para romper los esquemas de pensamiento. Inventa palabras fronterizas y escenifica sus performances con la participación del público. A partir de los conceptos de "figuración" y de "hibridismo", Atzpodien presenta al artista como un ejemplo de pensamiento que trasciende las fronteras.

Muchos exiliados políticos latinoamericanos llegaron también a Alemania. En el mundo del teatro no tenían ninguna posibilidad de abrirse paso, pero descubrieron un medio completamente nuevo para ellos: los dramas radiofónicos. Lo que describe Jens Häseler basándose en los ejemplos de los chilenos Carlos Cerda y Omar Saavedra Santis en Alemania oriental, es igualmente válido para Antonio Skármeta, Luis Sepúlveda y otros autores en Alemania occidental.

El director chileno Carlos Medina habla con el director alemán Alexander Stillmark de sus experiencias como actor y director de escena en Alemania. Medina logró concentrarse en lo que Alemania le pudo ofrecer - el teatro de Bertolt Brecht.

En el presente volumen no hemos incluido ningún ensayo sobre el tema de las mujeres en el exilio. Por una parte, porque ya existe un trabajo sobresaliente de Olympia B. González, *La dramaturga femenina cubana fuera de Cuba* en *de las dos orillas: teatro cubano* (Adler, Herr 1999: 157-165), que trata los complejos temáticos "femeninos": la quiebra de las estructuras familiares tradicionales y de los roles estereotipados, la emancipación, etc. Por otra, porque la actitud básica en lo que se refiere a la superación de las experiencias traumáticas del exilio se expresa sobre el escenario en determinados comportamientos humanos que no necesariamente son específicos de uno u otro sexo.

Acerca del título de este volumen, conviene precisar que "patria" no se entiende aquí como un "valor eterno" cargado de connotaciones sentimentales, sino simplemente como lugar en el que tiene sus raíces un individuo concreto. Si este se ve obligado a exiliarse, tendrá irremediablemente que cortarlas. En su ensayo *Wohnung beziehen in der Heimatlosigkeit*, (1994: 15-30) el filósofo checo Vilém Flusser distingue entre patria y casa. Los ensayos aquí reunidos muestran que, en su mayor parte, los exiliados no se instalaron únicamente en una casa en el país extranjero, sino que, a lo largo de un proceso de sutil transculturación, echaron raíces, llegaron en cierto modo a sentir la nueva patria como propia. Y, sin embargo, no dejaron de ser extraños. Por otro lado, la experiencia del exilio los convirtió en extraños en su propia patria. Son *extraños en dos patrias*.

Heidrun Adler

Literatura

Alegría Fernando: "One true Sentence", en REVIEW, *Latin American Literature and Arts* 30, 7 (September, Dezember 1981), pp. 21-23.

Flusser, Vilém: *Von der Freiheit des Migranten. Einsprüche gegen den Nationalismus.* Berlin 1994.

Gómez-Peña, Guillermo: *Warrior for Gringostroika.* Minnesota 1993.

Israel, Nico: *Outlandish: Writing between Exile and Diaspora.* Stanford 2000.

Kaplan, Caren: *Questions of Travel. Postmodern Discourses of Displacement.* Durham, 1994, pp. 37-42. London 1996.

Monge Rafuls, Pedro R.: "On Cuban Theater", en *Lo que no se ha dicho.* New York 1994, pp. 31-42.

Montes Huidobro, Matías: *Persona, vida y máscara en el teatro cubano.* Miami 1973.

Said, Edward: "The Mind of Winter: Reflections on Life in Exile", en HARPER'S (September 1984), pp. 49-50.

Woodyard, George: "Jorge Díaz, y el teatro chileno desde la otra orilla", en *Resistencia y poder: teatro en Chile.* (Adler, Woodyard 2000), pp. 79-94.

Traducción Luis Muñiz

Osvaldo Obregón

Teatro latinoamericano en el exilio: Francia

La crisis política sufrida por algunos países sudamericanos entre los años '60 y '80 (Brasil, Uruguay, Chile y Argentina), en el contexto determinado marcadamente por la Guerra Fría en el plano internacional, provocó un éxodo masivo de teatristas, probablemente el más grande ocurrido hasta entonces. El fenómeno de las dictaduras, por desgracia frecuente en Latinoamérica, afectó también a países con democracias consideradas más estables como Chile y Uruguay. La represión ejercida sobre los militantes o simpatizantes de izquierda y extrema izquierda fue particularmente brutal, repercutiéndose a veces en sus familiares, incluso aquéllos carentes de toda participación política. El domicilio vigilado, la cárcel, la expulsión del país, el campo concentracionario, la ejecución sin proceso, la desaparición organizada, fueron los instrumentos sistemáticos de la represión, pasando por la tortura física y moral llevada a extremos inimaginables, como lo registran los informes anuales de Amnistía Internacional. En el presente trabajo, nos proponemos dar primero un panorama general muy sintético de la diáspora, señalar las etapas del exilio prolongado y sus consecuencias, para luego referirnos específicamente a la actividad de los teatristas exiliados en Francia.[1]

La diáspora teatral latinoamericana

Las dictaduras se ensañaron también con los artistas e intelectuales. La muerte trágica del chileno Víctor Jara - cantautor popular y director de escena - tuvo resonancia internacional, pero es un caso entre muchos otros menos divulgados. El dramaturgo Mauricio Rosencof sufrió años de cárcel para exiliarse después en Suecia. El brasileño Augusto Boal - dramaturgo, director y teórico - corrió parecida suerte, exiliándose, después del encarcelamiento, en Argentina, Portugal y Francia. Varios autores argentinos buscaron asilo en los '70 y '80: Alberto Adellach, Roma

---

[1] En trabajos anteriores hemos tratado el tema de la difusión y recepción del teatro latinoamericano en Francia, comenzando por nuestra tesis, seguida de algunos artículos que pueden consultarse en la bibliografía final. El presente artículo profundiza "Teatristas latinoamericanos en Francia: los problemas del exilio", en la medida en que desarrolla con mayor amplitud la actividad de los exiliados estrictamente políticos.

Mahieu y Eduardo Pavlovsky en España; Andrés Lizárraga y Juan Carlos Gené en Venezuela; Osvaldo Dragún en Cuba; Griselda Gambaro en Francia y otros países; el guatemalteco Manuel José Arce y la chilena María Asunción Requena en Francia; los chilenos Alejandro Sieveking (Costarrica) y Jaime Silva (España y Canadá); el uruguayo Mario Benedetti en Cuba y España.[2]

Hay casos particulares de autores que residían en el extranjero por voluntad propia y que, en total ruptura con los regímenes dictatoriales, se convirtieron en verdaderos exiliados, como sucedió con el chileno-español Jorge Díaz (España) y el argentino Arnaldo Calveyra (Francia). A esta nómina muy incompleta hay que agregar también a los disidentes cubanos exiliados: Eduardo Manet y José Triana, que estaban en Francia y España respectivamente, y que regresaron en los comienzos de la revolución para integrarse a las tareas de reconstrucción de la sociedad cubana. Sin embargo, al cabo de algunos años, decepcionados de su rumbo, se exiliaron ambos en Francia, el primero en 1968 y el segundo en 1980. Por su parte, Matías Montes Huidobro y Pedro Monge Rafuls se exiliaron en Estados Unidos y Héctor Santiago, en España, entre los más conocidos (Vasserot 1995).

Es difícil aún medir la amplitud de la diáspora teatral latinoamericana del período señalado. Sorprende el hecho de que compañías enteras tuvieran que partir a otros países americanos o europeos, no siempre de lengua española. Además, en muchos casos, directores y actores exiliados fundaron grupos teatrales en los países de exilio, integrando a compatriotas, a otros teatristas latinoamericanos y a naturales del país que les acogía. A continuación, una muestra de la primera categoría: EL GALPÓN de Montevideo (en México), el TEATRO DEL ANGEL de Santiago de Chile (en Costarrica); el TEATRO DE LOS BUENOS AYRES (en España); y EL TÚNEL de Chile (en Argentina).

Dos grupos chilenos que estaban en gira en el momento del golpe militar prefirieron quedarse en el exilio: LA COMPAÑÍA DE LOS CUATRO (Héctor y Humberto Duvauchelle, Orietta Escámez) y LOS MIMOS DE NOISVANDER (ambos en Venezuela). En cambio, el TEATRO ALEPH, también chileno, que participó en el Festival de Nancy 1973 y continuó su viaje a Cuba, regresó al país pocos días antes del golpe, en donde fue

---

[2] En este apartado utilizamos como fuente principal las hojas editadas promediando los años '80 por Jorge Díaz y Eduardo Guerrero tituladas: *Documentación teatral* (Madrid), que abundan en informaciones sobre la actividad de los teatristas latinoamericanos en la dilatada geografía del exilio.

objeto de una feroz represión (actores encarcelados y, entre éstos, uno desaparecido). Oscar Castro, después de permanecer varios años en diferentes campos de concentración y bajo la presión del gremio de teatristas a nivel internacional, logró exiliarse en Francia y refundar el GRUPO ALEPH con artistas chilenos y latinoamericanos.

Las compañías constituidas en el exilio[3], en su gran mayoría, lo han sido sobre la base de núcleos de actores y directores latinoamericanos. En Suecia se crearon varios grupos: TEATRO POPULAR LATINOAMERICANO, fundado en 1979 por Hugo Álvarez (arg., ex FRAY MOCHO) e Igor Cantillana (chil.); TEATRO SANDINO fundado por el mismo Cantillana poco después; GRUPO ARGENTINO EL TÁBANO; GRUPO LA GUIROLA; TEATERGRUPPEN EL GRILLO; y TALLER SUR (Luján Leiva 1996). En la República Federal de Alemania, se fundaron el GRUPO RAÍCES de Leonardo Martínez y Hernán Poblete; y el TEATRO LATINOAMERICANO DE COLONIA de César Aguilera. En la República Democrática Alemana, el TEATRO LAUTARO; y en España nacieron la COMPAÑÍA CHILENA DE TEATRO, en torno a Jorge Díaz, el grupo LOS ERRANTES de Carlos Lamas, y el TEATRO DE HOY con Gabriela Hernández y otros. En Noruega, se desarrolló el GRUPO CATAPLUM de Ernesto Malbrán; en Canadá, LA BARRACA de Jaime Silva; en Inglaterra, TEATRO CHILENO DE MIMOS de Francisco Morales y

---

3 Entre el 16 y 23 de octubre de 1983 se realizó en Estocolmo el Encuentro de Teatro Latinoamericano en el Exilio, organizado por el I.I.T. Sueco y el Comité del Nuevo Teatro con la colaboración del CELCIT. Tuvo carácter de festival y de congreso a la vez. Participaron las siguientes compañías: TEATRO SANDINO (Suecia) con *Romeo y Julieta* de Shakespeare; EL GALPÓN (Uruguay/México) con *Pedro y el capitán* de Mario Benedetti; Grupo argentino EL TÁBANO (Suecia) con *Oficial primero*; TEATRO VIVO DE GUATEMALA (México) con *El mundo de los burros*; TEATRO CHILENO DE MIMOS (Inglaterra) con *Being here*; TEATRO LATINOAMERICANO DE COLONIA (Alemania Federal) con *Elmo*; TEATRO ALEPH (Chile/Francia) con *La increíble y triste historia del General Peñalosa y del exiliado Mateluna* de Oscar Castro; SOL DEL RÍO 32 (El Salvador/México) con *La mano segura de Dios*; COMPAÑÍA LA QUEBRADA (Chile/Suecia) con *Vamos a contar un cuento*; LA PALOMITA con *Los cuentos del Mago Tirole*; TALLER EXPERIMENTAL DE DANZA SUR (Suecia) con *Fragmentos de imágenes*; y TEATRO POPULAR LATINOAMERICANO (Argentina/Suecia) con *Los casos de Juan el Zorro* de Bernardo Canal Feijóo.
Referente al congreso sobre el tema „Teatro y exilio" presentaron ponencias: Atahualpa del Cioppo, César Campodónico y Rubén Yáñez (Uruguay/México), Roberto Genta (Uruguay/Holanda); Nelson Mezquida (Uruguay/Suecia); Christian Trampe (Chile/Noruega); Francisco Morales (Chile/Inglaterra); Hugo Álvarez (Argentina/Suecia); Orlando Rodríguez (Chile/Venezuela); Oscar Castro y Osvaldo Obregón (Chile/Francia). Las actas de este congreso no fueron publicadas.

Gloria Romo; en Bélgica, el TEATRO DE AMÉRICA MORENA de Omar López Galarce; en Venezuela, GRUPO ACTORAL 80 de Juan Carlos Gené y Verónica Oddó; y en Francia, el TEATRO ALEPH, ya citado y el TEATRO DE LA RESISTENCIA de Gustavo Gac-Artigas y Perla Valencia. Muchos actores chilenos ya consolidados en sus respectivos países siguieron el camino del exilio: Nelson Villagra (Cuba), Marés González (Francia), Carla Cristi (España), Patricio Contreras (Argentina), Sara Astica y Marcelo Gaete (Costarrica) y Julio Yung y María Elena Duvauchelle (Venezuela), entre muchos otros. Sería demasiado largo citar a todos los actores que integraron las compañías formadas en el exilio.

Este éxodo masivo de teatristas, sin precedentes en América Latina, ha tenido inevitables consecuencias, tanto para la evolución teatral de los respectivos países afectados, como para el destino profesional de los mismos teatristas, individualmente considerados. El exilio (nos parece más certero el término "destierro") es una experiencia radical de la cual nadie sale indemne. Muy diferente, como experiencia, a la de emigrar por propia voluntad, como ha sido el caso de numerosos teatristas latinoamericanos de generaciones anteriores, que buscaban perfeccionarse en países americanos y europeos (España, Francia e Inglaterra, de preferencia). Si se hiciera una lista de los directores, escenógrafos y actores más destacados de América Latina se podría constatar, con cierta sorpresa, que un porcentaje importante tuvo becas y oportunidades de estudiar o practicar en el extranjero.

París ha ejercido una atracción particular sobre los teatristas latinoamericanos, los cuales tuvieron (o han tenido), ya sea una estancia temporal breve o larga ya sea una residencia casi definitiva. Algunos nombres: Sebastián Salazar Bondy, Xavier Villaurrutia, Enrique Buenaventura, Eduardo Manet, Arnaldo Calveyra y Federico Undiano (autores); Alejandro Jodorowski, Rafael Rodríguez Vigouroux, Alberto Rody, Jorge Lavelli, Eduardo Lameda, Víctor García, Antonio Díaz Florián y Alfredo Rodríguez Arias (directores).

Precisamente, la estancia demasiado larga en otro país entraña el riesgo de una separación definitiva del país de origen, lo que en un trabajo anterior hemos denominado "el efecto de residencia prolongada" (Obregón 1988). Este riesgo amenaza a todos los exiliados, sin distinción: a los que partieron por propia voluntad, a los que no tuvieron otra alternativa que dejar su país y a los que fueron violentamente expulsados.

El exilio y sus consecuencias

El exilio, fenómeno tan viejo como el mundo, aparece registrado en la historia de manera recurrente y está presente, como tema, en las mitologías, en el arte y en la literatura, incluyendo por supuesto el teatro. Ana Vázquez y Ana María Araujo son las autoras de un estudio sobre un grupo de exiliados del Cono Sur (la mayoría no teatristas) titulado: *Exils latinoaméricains. La malédiction d'Ulysse* (Vázquez, Araujo 1988), en el cual distinguen tres etapas sucesivas del exilio político prolongado: 1) Traumatismo y duelo; 2) Transculturación; y 3) Desmoronamiento de los mitos y cuestionamiento de sí mismo y del proyecto colectivo inicial. Vale la pena resumir estas etapas, tal como son descritas, para comprender mejor las condiciones generales en que se ha desarrollado el exilio de los teatristas de la diáspora latinoamericana y, en particular, los que han residido (o residen todavía) en Francia.

Etapa de traumatismo y duelo: corresponde a los primeros meses y años de la llegada de los exiliados al país de adopción. En los casos particulares de Argentina, Chile y Uruguay en los años '70, los golpes militares fueron de una gran violencia y determinaron el fin brutal de un modo de vida, sobre todo en lo que concierne a los dos últimos países, "modelos" de tradición democrática en el continente. En numerosos casos de la muestra, el destierro provocó un profundo traumatismo, que dejó huellas casi imborrables. El exiliado sufrió esta experiencia como un duelo tanto individual como colectivo. Se apodera de él un sentimiento de culpabilidad, sintiéndose responsable en parte de lo sucedido. Miembros de su familia o camaradas y amigos fueron asesinados o estaban aún encarcelados. La pregunta que le atormenta es ¿por qué él ha podido recuperar la libertad y no los otros? A menudo ha tenido que separarse de su mujer y de sus hijos. En suma, lo ha perdido todo.

El sentimiento de culpabilidad rige estrechamente su comportamiento durante esta etapa, caracterizada por la autoprohibición de ciertos placeres que pueden ser considerados una expresión de frivolidad por la comunidad de exiliados. Hay un rechazo de instalarse confortablemente. Sus mejores energías debe emplearlas en su papel de militante, al servicio de la lucha contra la dictadura, aunque desde el exterior. En esta primera etapa se genera un comportamiento que es común a la mayoría de los exiliados políticos y que responde a la situación con mecanismos de defensa caracterizados: a) refugiarse en el seno de la comunidad de expatriados, amparo de la identidad; b) adoptar una actitud de rechazo del país de adopción y de todos sus símbolos y expresiones: trámites legales, aprendizaje del francés, reglas de cortesía, costumbres de la vida cotidiana; c) idealizar, como contrapartida, su propio país de origen, con flagrante olvido de la situación de "allá" (riesgos, torturas, vejaciones); d) refugiarse en el militantismo exacerbado hasta el límite del agotamiento; e) sufrir, en algunos casos, reacciones paranoicas: desconfianza hacia otros exiliados o hacia personas del país receptor, impresión de ser vigilado; f) tener estados de excitación y de insomnio prolongados; g) caer en estados de abulia y depresión que pueden desembocar en el suicidio.

Las autoras del estudio subrayan también el hecho de que la excitación, el trastorno y el delirio son menos tolerados por la comunidad de exiliados que por los otros. En tales condiciones, la adaptación al país de adopción se hace muy difícil. El exiliado se muestra totalmente desorientado frente a las instituciones del país que lo acoge: escuela, seguridad social, policía, impuestos, etc. Sólo en la etapa siguiente se establecen relaciones más normales con dichas instituciones.

El cambio de estatuto, el paso de la calidad de ciudadano de un determinado país al de refugiado político marca una ruptura total vivida dolorosamente, una especie de bautizo forzado para ingresar a una nueva condición, abandonando la precedente, profundamente enraizada en la cultura de origen.

Etapa de la transculturación: Ésta se define como

> los procesos que resultan del conflicto desatado, cuando un grupo de individuos es objeto de la imposición de otra cultura que aquélla en que ha sido socializado, al mismo tiempo que es colocado en una posición de desvalorización. (Vázquez, Araujo 1988: 56)[4]

Se trata a menudo de la confrontación entre una cultura dominante y una cultura dominada, en que el individuo se encuentra enfrentado a un doble sistema de referencias, con las consiguientes dificultades. Con el paso del tiempo, puede manifestarse un último mecanismo defensivo, que consiste en negar el exilio y el desarraigo para favorecer la total integración al país de adopción, lo que equivale, en algunos casos, a renegar de sus propios orígenes culturales y nacionales. El cambio de contexto cultural implica necesariamente un cambio y un ajuste de los valores,

---

4 La traducción es nuestra, como lo son todas las citas de textos en francés.

afectando diversos aspectos que no podremos desarrollar: la imagen del propio cuerpo, el espacio, el tiempo, la vida en otro medio y con otro idioma, la alimentación, los ritos sociales etc.

Etapa del desmoronamiento de los mitos: los mitos que nutren al exiliado comienzan a sufrir un desgaste irremediable. Estos mitos conciernen a la ideología, fundamento de la acción política y, también, legitimación hasta entonces no cuestionada de la organización a la cual se pertenece: el partido, instrumento esencial de la "revolución". La prolongación de las dictaduras del Cono Sur había provocado a la larga la desintegración de los movimientos de resistencia del exterior. Una parte de los exiliados ha podido regresar a sus países de origen, otra ha preferido quedarse. Muchos intelectuales y artistas se han adaptado a las nuevas condiciones de vida y han constatado que es posible integrarse y conservar, a la vez, vínculos profundos con el país de origen. La comunidad de exiliados, en estrecha cohesión al comienzo, cumple el papel de protectora de la identidad, aunque como contrapartida sea también un espacio de control y de culpabilización. Con el tiempo, esta cohesión se debilita, a causa de la saturación y también por su carácter de gueto. En la medida en que sus miembros establecen un contacto con personas del país receptor y sufren el inevitable proceso de "transculturación", ellos escapan a la presión de la comunidad y se integran progresivamente a la sociedad de adopción, sin por ello renegar de sus valores culturales de origen.

El médico chileno A. González-Dagnino establece, por su parte, cuatro etapas en el proceso del exilio, que no difieren substancialmente de las tres anteriores: 1) desconfianza, 2) despreocupación, 3) desaliento y depresión y 4) integración. Sin embargo, distingue claramente entre "integración crítica", la del "exiliado que ha logrado amar a su patria de adopción, sin perder su patria profunda" y "asimilación", en que se termina por renegar de la identidad nacional y cultural de origen para identificarse mejor con la del país de adopción (González-Dagnino 1979).

Julio Cortázar y Antonio Skármeta, entre muchos otros, se han referido a la condición del escritor en el exilio, reconociendo lo que significa como experiencia dolorosa y radical, pero ambos coinciden con González-Dagnino en que el exilio puede también tener facetas positivas, como el cuestionamiento de sí mismo y el enriquecimiento personal que conlleva el contacto con otra cultura (Cortázar 1980; Skármeta 1982).

Tzvetan Todorov, de origen búlgaro, de larga residencia en Francia, suscribe también este planteamiento en su libro *L'homme dépaysé*, donde entrega un análisis lúcido y un testimonio, a la vez. Con su rigor habitual, aclara los principales conceptos referentes al paso de una cultura a otra:

> Ce qu'il faut craindre et déplorer, c'est la déculturation elle-même, dégradation de la culture d'origine, mais elle peut être compensée par l'acculturation, acquisition progressive d'une nouvelle culture, dont tous les êtres sont capables. (Todorov 1996).

Todorov agrega un tercer concepto, el de "transculturation", es decir: "l'acquisition d'un nouveau code sans que l'ancien soit perdu pour autant", que coincide perfectamente con la "integración crítica" de González-Dagnino.

Las actividades de los teatristas latinoamericanos exiliados en Francia

Durante los años posteriores a la Segunda Guerra Mundial, numerosos teatristas llegaron a Francia, atraídos por la fama del THÉÂTRE NATIONAL POPULAIRE de Jean Vilar con su figura emblemática, el actor Gérard Philipe, y por la creación del Festival de Aviñón (1947). La fundación del TEATRO DE LAS NACIONES en 1957 reforzó el interés, aún más cuando en el período 1958-1967, fueron invitadas a participar en esta primera muestra mundial compañías latinoamericanas de Argentina, Brasil, Colombia, Chile, Uruguay, México y Cuba (Obregón 1987a).

Uno de los atractivos mayores para los teatristas latinoamericanos - según hemos podido constatar en varias entrevistas - fue la creación de la UNIVERSIDAD DEL TEATRO DE LAS NACIONES, dirigida por Albert Botbol, destinada precisamente a los teatristas jóvenes del mundo entero. Los argentinos Jorge Lavelli y Víctor García comenzaron a darse a cono-cer en este verdadero semillero teatral (Obregón 1987a).

La ola de exiliados estrictamente políticos llega de preferencia a partir de los años '70 y su acción como grupo caracterizado como tal dura hasta fines de los '80, con el retorno a la democracia de los países de origen. El último en normalizar su situación ha sido Chile, con la caída de la dictadura de Pinochet en 1989. Esto no vale, evidentemente, para los exiliados cubanos, ya que la situación de la Isla no ha cambiado substancialmente.

Manuel José Arce (1935-1984)

El nombre de Arce tiene resonancia de próceres de la independencia centroamericana frente a España. Poeta, narrador y dramaturgo, nacido en Ciudad de Guatemala, ejerció también el periodismo, desempeñándose como redactor en jefe del diario EL GRÁFICO de su país. Fue director de las PRENSAS UNIVERSITARIAS de la UNIVERSIDAD DE SAN CARLOS de Guatemala y director artístico del CENTRO CULTURAL UNIVERSITARIO de esa misma institución. Fue elegido, por votación popular, Concejal de la Municipalidad de Ciudad de Guatemala.

La actividad teatral fue dominante en su inquieto itinerario. Teatrista múltiple - autor, director, profesor de arte dramático y animador de grupos teatrales - debió luchar incesantemente contra la censura y las presiones de los diversos regímenes autoritarios posteriores a la caída de Jacobo Arbenz en 1954. Entre sus piezas más conocidas hay que mencionar: *El gato murió de histeria, Diálogo del Gordo y del Flaco con una rockola, Compermiso, Sebastián sale de compras y Delito, condena y ejecución de una gallina* (Arce 1971).

Arce viajó por primera vez a Francia en 1967 para perfeccionar sus conocimientos teatrales, pero ya por aquel entonces su situación frente al régimen en plaza era difícil, de manera que, en gran medida, su viaje era "un exilio disimulado", según sus propias palabras. En París pudo ver mucho teatro y de muy distinta factura. Evaluando esa experiencia en Francia decía:

> Todo esto me ayudó a romper muros, a romper mis moldes, a alcanzar la capacidad de abrir los brazos, de bailar, de saltar, de gritar, de sentirme libre dentro del teatro, sin poner límites a la capacidad inventiva o de recuperación, incluso, de tomar cosas de otros. En realidad, los límites nos los imponemos nosotros mismos. Tuve que venir a Francia para romper el colonialismo, a pesar de conocer el teatro indígena, que también tiene sus cánones. En este sentido esta venida a Francia de 1967-1968 me dio un definitivo sentido de libertad. (Obregón 1985)

En París, Arce colaboró con Miguel Ángel Asturias en la adaptación al teatro de *Torotumbo* - estrenada el 15 de diciembre de 1969 en el TEATRO LA RESSERRE de la Cité Universitaire, dirigida por Clément Harari - y se vinculó al grupo teatral dirigido por Isabel Garma (Argentina), en el cual participaban también dos compatriotas suyos: Mario Gonzales y Rafael Gozalbo, el primero de los cuales ha hecho su carrera en Francia como actor y director.

Al cabo de dos años muy provechosos regresó a su país, donde prosiguió su labor periodística y teatral. Su oposición al régimen le significó finalmente el destierro en Francia a partir de 1979, desde donde siguió vinculado a los movimientos de liberación de Guatemala y América Central. Trabajó duramente en Marsella para poder sobrevivir, realizando modestos oficios, pero se las arregló para continuar su labor creadora, sobre todo cuando se trasladó a vivir a Albi. La COMPAÑÍA DEL ARCHÉOPTERIX puso en escena su obra más conocida: *Delito, condena y ejecución de una gallina*, que fue estrenada en Albi en 1984 y escribió también su última pieza: *Arbenz, el Coronel de la primavera*, estrenada el 15 de marzo de 1985.

Cuando lo entrevistamos el 30 de septiembre de 1984, Manuel José Arce tenía muchos proyectos en perspectiva. Nos impresionó su lucidez, su claridad de pensamiento, su generosidad, su fineza, su fidelidad a Guatemala y América Latina. Murió justo un año después, en septiembre de 1985 en Albi, muy lejos de su país natal. Diez años después de su muerte, se publicó en francés su novela hasta entonces inédita: *D'une cité et autres affaires* (Arce 1995).

Eduardo Manet (1927)

Manet y José Triana son dos importantes autores cubanos residentes en Francia, pero constituyen dos casos muy diferentes (sin tomar en cuenta sus estéticas), por la más larga residencia en Francia; y por la opción de escribir en francés del primero, en tanto que Triana ha continuado escribiendo en su lengua materna después de su exilio en 1980. El artículo dedicado a José Triana por Christilla Vasserot en este volumen me exime de tener que incluirlo en este panorama sintético.[5]

Eduardo Manet nació en Santiago de Cuba de padres españoles. En su país natal escribió su primera obra de teatro: *Scherzo* (un acto), influida por Valle Inclán y García Lorca. Fue estrenada y llevada en gira por todo el país. Llegó a Francia en 1950 para hacer estudios de teatro y cine. Estudió arte dramático en la ECOLE PÉDAGOGIQUE PAR LE JEU DRAMATIQUE, fundada por Jean-Louis Barrault y en la escuela de Jacques Le-

---

5 Hemos analizado *La noche de los asesinos* en el Tomo III de nuestra tesis, comparándola con otras obras latinoamericanas editadas en francés. La próxima publicación de las actas del IV Congreso Internacional "Teatro y Poder", realizado los días 8, 9 y 10 de octubre de 1998, organizado por la Universidad de Perpignan, debe incluir también nuestra ponencia: *Representaciones del poder en el teatro de José Triana*.

qoc. Entretanto, publicó dos obras de carácter narrativo: *Spirale*, cuento (Manet 1956) y *Étrangers dans la ville*, novela autobiográfica (Manet 1961).

Volvió a Cuba en 1960 para integrarse al proceso revolucionario, donde se le entregó la responsabilidad de dirigir el CONJUNTO DRAMÁTI-CO NACIONAL, además de trabajar como guionista y realizador en el INS-TITUTO DE CINE CUBANO. Decidió regresar a Francia en 1968, por no identificarse ya con el régimen de su país; y trajo una obra dramática escrita en Cuba: *Las monjas* (Manet 1969), que le ha dado fama internacional, gracias a sus múltiples versiones en lenguas extranjeras. La puesta en escena de esta pieza fue dirigida nada menos que por Roger Blin, famoso por sus montajes de obras de Beckett y Genet. Su estreno mundial tuvo lugar el 5 de mayo de 1969 en el THÉÂTRE DE POCHE-MONTPARNASSE de París, con gran éxito de público y de crítica, obteniendo el Premio Lugné-Poe de ese año. En lo que concierne sólo a Francia, *Les Nonnes* (traducción francesa del original) ha sido objeto posteriormente de numerosas puestas en escena.

Desde este primer estreno, otras obras suyas han sido publicadas y representadas de manera continua y sucesiva: *Eux ou La prise du pouvoir* con la COMÉDIE FRANÇAISE en el PETIT ODÉON (1971), dirigida por Tony Willems; *Sur la piste* (1972, Andréas Voutsinas), estrenada en la MAISON DE LA CULTURE de Creteil; *Holocaustum ou Le Borgne* (1972, Patrick Pezin) estrenada por LES BOUFFONS DU MIDI en la MAISON DE JEUNES ET DE LA CULTURE de Carcassone; *Madras, la nuit où...* (1974, Hortense Guillemard), estrenada en Aviñón, en el marco de THÉÂTRE OUVERT en la CHA-PELLE DES PENITENTS BLANCS; *L'autre Don Juan* (1975, Georges-Robert D'Eshougues), por el THÉÂTRE DE LA RAMPE en la SALLE GERBE de Montpellier; *Lady Strass* (1977, Roger Blin), estrenada en el THÉÂTRE DE POCHE-MONTPARNASSE; *Les Menines de la Mer Morte* (1977, Eduardo Manet), estrenada por el GROUPE D'EXPÉRIENCES LIBRES (G.E.L.) en el THÉÂTRE DE CAROUGE en Ginebra; *Le jour où Mary Shelley rencontra Charlotte Bronté* (1979, Yves Gasc) estrenada en el PETIT ODÉON de París en co-producción con la COMÉDIE FRANÇAISE; *Un balcon sur les Andes* (1979, Jean-Louis Thamin), estrenada por el NOUVEAU THÉÂTRE DE NICE y representada después en el THÉÂTRE DE L'ODÉON entre el 25 de enero y el 2 de marzo de 1980; *Les Gozzi* (1981, Eduardo Manet), estrenada por el NOUVEAU THÉÂTRE DE NICE; *Sacrilèges* (1981, Eduardo Manet), estrenada en el THÉ-ÂTRE MARIE STUART de París; *Mendoza... en Argentine* (1984, Fabrice Pierre), estrenada por el THÉÂTRE POPULAIRE DE CHAMPAGNE; y *Ma'Déa*, escrita en colaboración con Michèle Armand Barthelemy y Fatima Soualhia, estrenada en 1986 en el THÉÂTRE DE POCHE-MONTPARNASSE.

En los últimos años ha estrenado: *Histoire de Maheu, le boucher* (1986); *Juan y Teresa en busca de Dios* (1987); *Les Chiennes* (1989); *Monsieur Lovestar et son voisin de palier* (1995) y *Mare Nostrum* (1997). Además, después de sus primeros ensayos narrativos publicados al comienzo de su carrera de escritor, ha intensificado su creación novelística con: *La Mauresque* (1983), premio Jouvenel de la Academia Francesa y finalista del Goncourt; *Zone interdite* (1985); *L'ile du lezard vert* (1992), premio Goncourt des lycéens; y *Habanera* (1994).

Eduardo Manet tiene una formación cultural de base cubana o como él prefiere decir: "caribeña", pero como escritor (dramaturgo y novelista) se ha desarrollado esencialmente en Francia. Más aún, todo lo que ha creado en su país de adopción ha sido en lengua francesa. ¿Cómo debemos considerar actualmente a Manet: autor cubano o francés? Lo más adecuado sería denominarlo autor cubano-francés, asentado en dos culturas. En Francia, por muchos años, debido a su origen y formación, se le consideró un escritor cubano y latinoamericano; y efectivamente, aunque numerosas obras dramáticas publicadas y estrenadas en Francia tengan una filiación clara con corrientes estéticas europeas - lo cual tampoco es raro en América Latina -, las tres obras publicadas en un solo volumen por Gallimard en 1985: *Un balcon sur les Andes, Mendoza... en Argentine* y *Ma'déa* constituyen una trilogía latinoamericana por su temática y ambientación, al mismo tiempo que revelan un cambio importante en los aspectos formales. Hay que lamentar el desconocimiento del teatro de Manet en América Latina, en parte debido a que no existen versiones de sus piezas en español. Sin embargo, le oímos decir hace algunos años que se ha puesto él mismo a la tarea de re-escribir sus obras en su lengua materna.[6]

Augusto Boal (1931)

Expulsado de su país en 1971 - después de haber sufrido tres meses de cárcel - su destierro lo llevó primero a Argentina, Perú y Portugal, an-

---

6   Con el título: *Teatro: 5 autores cubanos* (New York, Ollantay Press, 1995), el crítico cubano Rine Leal tuvo la excelente idea de reunir en un volumen antológico cinco obras de autores exiliados: Eduardo Manet, Pedro Monge Rafuls, Héctor Santiago, José Triana y María Irene Fornés, aunque esta última fijó residencia en USA mucho antes del comienzo de la revolución castrista. En la antología *Kubanische Theaterstücke* (ed. por Heidrun Adler, Adrián Herr, Frankfurt/Main 1999) aparecen junto a los autores de la isla los exiliados Manet, Fornés, Monge Rafuls, Triana, José Corrales, Matías Montes Huidobro.

tes de establecerse en París en 1978. En Brasil había contribuido amplia-
mente al desarrollo del teatro. Ejerció, sobre todo en el marco del TEATRO
ARENA, múltiples funciones: actor, autor y profesor de dramaturgia en la
ESCUELA DE ARTE DRAMÁTICO hasta 1967, año en que la escuela fue con-
trolada por la dictadura que derribó al presidente João Goulart.

Después de haber recibido el título de ingeniero químico en Brasil
(1952), viajó a Estados Unidos para proseguir sus estudios en la COLUM-
BIA UNIVERSITY of New York (1953-1955), pero en este período mostró
más interés por el estudio del teatro que por la química y escribió su primera pieza *El caballo y el santo*, que recibió el premio del concurso patro-
cinado por la Universidad. A su regreso a Brasil, ingresó al TEATRO ARE-
NA, donde asumió la dirección artística (1956). Nos tienta reseñar lo principal de su nutrida carrera de autor y director en Brasil, pero preferimos
centrarnos en su exilio.

Fuera de su país, Boal no ha cesado de escribir, pero con una orientación que pone el acento en la teoría y en la práctica del teatro. En Buenos Aires terminó de escribir el libro que le ha dado un prestigio internacional: *Teatro del oprimido* (Boal 1974), inspirado en parte de las ideas
de Paulo Freire sobre la alfabetización. Tuvo la ocasión de trabajar estrechamente con él en el CENTRO DE CULTURA POPULAR de Recife. El objetivo
fundamental formulado en este libro es poner el teatro al servicio de los
oprimidos, como medio de reflexión y toma de conciencia, utilizando
diversas técnicas. La versión francesa de este libro apareció en 1977.

Con la presencia de Augusto Boal en Francia dos años después de
esta publicación, diversos grupos e instituciones han aplicado su método. Esta acción se ha visto reforzada con la creación, en torno a Boal, del
CENTRE D'ÉTUDE ET DE DIFFUSION DES TECHNIQUES ACTIVES D'EXPRESSION
(CEDITADE), que se dio por objetivo principal la investigación y la difusión del "teatro del oprimido". Esta asociación creó también un boletín
titulado *THÉÂTRE DE L'OPPRIMÉ*, que fue publicado regularmente durante
algunos años desde 1979. Durante su estancia en Francia, Boal publicó
varios libros como prolongación del primero: *Jeux pour acteurs et non-ac-
teurs. Pratique du théâtre de l'opprimé; Stop, c'est magique!* y *La méthode Boal
de théâtre de thérapie* (ver bibliografía), publicadas en varios idiomas.

La concepción del "teatro del oprimido" nace de su experiencia latinoamericana, pero pretende ser igualmente válida para Europa y otras
latitudes. En Francia y en otros países europeos la teoría y la práctica de
este concepto han tenido notable repercusión.

Al margen del trabajo con CEDITADE en Francia, Boal dirigió una
adaptación teatral de un cuento de García Márquez: *L'incroyable et triste*

histoire de la Candide Erendira et de sa grand-mère diabolique, que fue representada entre el 8 de abril y el 4 de junio en el THÉÂTRE DE L'EST PARISIEN, con un gran reparto, en que el papel principal de la abuela fue interpretado por Marina Vlady. El público asistente fue numeroso y los artículos de prensa abundantes, aunque hubo varias críticas desfavorables a la puesta en escena.

La residencia de Augusto Boal en Francia y la difusión de su teoría del "teatro del oprimido" dejaron una huella profunda en ciertos sectores de la sociedad francesa (estudiantes, profesores, educadores sociales, jóvenes actores). En 1990 la transición democrática de Brasil permitió a Boal realizar una gira en su país con el grupo de teatro del oprimido de París. Poco después volvió a Brasil definitivamente, siendo elegido consejero municipal de Rio de Janeiro, lo que le permitió obtener subvenciónes para nuevos grupos creados en los barrios populares, y organizar el 7° Festival Internacional de Teatro del Oprimido, que congregó conjuntos de Brasil, África, Asia y Europa. (Obregón 1994)

El caso Boal es de gran interés por varias razones. La más importante es que Boal es el autor de uno de los primeros aportes latinoamericanos en el ámbito de la teoría teatral. Durante siglos, América Latina ha consumido teorías literarias y artísticas elaboradas en Europa. El "teatro del oprimido" constituye uno de los raros casos de corpus teórico que atraviesa el Atlántico en sentido inverso.

Gustavo Gac-Artigas - Perla Valencia y el TEATRO DE LA RESISTENCIA

Gustavo Gac-Artigas (chileno) y Perla Valencia (colombiana) llegaron a Francia en 1974 como refugiados políticos. En Chile habían fundado el TEATRO EXPERIMENTAL DEL COBRE en la ciudad minera El Teniente, después de haber adquirido experiencia teatral en varios países latinoamericanos, sobre todo en Colombia, Ecuador y Bolivia.

El mismo año de su llegada a Francia, fundaron el TEATRO DE LA RESISTENCIA-CHILE, que se definió desde el comienzo como un teatro comprometido políticamente. Recibieron el apoyo de teatristas franceses como Jean Mercure, administrador del THÉÂTRE DE LA VILLE y de José Valverde del THÉÂTRE GÉRARD PHILIPE de Saint-Denis.

La primera puesta en escena - a cargo de Gustavo Gac Artigas y Perla Valencia - se tituló *El país de las lágrimas de sangre o Nosotros te llamamos Chile-Libertad,* basada en acontecimientos políticos acaecidos en 1973. El testigo de la historia era interpretado por un actor francés en su propia lengua, mientras que los otros personajes se expresaban en espa-

ñol. Se estrenó en la SALA JEAN VILAR de Champigny-sur-Marne (1975).
Algunos días después, el espectáculo fue llevado al Festival de Nancy
(fuera de programa) y actuado entre el 2 y el 9 de agosto en la BOURSE DU
TRAVAIL en Aviñón. La compañía hizo también una gira en numerosas
ciudades francesas y se presentó en el THÉÂTRE GÉRARD PHILIPE de Saint-
Denis entre el 7 y el 31 de octubre de 1975.

La segunda pieza estrenada fue *La escuela* de Ricardo Iturra (chileno), basada en una experiencia real de fundación de una escuela en el
campo de concentración de Chacabuco. Hubo alternancia de fragmentos
en francés - traducidos por Danielle y Gérard Augustin - y en español. El
estreno se realizó el 23 de octubre de 1976 en la MAISON DES JEUNES ET DE
LA CULTURE (M.J.C.) de Blanc Mesnil, bajo la dirección de Gac y Valencia.
Igual que el espectáculo precedente, fue representado en diversos teatros.

La tercera obra fue *Chronique du jour combattant*, escrita y dirigida
por el chileno Marcos Portnoy, ex director de la ESCUELA DE TEATRO de
Valparaíso. Fue el primer espectáculo interpretado totalmente en francés, en versión de Jaime Prat Corona, quien tradujo igualmente los textos
siguientes, donde se mostraba

> el fenómeno del fascismo en Chile, sus contradicciones internas, al mismo
> tiempo que la aparición y el desarrollo de la resistencia, a través de diferentes
> cuadros que representan escenas de la vida cotidiana. (Cruz 1983)

Según Gac esta pieza estaba escrita en el mismo estilo que *Terror y
miseria del Tercer Reich* de Brecht. Fue representada el 22 de abril de 1977
en la Municipalidad de Fontenay-sous-Bois.

Con *Oedipe rouge ou La traversée* de Juan Almendros, basado en un
relato de Perla Valencia, comienza una nueva etapa, orientada no solamente hacia la problemática chilena:

> Es la historia de una actriz y un hombre de teatro que, al final de cuentas, es un
> recorrido por 30 años de historia de América Latina, vistos a través de esta pa-
> reja y de un grupo de teatro. ("Trayectoria del Teatro de la Resistencia" 1983)

Este nuevo montaje fue representado en la SALA GÉRARD PHILIPE de
Champigny en septiembre de 1978. La quinta creación fue *Los papeles del
infierno* del colombiano Enrique Buenaventura, que fue primero representada en español en diciembre de 1979 en el TEATRO ROMEA de Barcelona por invitación del INSTITUTO NACIONAL DE TEATRO ESPAÑOL. La
gira abarcó varias ciudades de Cataluña. Al año siguiente se hizo una

nueva versión en francés: *Les livrets de l'enfer*. Bajo este título se reagruparon tres obras breves en un acto: *La maîtresse d'école*, *L'autopsie* y *L'orgie*, que plantean el problema de la violencia en América Latina. Estas piezas fueron estrenadas el 19 de abril de 1980 en la SALA GÉRARD PHILIPE de Champigny.

Este espectáculo fue uno de los que tuvo más éxito y se mantuvo en el repertorio por varios años. Es a partir de esta puesta en escena que la compañía obtuvo el estatuto de Asociación Cultural. Comenzó a percibir una subvención del Estado, que le permitió un gran alivio financiero, ya que anteriormente los ingresos apenas permitían pagar los gastos de producción.

La pieza siguiente fue *L'oeuf de Colón ou Coca-Cola vous offre un voyage de rêve en Amérique Latine*, escrita y dirigida por Gustavo Gac. Fue estrenada el 20 de noviembre de 1982 en el CENTRE GÉRARD PHILIPE de Champigny-sur-Marne. A propósito de esta obra el autor declaró:

> Mostramos la imagen de América Latina que se ha creado en Europa, que a menudo, es adocenada y de la que somos culpables en primer lugar nosotros. La pieza va destruyendo una serie de mitos sobre nuestro continente con humor cáustico y desatada fantasía. (Cruz 1983)

En una línea claramente militante, el TEATRO DE LA RESISTENCIA sufrió una evolución a varios niveles: paso del español al francés; apertura hacia la problemática de América Latina, a partir de una problemática exclusivamente chilena en sus comienzos; incorporación no solamente de actores chilenos, sino también de otras nacionalidades latinoamericanas. *L'oeuf de Colón* fue el último espectáculo presentado en Francia. En 1985 el TEATRO DE LA RESISTENCIA anunció su retorno a América Latina e hizo una campaña financiera para poder concretizar este proyecto. La compañía se desmembró y sólo partieron Perla Valencia y Gustavo Gac. Así se cumplió un deseo:

> Estando acá la tentación es de transformarse en otra cosa: en un grupo de expresión latinoamericana establecido permanentemente en Francia, que juega el exotismo, pero cuyas raíces con el continente han sido cortadas hace tiempo. O de integrarse, como alguna gente lo ha hecho, al trabajo de la cultura francesa. Es un problema de conciencia, de intereses de cada quien. Nosotros, personalmente, estamos nutriéndonos de todo aquello positivo que la cultura general y, en particular, la cultura teatral francesa puede ofrecernos para llevarlo a América Latina y aplicarlo allá a nuestra realidad. (Cruz 1983)

Si el Teatro de la Resistencia quería realmente ser consecuente con su ambición de ser un teatro popular latinoamericano, tal como lo había señalado el propio Gustavo Gac, su trayectoria en Francia debía llegar a su fin. El hecho de permanecer más tiempo en Europa comprometía seriamente este proyecto. El grupo participó en el Festival de Manizales 1986 con el nombre de NUEVO TEATRO LOS COMEDIANTES, pero el proyecto de un teatro itinerante, con medios materiales conseguidos en Francia no pudo materializarse. No sólo la dictadura de Pinochet les negó el ingreso a Chile, sino también otros regímenes similares de América del Sur impidieron su paso por muchos países. El teatro ambulante terminó por disolverse en tierras americanas y finalmente Gustavo Gac, por razones familiares, ha concluido su periplo en Estados Unidos.

Oscar Castro y el TEATRO ALEPH

El TEATRO ALEPH fue fundado por Oscar Castro, nacido en 1947, y un grupo de estudiantes en Santiago de Chile en 1968. La primera pieza estrenada por el grupo fue ¡Hip...hip...ufa! del argentino Dalmiro Sáenz. Fue representada durante el Primer Festival Universitario-Obrero en la SALA POLIVALENTE de la UNIVERSIDAD CATÓLICA (Santiago, 1968). Después, el ALEPH presentó dos espectáculos de creación colectiva: ¿Se sirve Ud. un cocktail Molotov? (1969) en el TEATRO DE LA REFORMA de la UNIVERSIDAD DE CHILE y *Viva in Mundo de Fanta Cía* (1969), representada, como las siguientes, en el TEATRO DE BOLSILLO del ALEPH en la calle Lastarria de la capital. Este último montaje obtuvo el Premio de la Crítica, considerado el mejor de la temporada. Aunque estos espectáculos fueron creados de manera colectiva, la participación de Oscar Castro en la escritura de los textos fue importante. Según su curriculum vitae aparece como el autor de las siguientes obras: *¿Cuántas ruedas tiene un trineo?* (1971), *¡Aaah... Oooh... Aaah!* (1972), *Vida, pasión y muerte de Casimiro Peñafleta* (1972) y *Érase una vez un rey* (1972). Estas dos últimas fueron representadas en el Festival Internacional de Nancy 1973 y participaron ese mismo año en el Festival du Printemps de Lyon, en el Festival du Jeune Théâtre (Thonon) y en el Festival de Théâtre Européen (Ginebra). También fueron llevadas en gira a Cuba.

El TEATRO ALEPH regresó a Chile pocos días antes del golpe militar del 11 de septiembre de 1973, que derribó el gobierno constitucional de Salvador Allende. Este grupo se identificaba plenamente con el gobierno de la Unidad Popular y había obtenido en algunos años el reconocimiento del público y de la crítica. Por lo tanto, no es sorprendente que haya querido continuar - en la medida de lo posible - su trabajo en el marco del movimiento de resistencia cultural.

Un año después del golpe de estado, el ALEPH estrenó *Al principio existía la vida* en el TEATRO CENTRAL de Santiago, una parábola que tenía como blanco al régimen dictatorial de Pinochet. El 24 de noviembre todos los actores fueron arrestados, acusados de haber protegido a "un extremista peligroso", y enviados a los campos de concentración. Oscar Castro, durante su permanencia en ellos, desarrolló una intensa actividad de animación cultural. Escribió algunas piezas destinadas a ser representadas ante sus compañeros de prisión durante los "viernes culturales", organizados por los mismos detenidos: *Casimiro Peñafleta, prisionero político* (monólogo), representada el 25 de julio de 1975 en el Campo de Ritoque; *¡Sálvese quien pueda!*, escrita en 1976 en el Campo de Puchuncaví; *El amigo Pablo*, basada en episodios de la Biblia y en extractos de *Calígula* de Albert Camus, representadas durante la Semana Santa de 1976; *Flor de un día*, escrita en 1976 en el Campo de Melinka; y *La guerra*, estrenada el 1 de mayo del mismo año en el Campo de Puchuncaví (Dorfman 1978).[7]

Oscar Castro fue liberado en noviembre de 1976, gracias a la presión internacional. Numerosas personalidades del teatro francés se movilizaron para obtener su expulsión hacia Francia. Una vez rescatado de las garras de la dictadura, comenzó a reconstituir el ALEPH en Francia con tres antiguos miembros y otros nuevos.

En 1977 el ALEPH fue invitado nuevamente al Festival de Nancy, donde presentó dos espectáculos: *Casimiro Peñafleta, prisionero político* y *La trinchera del Supertricio*, ambas escritaspor Oscar Castro. Fueron representadas después en diferentes ciudades francesas y en otros países. Durante los años 1978 y 1979, la primera de ellas, interpretada por su propio autor, fue objeto de una gira, principalmente en el vasto circuito internacional del exilio chileno.

Entretanto, en 1979 el TEATRO ALEPH de Chile fue reconstituido con algunos miembros que se quedaron en el país. Se preparó un nuevo espectáculo, que fue censurado por el régimen militar poco después de su representación. En Francia se formó un comité de intelectuales y artistas que se movilizó en favor del ALEPH chileno, bajo la sigla A.I.D.A. (Association Internationale pour la Défense des Artistes). Figuras de gran re-

---

7 Véase Oscar Lepeley: "Avatares del teatro chileno contestatorio durante los primeros años de la dictadura militar", en *Resistencia y poder: Teatro en Chile*. (Adler, Woodyard 2000), pp. 113-124.

lieve en el teatro y el cine como Ariane Mnouchkine y Claude Lelouch
viajaron especialmente a Chile para intervenir frente a las autoridades.

EL ALEPH exiliado en Francia no podía postergar por más tiempo- si
deseaba verdaderamente sobrevivir como compañía - la puesta en escena de obras en lengua francesa. Esta fue la innovación del siguiente espectáculo: *L'incroyable et triste histoire du Général Peñaloza et de l'exilé Mateluna* de Oscar Castro, que fue presentado en mayo de 1980 en la SALA
DEL THÉÂTRE DU SOLEIL en la Cartoucherie de Vincennes, cedido por
Ariane Mnouchkine, quien apadrinó el montaje y prodigó consejos técnicos. Como en los montajes posteriores, el ALEPH utilizó elementos de la
comedia musical - con ritmos latinoamericanos - para abordar de manera satírica la figura del dictador, al mismo tiempo que trataba con humor
y sin miserabilismo las peripecias del exiliado político chileno en París,
desgarrado por sentimientos contradictorios: la nostalgia de un mundo
perdido y la necesidad de adaptarse a un medio que le era extraño por el
idioma y por las normas de vida. Este espectáculo superó las cien representaciones en París y fue llevado después a numerosas ciudades francesas, así como a otros países de Europa y de América.

El siguiente estreno del ALEPH fue *La nuit suspendue* (Castro 1984),
realizado en París en diciembre de 1982 en el THÉÂTRE DE LA PLAINE, que
no tuvo la misma resonancia que el precedente, aunque recibió el Premio
Jeune Théâtre Professionnel en el ENCUENTRO CHARLES DULLIN en Ville-
juif por el mejor texto y la mejor puesta en escena.

En 1983, el ALEPH presentó la versión francesa de piezas creadas en
Chile: *Vie, passion et mort de Casimiro Peñafleta* y *Il était une fois un roi* (Castro 1974). Este mismo año participó con *L'exilé Mateluna*, versión abreviada de la pieza con título más largo, ya citada, con motivo del Encuentro
Internacional de Teatro Latinoamericano en el Exilio, realizado en Estocolmo del 16 al 23 de octubre de 1983, bajo el patrocinio del INSTITUTO
INTERNACIONAL DEL TEATRO.

Los siguientes montajes del ALEPH han mantenido la misma orientación satírico-musical, basada en gran parte en la música latinoamericana: *Talca, París y Broadway*, representada a fines de 1984 en el THÉÂTRE
DE LA PORTE GENTILLY (París); *Sauve qui peut, l'amour latin arrive*, escritas
por Oscar Castro; y *Le Kabaret de la dernière chance*, igualmente escrita y
dirigida por su autor, en colaboración con el conocido compositor Pierre
Barouh, representada en septiembre de 1986 en una pequeña sala municipal y luego en el THÉÂTRE BATACLAN, recién restaurado, entre el 9 de
diciembre de 1986 y el 20 de febrero de 1987. Una de los últimos estrenos
antes de la derrota de Pinochet fue *La maison accepte l'échec* (1987), reali-

zado en el THÉÂTRE LE BERRY de París, con la colaboración de Pierre Barouh y Anita Vallejo en la parte musical.

Después de la caída de la dictadura de Pinochet, el ALEPH ha hecho varias giras a Chile con los principales espectáculos de su repertorio, que fueron bien recibidos por la crítica. De esta manera ha logrado recuperar un público chileno, además de mantener su público habitual en París.[8]

Oscar Castro ha trabajado como actor en varias películas filmadas en Chile y Europa. Recibió el Premio de Interpretación en el Festival de Cine Iberoamericano de Biarritz en 1983 por su participación en el filme *Ardiente paciencia* del chileno Antonio Skármeta.

Las dos compañías chilenas exiliadas en Francia tuvieron problemas comunes, el principal siendo por supuesto la implantación en una cultura extranjera, con todo lo que ello implica: dificultad en el manejo de la lengua francesa, definición de nuevos objetivos de acuerdo a un contexto distinto, conquista de un nuevo público, entre las más importantes. Ambos grupos se fijaron al comienzo fines esencialmente militantes, dirigiéndose en una primera etapa a sectores de la sociedad francesa particularmente sensibles a los problemas políticos de América Latina. Por ello, estas compañías participaban a menudo en manifestaciones políticas en las que el teatro era un instrumento ideológico complementario, junto a los discursos, la música y otras acciones. Los circuitos culturales subvencionados, como las Casas de la Cultura, Casas de Barrio y Casas de Jóvenes, constituyeron también una de las vías de apertura a la sociedad francesa.

La recepción de la crítica de periódicos y revistas estuvo igualmente condicionada por la naturaleza de estas compañías, empleando con frecuencia criterios más ideológicos que estéticos. Esquematizando, se puede decir que la prensa de izquierda fue más bien generosa y estimulante en los primeros años, en tanto que la prensa de derecha se mostró indiferente o francamente hostil: el juicio de valor cedió lugar a la expresión de simpatía o antipatía. En general, se produjo un vacío crítico que, con el tiempo, terminó por exasperar a los teatristas chilenos. En aquel entonces, Gustavo Gac nos confiaba su deseo de que la crítica teatral juzgara su grupo, el TEATRO DE LA RESISTENCIA, como a una compañía profesional más, en función de criterios artísticos y no sólo en función de una

---

8 Un estudio completo de la trayectoria del ALEPH, tanto en Chile como en Francia, se debe a Luis Pradenas Chuecas, exiliado chileno, autor de la tesis *Théâtre au Chili*, quien le dedica al grupo el volumen II (Pradenas Chuecas 1995).

óptica partidaria. Echaba de menos una crítica más objetiva, que cumpliese su verdadera función.

En conclusión, se puede decir que los teatristas latinoamericanos exiliados en Francia han debido superar los problemas personales y profesionales que plantea el desarraigo. Entre ellos, el problema del idioma ha sido fundamental. En la medida en que las dictaduras, en particular la chilena, se prolongaron más allá de lo previsto y esperado los teatristas han experimentado los efectos de la residencia prolongada, la inevitable aculturación, en muchos casos también la transculturación o la integración crítica. Algunos han podido y deseado regresar, otros han permanecido en Francia, donde se han ganado un espacio profesional, como el GRUPO ALEPH, cuyo reajuste es evidente: cambio de público, cambio de idioma, cambio de repertorio. En este caso ¿cuánto pesa todavía la cultura original? ¿Se puede aún hablar del ALEPH como un grupo teatral latinoamericano? Y si lo sigue siendo ¿por cuánto tiempo más lo será? Hay que tener también en cuenta la existencia de una segunda generación de teatristas, con muchas más raíces en Francia por su formación. En este sentido, el ALEPH tiene ya su relevo en Andrea y Sebastián, hijos de Oscar Castro, integrados desde jóvenes en la „troupe". Un caso similar es el de Marcela Obregón y Mariana Araoz (origen chileno y argentino, respectivamente) fundadoras de la COMPAÑÍA LES TURPIALS, que estrenaron en versión francesa *El Juego* de Mariela Romero (*Jeu de Dames*, trad. de Marcela Obregón) en el TEATRO CITHÉA de París, bajo la dirección de François Kergourlay (1 al 11 de marzo de 1989), con la asistencia de la autora, venida especialmente de Venezuela. Este mismo montaje fue llevado después a Caracas en una breve gira. Posteriormente, la misma compañía estrenó *Acto cultural* de José Ignacio Cabrujas (*Soirée culturelle*, traducción de Claude Demarigny) el 4 de noviembre de 1992 en Sevran, dirigida por Armando Gotta (hispano-venezolano) con escenografía de Asdrúbal Menéndez, ambos venidos especialmente de Venezuela. Fue representada de nuevo en París, SALLE HÉRAULT, con motivo del II Festival de IBERAL, que se realizó en mayo de 1993. Estos son sólo algunos ejemplos referidos a la segunda generación, la de los hijos del exilio.

En suma, hemos trazado un panorama de la actividad realizada por los teatristas latinoamericanos en Francia e insistido particularmente en las difíciles condiciones en que éstos han enfrentado el trabajo artístico, debido a la complejidad del fenómeno del exilio, con todas las consecuencias de una residencia prolongada. Los teatristas que, por diversas razones, no se han re-integrado a sus países, en alguna medida significan una pérdida para éstos y en muchos casos un aporte para los países de adopción. Por su parte, los que retornaron llegan enriquecidos con sus experiencias en otras culturas, pero han debido pasar la dura prueba del "des-exilio" (acertado neologismo de Benedetti), la también dolorosa etapa de la re-inserción social y profesional.

Obras citadas

Adler, Heidrun; Herr, Adrián (eds.): *Kubanische Theaterstücke*. Frankfurt/Main 1999. [obras de Abelardo Estorino, Eduardo Manet, Ignacio Gutiérrez, María Irene Fornés, José Corrales, Joel Cano, Víctor Varela, José Triana, Pedro R. Monge Rafuls, Reinaldo Montero, Alberto Pedro Torriente, Matías Montes Huidobro.]

-----: *De las dos orillas: Teatro cubano*. Frankfurt/Main 1999.

Arce, Manuel José: *'Delito, condena y ejecución de una gallina' y otras piezas de teatro grotesco*. San José de Costa Rica 1971.

-----: *D'une cité et autres affaires* (novela). Paris 1995. (traducción Jean-Jacques Fleury).

Boal, Augusto: *Revolução na America do Sul*. São Paulo 1960.

-----: "Arena cuenta Zumbi", en PRIMER ACTO 146/147 (julio/agosto 1972), pp. 71-97.

-----: *Tres obras: Torquemada, Tio Patinhas y Revolución en América del Sur*. Buenos Aires 1975a.

-----: *Peças rectificadas: Lisa, a mulher liberadora; A tempestade-Caliban*. São Paulo 1975b.

-----: *Théâtre de l'opprimé*. Paris 1977.

-----: *Jeux pour acteurs et non acteurs*. Paris 1978.

-----: *Stop, c'est magique!*. Paris 1980.

-----: *La méthode Boal de théâtre de thérapie*. Paris 1990.

Castro, Oscar: "Érase una vez un rey", en CONJUNTO 21 (julio/sept. 1974), pp. 68-83.

-----: "La guerra", en CONJUNTO 37 (julio/septiembre 1978), pp. 35-57.

-----: "La noche suspendida", en CONJUNTO 60 (abril/junio 1984), pp. 64-85

Cortázar, Julio: "América Latina: exilio y literatura", en ARAUCARIA DE CHILE 10 (1980), pp. 59-66.

Cruz, Priscilla: "Teatro de la Resistencia o el camino de un teatro popular latinoamericano" (entrevista a Gustavo Gac), en CONJUNTO 57 (julio/septiembre 1983).

Cheymol, Marc: *Miguel Ángel Asturias dans le Paris des Années Folles*. Grenoble 1987.

Dorfman, Ariel: "El teatro en los campos de concentración chilenos. Conversación con Oscar Castro", en CONJUNTO 37 (julio/sept.1978), pp. 3-33. Idem en ARAUCARIA DE CHILE 6 (1979), pp. 115-147.

González-Dagnino, Alfonso: "El exilio", en ARAUCARIA DE CHILE 7 (1979), pp. 117-134.

Leal, Rine, ed.: *Teatro: 5 autores cubanos (antología)*, New York 1995. [*Fefu y sus amigas* de María Irene Fornés; *Las monjas* de Eduardo Manet; *Nadie se va del todo* de Pedro R. Monge Rafuls; *Balada de un verano en La Habana* de Héctor Santiago; *La Fiesta* de José Triana.]

Luján Leiva, María: *Latinoamericanos en Suecia. Una historia narrada por artistas y escritores*. Uppsala 1996.

Manet, Eduardo: *Les Nonnes*, Paris 1969.

-----: *Eux ou la prise du pouvoir* (1971).

-----: *Holocaustum ou Le borgne* (1972).

-----: *L'autre Don Juan* (1973).

-----: *Madras, la nuit où...* (1975).

-----: *Lady Strass* (1977).

-----: *Le jour où Marie Shelley rencontra Charlotte Bronté* (1979).

-----: *Un balcon sur les Andes, Mendoza en Argentine et Ma'déa* (1985).

-----: *Histoire de Maheu le boucher* (1986).

-----: *Les Chiennes* (1987).

-----: *Monsieur Lovestar et son voisin de palier* (1995).

Obregón, Osvaldo: "En torno a la difusión y recepción del teatro latinoamericano en Francia", en AMÉRICA, *Cahiers du CRICCAL* 1, 1986.

-----: *La diffusion du théâtre latino-américain en France depuis 1958*. (Tesis de estado, 4 vols. 1142 p.), Université de Paris III, Sorbonne-Nouvelle 1987a.

-----: "Teatristas latinoamericanos en Francia: los problemas del exilio", en DIÓGENES, *Anuario crítico del teatro latinoamericano* I (1987b), pp. 109-121. Idem en *Le Théâtre sous la contrainte*. Aix-en-Provence, pp. 249-264.

-----: "Entrevista a Manuel José Arce", en GESTOS 5 (abril 1988).

-----: "Jorge Lavelli, a Cosmopolitan Director Twice Over" (traduit par Marvin Carlson), en WESTERN EUROPEAN STAGES (New York), II, 2 (Fall 1990). Idem en *Confluences. Le dialogue de cultures dans les spectacles contemporains (essais en l'honneur de Anne Ubersfeld)*. 1993, pp.142-152.

-----: "Boal, prophète en son pays? VIIème Festival International du Théâtre de l'Opprimé", en THÉÂTRE/PUBLIC 116 (mars/avril 1994), pp. 63-65.

-----: "Le théâtre latino-américain en France: 1958-1987", CAHIERS DU LIRA, Rennes 2000.

Pereira Bezerra, Antonia: *Le théâtre de l'opprimé et la notion du spectateur acteur*. (tesis, Université de Tolouse-Le Mirail), 1999.

Pradenas Chuecas, Luis: *Théâtre au Chili*. 3 vols., (tesis, Université de Paris VII), 1995.

Reszczyinski, Katia; Rojas, María Paz; Barcel, Patricia: "Exilio: estudio médico-político", en ARAUCARIA DE CHILE 8 (1979), pp. 109-128.

Sáenz, Dalmiro: ¡*Hip...hip...ufa!*. La Habana 1967.

Sieveking, Alejandro: "Teatro chileno antifascista", en *Primer Coloquio sobre literatura chilena (de la resistencia y el exilio)*, México 1980, pp. 97-113.

Skármeta, Antonio: "La nueva condición del escritor en el exilio", en ARAUCARIA DE CHILE 1992, pp. 133-141.

Todorov, Tzvetan: *L'homme dépaysé*. Paris 1996.

"Trayectoria del Teatro de la Resistencia", en *Boletín Informativo de la CUT* (Central única de Trabajadores de Chile - Comité exterior). París 1983.

Vásquez, Ana; Araujo, Ana-María: *Exils latino-américains: la malédiction d'Ulysse*. Paris 1988.

Vasserot, Christilla, ed.: *Théâtres cubains*. Les Cahiers, Maison Antoine Vitez 1. Montpellier 1995.

Osvaldo Obregón: Catedrático titular de la Universidad de Franche-Comté, Besançon. Doctor de estado, Universidad de Paris III, Sorbonne-Nouvelle. Ha dirigido grupos teatrales universitarios en Chile y en Francia.
Publicaciones: *Teatro latinoamericano. Un caleidoscopio cultural, 1930-1990*, Perpignan, 2000; el volumen bibliográfico *Théâtre latino-américain en France, 1958-1987*, Rennes, 2000; y numerosos artículos sobre teatro latinoamericano. En proceso de edición: *La diffusion et reception du théâtre latino-américain en France, 1958-1987*. Editor de la antología *Théâtre latino-américain contemporain, 1940-1990* (1998), patrocinada por la Unesco, y de *América: 1492-1992. Théâtre et Histoire*, nº especial de la revista *Théâtre/ Public* (1992).

Guillermo Heras

El exilio latinoamericano en España

Si tuviéramos que situar con precisión cuándo se producen las primeras oleadas de creadores escénicos latinoamericanos hacia la península ibérica, habría que constatar que es a finales de los sesenta y comienzo de los años setenta cuando llegan a nuestro país un mayor número de profesionales, coincidiendo con las sangrientas dictaduras de Chile y Argentina, sin olvidar otras no menos duras centradas en el Cono Sur, tales como la uruguaya o brasileña.

España fue un país que, al acabar la siniestra experiencia de la guerra civil, produjo uno de los exilios culturales más importantes - junto con el alemán de la época nazi - de la Historia del Siglo XX. Muchos de esos exiliados escogieron el camino de América Latina. Así, México, Venezuela, República Dominicana, Cuba, Argentina, Uruguay y Chile entre otros países fueron una segunda patria para muchos intelectuales de primera fila que veían como se derrumbaba la libertad en su propia nación.

Por esta tremenda y traumática experiencia, que además duró muchos años, pasaron también autores teatrales, actores, escenógrafos y directores de escena que se mestizaron inmediatamente con sus homólogos profesionales del otro lado del Atlántico gracias a la generosidad de estos últimos.

Por todo ello, una reflexión con la que me gustaría empezar, más bien una dolorosa autocrítica, es si en nuestro país en el territorio de las Artes Escénicas se recibió con igual generosidad y cariño a los exiliados de las dictaduras latinoamericanas. Desde mi punto de vista no fue así, en parte por los prejuicios del gremialismo de una profesión que siempre ve el fantasma de la competitividad laboral en la llegada de extranjeros, y en parte también por una incomprensión específica de los lenguajes artísticos y la formación concreta de los exiliados latinoamericanos.

Pienso que Europa no entiende el teatro de América Latina. Lo tiene encerrado en unos esquemas y clichés arquetípicos en los que siempre aparece el folclore o el panfleto político como creencia básica del motor creativo de sus profesionales. Esto pasó en una etapa emblemática que tenía mucho que ver con el sueño romántico de los europeos con respecto a las revoluciones tipo Cuba o Nicaragua, pero sigue pasando ahora que en gran parte del continente americano se hace un teatro muy alejado de esos tópicos.

Cuando llegan los primeros exiliados a España, el teatro de nuestro país se mueve entre dos criterios radicalmente diferenciados: la lucha por un teatro como servicio público y el teatro considerado puramente como mercancía. En el primero estaban los integrantes del movimiento del teatro independiente y algunos profesionales de izquierdas que se negaban a asumir los criterios ideológicos y de mercado que el neofascismo español marcaba en los Teatros Nacionales y en los teatros privados. Cierto es que el franquismo de finales de los sesenta y comienzo de los setenta no tenía ya la ferocidad de otras épocas, y, además, el llamado ,desarrollismo' y la entrada en masa del turismo había creado una enorme brecha en las doctrinas oficiales del régimen.

Debido a estas especiales circunstancias era lógico pensar que los exiliados latinoamericanos que llegaban a España y que en su país de origen se dedicaban a la práctica teatral se relacionaran de una manera más fluida con las gentes que militaban en el "teatro independiente". Primero por razones éticas y políticas, y segundo porque determinadas estéticas del momento (creación colectiva, teatro de calle, nuevas dramaturgias, etc.) eran comunes en ambos lados del Atlántico.

He intentado rastrear en revistas especializadas algún artículo o estudio que reflexionara sobre el tema del exilio escénico latinoamericano en España, pero he constatado con desolación que sólo existen referencias concretas a creadores o espectáculos, pero no un análisis de posibles aportaciones a la realidad de nuestro teatro de entonces, y por supuesto, de ahora. Por ello, resulta realmente comprometido abordar este tema tomando como base la memoria emotiva e histórica de uno mismo, ya que sin duda eso aportaría un panorama excesivamente subjetivo. Por eso mismo en este artículo intentaré, no tanto mencionar nombres o grupos - ya que ese me parece más un trabajo para historiadores -, sino más bien plantear qué influencias y aportes nos ha dejado el exilio teatral latinoamericano para todos aquellos que hacemos teatro desde su práctica cotidiana.

Si, como comentaba anteriormente, España fue durante un largo período de tiempo un continuo suministrador de exiliados, tanto políticos como económicos, a partir de un determinado momento ha sido tierra de acogida de esas dos desgarradoras formas que el ser humano tiene que buscar para sobrevivir.

Con la muerte de Franco en 1975, la paulatina consolidación de la democracia y el desarrollismo económico generado en los treinta últimos años del siglo XX, nuestro país empieza a ser un marco de referencia para todas aquellas personas que deben huir de su patria por razones políticas (exilio latinoamericano) o por esenciales razones de supervivencia económica (exilio magrebí y otras zonas de África).

Para la presente reflexión he de centrarme en el primer caso, si bien no deberíamos desestimar el fluir de gentes de la zona del Caribe (República Dominicana) o de países como Ecuador, Perú y Bolivia que en los años noventa llegan a España buscando trabajo. Entre ellos, y junto a los cubanos, por razones diferentes, se encuentran también actores, autores, directores de escena, coreógrafos, bailarines y demás profesionales del entorno de las Artes Escénicas. En estos últimos casos, salvo la excepción de algunos creadores cubanos que se han integrado en núcleos de enseñanza o de las Salas Alternativas, su influencia sobre la escena española es aún escasa, aunque con la sucesiva integración podamos encontrar en el futuro experiencias mestizas de indudable interés.

Pero es desde comienzos de los años 70 y hasta el final de las dictaduras más significativas del Cono Sur (Chile, Argentina, Uruguay) donde deberíamos precisar que se produjeron las mayores influencias éticas y estéticas para el desarrollo de la escena española durante la decadencia de la Dictadura franquista, la transición y la democracia.

Parece significativo señalar que incluso el movimiento más progresista del teatro español durante los años sesenta y setenta toma el nombre de ,teatro independiente', referencia directa a la misma denominación de un movimiento similar que se desarrolla en Argentina, o más concretamente en Buenos Aires. Se podría decir que desde los años cincuenta en el teatro más conservador también aparecen algunos actores y actrices latinoamericanos, pero su influencia es absolutamente residual, más allá del posible éxito comercial de estos apuestos galanes y exuberantes mujeres.

Son los directores, autores y demás profesionales que huyen de la amenaza de la Triple A[1] o de la policía política chilena, los que van creando un tejido social y profesional, primero en Madrid y Barcelona, y más tarde en otras ciudades españolas, que consigue influenciar a los sectores españoles con algunas de sus propuestas. Entre ellas:

Una decidida actitud por desarrollar el tema de la formación, sobre todo en torno a los llamados 'estudios', algo absolutamente frecuente en las ciudades latinoamericanas pero mucho menos extendidas en las españolas, donde la pedagogía se seguía impartiendo sobre todo en los Conservatorios o Escuelas de Arte Dramático en su modelo oficial. Estos 'estudios' suelen establecerse en los lugares más diversos: garajes, talle-

---

1 Alianza-Apostólica-Anticomunista.

res, bajos o incluso habitaciones de pisos rehabilitados. Este modelo, que en América Latina llega principalmente por influencia de la ciudad de Nueva York, va creando un circuito de espacios con personalidad propia que sin duda es el germen de lo que hoy entendemos en España como 'salas alternativas', herencia a su vez de las 'salas de teatro independiente' de los setenta, y que si hoy analizamos en su configuración, estabilidad y desarrollo nos daremos cuenta que en sus equipos existen numerosos profesionales latinoamericanos. Incluso sus propios fundadores ya lo fueron y, poco a poco, se mestizaron con creadores del lugar hasta dar paso a una auténtica red estatal de Salas Alternativas.

Una fuerte dosis de rigor en los planteamientos de la formación actoral, sobre todo a través del sistema Stanislawski, aunque también tuvieron fuerte influencias otras corrientes estéticas, como por ejemplo la creación colectiva, influenciada por el teatro colombiano y las sucesivas visitas a España de Enrique Buenventura del TEC de Cali y Santiago García de LA CANDELARIA de Bogotá. Alguno de sus actores se quedaron en nuestro país y siguieron desarrollando la metodología colectiva hasta su declinar en los años noventa. Además hubo otras teorías, fruto del exilio latinoamericano, que tuvieron resonancia en los grupos españoles como la del "teatro del oprimido" de Augusto Boal, así como diversas formas del llamado teatro-periódico.

El reflejo en España de determinados Festivales Latinoamericanos cuyos directores o sus más directos colaboradores vinieron en algún momento a España. Entre esos Festivales con cierto aire mítico estarían Cali, Manizales, Caracas... capaces de crear un modelo en el que la participación artística era tan importante como la que ejercían los propios ciudadanos. Estos festivales fueron sucesivamente sustituyéndose por el modelo del 'festival-boutique' que es el más importante a partir de mediados de los años 90, con lo cual es cada vez más difícil encontrar modelos de integración.

Influencias diversas de la escritura dramática americana se pueden observar en experiencias que tienen como soporte el estreno de obras de autores latinoamericanos que pasan por el exilio en España (Jorge Díaz, Eduardo Pavlovski, Roma Mahieu, Susana Torres Molina, Pacho O'Donnell, Mauricio Rosencof, Norman Briski, Diana Raznovich, José Triana) o actores y directores que trabajan con esos modelos en su país tales como Martin Ardjemian, David Amitín. En algunos casos nuestro país sólo fue un paso efímero hacia otro lugar del mundo, con lo cual el efecto de creación de raíces fue muy relativo.

Los grupos y compañías creados en torno a la participación de creadores escénicos de diversos países iberoamericanos que se instalan en España (GIT) y que llegan incluso a abrir un espacio tan emblemático como es la SALA OLIMPIA en Madrid. Es sin embargo en Barcelona donde, debido a la numerosa colonia de exiliados del Cono Sur, este tipo de modelo va a desarrollarse bastante y, como ya hemos dicho anteriormente, va a consolidar su trabajo en pequeñas salas y estudios.

Determinadas impregnaciones teóricas de críticos y estudiosos latinoamericanos que con sus publicación en revistas especializadas de la época (PRIMER ACTO, YORICK, PIPIRIJAINA) influyen en el pensamiento de actores, autores y directores del exilio que desarrollan su trabajo en diversas partes de España.

Así pues, y como ya planteé anteriormente desde mi visión subjetiva sobre el tema general, creo que el balance de las influencias en el la creación teatral española del exilio americano, sea muy ambivalente, sobre todo porque sigo pensando que el espacio común de la creación teatral española e iberoamericana debería ser mucho más grande, vital y significativo de lo que ha sido en el último tercio del siglo. Si tenemos en cuenta los múltiples flujos de exiliados que se han movido en el ancho espacio geográfico iberoamericano no veo una relación de cantidad y calidad en el mestizaje que estas corrientes deberían haber marcado, e incluso, si me apuraran, diría que aquí, en España, el balance puede ser considerado globalmente decepcionante. Aún hoy existen múltiples reticencias para normalizar un mercado escénico basado en la colaboración y el intercambio. España ha mirado mucho tiempo hacia Europa o EE.UU. y se ha olvidado, con frecuencia, de las experiencias más cercanas que promovían los creadores teatrales latinoamericanos. No cabe duda de que sus exiliados han sido importantes a la hora de aportar nuevas raíces, sedimentos y formas de entender las Artes Escénicas, pero ello no nos debe poner una venda en los ojos y deberíamos asumir, como españoles, que aún tenemos muchas deudas pendientes, y que estas sólo pueden saldarse desde la igualdad en el trato y el respeto, sin olvidar que su sistema de creación y producción tiene una gran condicionante en la difícil situación de sus países de pertenencia, que lleva a muchos creadores a tener que seguir soportando el estigma del exilio económico o político como bandera no deseada de su penosa situación social.

Guillermo Heras: Madrid, 1952, licenciado en la REAL ESCUELA SUPERIOR DE ARTE DRAMÁTICO Y DANZA. Actor, director del GRUPO TÁBANO (1974-1983). En el período 1984-1994 fue director artístico y de gestión del CENTRO NACIONAL DE NUEVAS TENDENCIAS ESCÉNICAS del INAEM (Ministerio de Educación y Cultura) y coordinador del Plan de Fomento de la Danza. En la actualidad es director de la MUESTRA DE TEATRO ESPAÑOL de autores contemporáneos. Asesor de artes escénicas de la CASA DE AMÉRICA, profesor del master de gestión cultural de la UNIVERSIDAD COMPLUTENSE de Madrid y profesor asociado de la Facultad de Bellas Artes de Cuyo (Mendoza). Miembro fundador de la COMPAÑÍA TEATRO DEL ASTILLERO.
Premio Nacional de Teatro en el año 1994.
Premio Lorca de Teatro en el año 1997.
Publicaciones: *Escritos dispersos; Inútil faro de la noche, Ojos de nácar, Muerte en Directo, Estación Sur* y *La Oscuridad. Trilogía de Ausencias.* Varias obras inéditas.

Nora Eidelberg

Roma Mahieu y el desarraigo en el exilio

En 1976 se estrenó en Buenos Aires *Juegos a la hora de la siesta*, primera obra de Roma Mahieu la cual le valió muchos premios; entre ellos, el Premio de la crítica argentina a la mejor pieza y a la mejor puesta en escena, el Premio de la Sociedad Argentina de Autores a la mejor Ópera Prima y el Premio Molière otorgado por la Embajada de Francia a la mejor pieza del año. También ganó premios en Brasil y en Uruguay. La obra estuvo en cartelera en Buenos Aires por dos años y durante ese tiempo tanto el teatro donde se exhibía la obra como su autora, fueron objeto de amenazas telefónicas anónimas. En enero de 1978, la obra fue prohibida por decreto del Poder Ejecutivo por "enseñar técnicas de subversión." *María Lamuerte*, obra suya que acababa de estrenarse, fue también prohibida por decreto porque del guión de la obra de teatro "surge una posición que agravia a la moral, a la familia, al ser humano y a la sociedad que ésta compone." (*EL LITORIAL* 10 de enero de 1978).

Con el propósito de regular y controlar la vida de los ciudadanos, la dictadura del Proceso de Organización Nacional puso énfasis en la familia como "unidad monolítica, indisoluble" llena de "alegría compartida". Esta imposición de módulos de felicidad fue utilizada por algunos escritores que se propusieron invertir la fórmula de la "familia unida" para dar testimonio de la ira, el dolor y la impotencia que sufría el país por los excesos de la dictadura y para mostrar que los lemas que recalcaban los "Valores Cristianos y Occidentales de las Sagradas Instituciones de la Patria" servían en realidad para encubrir la corrupción, descomposición y persecución por el régimen a los que se atrevían a oponérsele. Entre los autores teatrales que atacaron al sistema político del Proceso se hallan Griselda Gambaro, Ricardo Monti, Aída Bortnik, Roberto Cossa, Eduardo Pavlovsky y otros.[1] Estos autores siguieron publicando hasta ser censurados, prohibidos o exiliados como fue el caso de Roma Mahieu.

Juegos a la hora de la siesta siguió siendo representada en otros países hispánicos.[2] En Rio de Janeiro se montó durante dos años al aire libre, en

---

1   Ver los ensayos críticos sobre estos autores, y otros, en Juana A. Arancibia y Zulema Mirkin, eds.: *Teatro argentino durante el Proceso. Ensayos críticos, 1976-1983*. Buenos Aires 1992.

2   La versión en inglés fue publicada en *CANADIAN THEATRE REVIEW* en traducción de Sylvia Ehrlich Lip. Dudo que haya sido representada en los Estados Unidos. Encontré una referencia a *Juegos a la hora de la siesta* en *LATIN AMERICAN LITERARY REVIEW*, en el artículo de Jacqueline Bixler *Games and Reality on the Latin American Stage*. (12, 1989: 22-35)

una favela, usando los basurales como escenografía. Fue traducida y puesta enescena en Francia, Italia, Polonia, Rusia y Canadá. En 1984, siete años después de su prohibición, y después de la caída de la dictadura, se volvió a montar en Buenos Aires.

Desde 1978 Mahieu vive en Madrid con su esposo, Augustín Mahieu, conocido crítico de cine, dos de sus cuatro hijos, tres perros y otros tantos gatos. Con el exilio su mundo se trastocó. Para ella, Europa era el continente de persecución donde, de pequeña, había sufrido con su familia los horrores de la represión nazi en Polonia, su país de origen. Por lo tanto, volver a Europa, exiliada esta vez por una dictadura en América, fue, además de traumático, amargamente irónico, pues Argentina, en los años cincuenta, cuando llegó allí, había significado para ella el fin de las persecuciones y la oportunidad de poder vivir sin temor. Como consecuencia, Mahieu dice que se siente "la eterna extranjera" no importa donde viva.

Por otro lado, España no sólo supuso un choque cultural sino también lingüístico. Aunque no se trataba de cambio de idioma, las distinciones entre el habla "porteño" de Buenos Aires y el castellano de Madrid son bastante agudas como para verse necesitada a hacer ajustes en los textos originales para hacerlos inteligibles al habla y la cultura locales. También tuvo que tener en cuenta las diferencias culturales de percepción. Por ejemplo, al adaptar *Juegos a la hora de la siesta* para un público español, además de cambiar los modismos argentinos, le pidieron que explicara con más detalles el sub-texto de la obra, que para un público latinoamericano es bastante obvio, pero para el de España no lo es. Con todos los ajustes, la pieza es casi el doble de larga en su versión española.

Griselda Gambaro, quien también tuvo que exiliarse por unos años, comenta que para un dramaturgo en el exilio el problema principal es el del "carácter dependiente de su texto", es decir

> la hipótesis de la puesta en escena [...] incluye la presencia del público (quien) en la escritura teatral, es un espectador invisible acompañando al autor. (Este público) nace del conjunto de relaciones que une recíprocamente al dramaturgo con su comunidad. En el exilio es difícil de aprehender dónde se encuentra. Aunque (el espectador) es invisible al crear el texto, no puede ser una noción descartable.

Añade que el autor se ve obligado de crear entonces "un espacio imaginario que a su vez descubra, invente o anticipe nuevas dimensiones de lo real" (1998: 33).

Para Mahieu, el exilio también significó la constatación que el país de origen deja de representar las obras, primero por prohibición y después por estar ausente el autor o la autora de la escena local, y el país que la acoge, sigue considerándola extranjera aunque en el caso de Mahieu, lleve diecisiete años residiendo allí. Resulta difícil acceder e insertarse en los medios culturales y teatrales del país.[3]

El escritor exiliado se encuentra en una encrucijada. ¿Para quiénes debe escribir, para el público de su país de origen o para él del nuevo país? ¿Quién es el espectador invisible que menciona Gambaro y que todo autor suele tener en cuenta? En el Encuentro de teatro "España-América Latina", realizado en Madrid y en Mérida en 1980, Mahieu habló de la dificultad de mantener el contacto con el país de origen cuando se vive lejos de él.

> Nuestra tarea actual es recuperar la memoria fracturada y crear una perspectiva nueva, no alimentada por la espontaneidad ya perdida, sino por una reflexión interior que sirva para intuir las causas de nuestra existencia entre dos mundos. (*PIPIRIJAINA*, 35).

Al hallarse alejada de la Argentina y extranjera en el país adoptado, no es de extrañarse que en casi todas sus obras figuren personajes alienados, excluidos y con frecuencia perseguidos por el mainstream de la sociedad. Pero no tenemos que olvidar que alineación y persecución son temas que aparecen desde siempre en su obra, como consecuencia de su primer traumático exilio de Polonia.

Juegos a la hora de la siesta trata de un grupo de niños entre cinco y ocho años, representado por adultos, que en sus juegos en un parque, recrean, inocentemente, el lenguaje, los prejuicios y la conducta de sus padres. Andrés, de ocho años, es el líder y el rufián del grupo a quien los otros niños siguen ya sea por temor de enfrentarse con él, que por indiferencia o pasividad. En sus juegos recrean, sucesivamente, un casamiento, un juicio y un entierro. La violencia es cruda y abierta. La obra termina con el asedio a Susana y su muerte absurda por negarse a participar en los violentos juegos. Mahieu escribió esta obra contra el peronismo,[4] pero la metáfora de estos niños jugando a los adultos refleja claramente tanto

---

3 Es semejante el caso del autor chileno Jorge Díaz, quien a pesar de que lleva más de treinta años residiendo en España y ha ganado una cantidad apreciable de premios nacionales, sus obras no son llevadas a la escena con la misma frecuencia que en Chile o en otros pases latinoamericanos. Su obra permanece desconocida para el público español.

4 Roma me comunicó que un conocido suyo que vio la obra le comentó: "No sabía que habías escrito una obra sobre Hitler." Y en una representación reciente que se hizo en Italia, el director la llamó para consultarle sobre la puesta. Roma sugirió que vistiera a los chicos de camisas pardas para acentuar la escenografía a lo cual el director protestó diciendo que eso es el pasado de Italia y que ahora Italia es una democracia.

el horror de la represión de la dictadura hacia el pueblo así como la de-
formación educativa que sufren los niños en la sociedad contemporánea.
El lenguaje coloquial adulto en boca de supuestos niños revela una vez
más en toda su intensidad la alienación de las víctimas. Es por esto que
la obra accede fácilmente a diversas culturas y golpea al espectador,
quien no puede evitar verse reflejado en la caracterización. Julito, personaje patético que aparece en la obra es un disminuido mental de 20 años
Él sí representa la mentalidad y los intereses que deberían ocupar a niños
de ocho años. Julito quiere jugar con los niños y con su gorrión que trae
en una jaula. Es rechazado y maltratado, su gorrión es estrujado bajo la
coerción de Andrés por uno de sus secuaces y esto desencadena los sucesos que van a terminar en la violenta muerte de Susana.

En las obras posteriores Mahieu recurre otras veces a la inclusión de
disminuidos mentales, ya sea como protagonistas o personajes secunda-
rios. Algunos lo son por taras genéticas, otros reducidos a tal estado por
circunstancias sociales y ambientales, otros por una combinación de ambos. Siempre son colocados en situación de parias. Es difícil imaginar seres humanos más alienados que éstos. La marginación que padecen no
sólo es física sino también psíquica, con el resultado ineludible que terminan siendo extirpados de la parte "normal" de la sociedad.

Los temas recurrentes de sus obras generalmente se refieren a los
núcleos familiares y las dificultades de la convivencia, con connotaciones
políticas implícitas. El lenguaje poético es subyugante y el énfasis en la
teatralidad crea un teatro total, digno de Artaud, que "transgrede los límites ordinarios del arte y de la lengua al utilizar el magnetismo humano" del actor en escenas desgarrantes.[5] Mahieu describe los elementos
escenográficos con mucho detalle, incluyendo el vestuario y la música, y
la interacción de los personajes con ellos, como componentes integrantes
de la puesta en escena.

Tres obras que tienen por protagonistas a disminuidos mentales son
Ring Side, *Ópera nuestra de cada día*, y *El dragón de fuego*. En cada una, se
muestra a estos débiles individuos como víctimas de los prejuicios, su-
percherías y crueldad de los familiares y de la sociedad contra ellos.

Ring Side tiene lugar en un ring de boxeo. El Gorila es un boxeador
acabado y deteriorado mental y físicamente como consecuencia de los
repetidos golpes recibidos en el ring. En la pelea en que se ve obligado a
luchar para ganar unos pesos, y que debe perder, el Gorila se rebela
contra su entrenador y trata de pelear para ganar, pero es incapaz de
concentrarse. Se escenifica simultáneamente lo que va pasando por la
mente del boxeador. El espectador ve desfilar a su madre y a su esposa

---

5 Antonin Artaud: *Le théâtre et son double*, p. 141; traducción N.E..

en disputa por dominarle, tratándole como un objeto poseído, hacién-
dole reclamos inauditos. Un puñetazo de gracia de su contrincante termina con su triste vida.

José María, el joven protagonista de *Ópera nuestra de cada día*, es un
enajenado mental, recluido bajo llave en la casa materna. El cuarto es un
trastero polvoriento, lleno de muebles viejos desvencijados, bultos, cajas
de cartón y bolsas de ropa vieja por todos lados, animales disecados o
sus pieles, que José María utiliza efectivamente para dramatizar su desesperación. Su desequilibrio se debe a la excesiva manipulación e in-
doctrinación religiosa de las que fue objeto desde niño por parte de su
madre, quien aún lo trata como si fuera bebé:

> MADRE   Te acuerdas de cuando eras un bebe?
> JOSÉ MARÍA   No recuerdo.
> MADRE   Curioso... No? Yo lo recuerdo siempre ...mi niño fue siempre una mo-
>   nada ...el orgullo de su mamá ...rubio ...gordito ...sonrosado ...nunca pro-
>   nunció un taco. [...] Siempre tan dulce ...tan obediente. No entiendo lo que
>   pudo haber pasado ...te acuerdas de tu trajecito de terciopelo? (13)[6]

Las caricias que la madre le prodiga excitan sexualmente a José María, que la acosa; ésta frecuentemente responde, y prestándose a los juegos físicos que José María inventa, muchos de los cuales ponen a la madre en escenas eróticas con una franca implicación edípica. José María
tiene una percepción lúcida de su situación y odia a la madre por ser la
causa de su malogrado desarrollo pero a la vez no tiene la capacidad de
actuar y vengarse. Lo mismo sucede con los artefactos del cuarto. José
María le pide a la madre que los regale para librarse de ellos pero en
realidad él mismo no puede desligarse de ellos porque son parte de su
vida, la única que ha conocido, y los utiliza para dar rienda suelta a su
imaginación. Se encuentra prisionero, imposibilitado a actuar. Uno de
sus juegos consiste en ser un jefe Sioux quien ata a la doncella blanca (la
madre), que responde a los juegos con entusiasmo para luego arrepentir-
se de su conducta. José María encuentra una espada que usa como mu-
leta para simular ser un mendigo pidiendo limosna. Amenaza a la madre con la espada pero termina autohiriéndose punzándose un ojo con
ella. La disminuida mental que le traen a José María por insistencias del
padre para que se haga hombre, con consiguiente recelo de la madre - es
una muchacha de catorce años traída de un convento donde fue encerrada por su tía después de que el tío le hiciera un hijo. En un gesto de
lucidez y compasión José María mata a la muchacha para evitarle una
vida de maltratos y abusos por la madre de él, si se quedara en casa, o

---

6   Los números entre paréntesis corresponden a la paginación de los manuscritos.

por las monjas, si la mandaran de vuelta al convento, lo que la madre
amenaza hacer.

En *El dragón de fuego*, el protagonista es un muchacho retardado por
causas genéticas que vive con su hermana, actriz de cabaret y prostituta,
en condiciones paupérrimas, en un cuartucho dentro del cabaret. El muchacho se aferra a la hermana, y trata de complacerla porque es lo único
que tiene en el mundo y tiene miedo de ser recluido nuevamente en un
instituto. Él sabe que constituye una carga para ella, que es diferente a
los demás y se esfuerza por comprender lo que pasa a su alrededor y por
comprenderse a si mismo. Se expresa en silogismos: "Yo siempre digo la
verdad porque no digo una mentira y si no digo una mentira eso es una
verdad" (87) y en abstracciones filosóficas: "Yo y mi cuerpo estoy aquí,
acostado... aquí, estirado sobre la cama. Pero yo. Angel, no estoy entien-
des? Si no estoy no me pasa nada." (31) Se crea una escena de teatro
dentro del teatro donde Eva y Ángel representan ante el público sus números. Eva lucha entre su cariño y compasión hacia su hermano y la necesidad de poder salir adelante de alguna forma. El muchacho inventa
un cuento de un dragón de fuego que termina consumiéndose a fuerza
de tragarse su propio fuego. Mahieu demuestra hacia estos personajes
una gran compasión y perspicacia, como si deseara penetrar sus mentes
y entender como funcionan sus mecanismos racionales.

En varias otras obras[7], Mahieu ataca en forma indirecta al poder re-
presivo de las dictaduras, ocurran donde ocurran. Los finales son abiertos o aleatorios. El hecho de no haber nacido en Argentina y el haber
asimilado esa cultura como adolescente, universaliza su obra en la que se
notan rezagos de la cultura europea combinada con las culturas porteña
y/o española. Sólo sus obras realistas miméticas sobre la gente de las vi-
llas miseria en Buenos Aires tratan de argentinos que hablan en un lenguaje muy porteño.

En *María Lamuerte*, prohibida en 1978 junto con *Juegos a la hora de la
siesta*, la represión es representada por la abuela que tiraniza a la nieta.[8]
Cuando María, instigada por su amante, intenta asesinar a la abuela, no
tiene el coraje de hacerlo y la abuela, aunque ciega (el poder es ciego), se
da cuenta del atentado y los persigue con su bastón. La historia se repite
en forma aleatoria con una abuela más joven reapareciendo al final en un
círculo vicioso del que no se puede escapar. No hay resolución, la tiranía
se repite.

---

[7] Mahieu no fecha sus obras de manera que es difícil establecer una cronología.
Tampoco parece haber conservado los textos originales escritos en Argentina; sólo
ha conservado las adaptaciones que hizo en España.

[8] En la puesta en Buenos Aires, el director cambió el personaje de la abuela por un
tío, lo que cambia la obra por completo. Esto lo hizo sin consultar a la autora.

La pieza *El Benshi*, que probablemente fue escrita en Argentina, se refiere al narrador de los espectáculos de cine mudo en el Japón. Su versión no tiene nada que ver con la acción que se va desarrollando en la escena que representa la película. Es la historia de un triángulo amoroso compuesto por la madre, la hija y el padrastro. Éste asedia a la hijastra con propuestas procaces, lo que provoca sospechas y celos incontrolables de la madre que llevan al castigo corporal de la hija. El benshi narra esto como si se tratara de una familia perfectamente acorde y feliz. Simultáneamente se desarrolla otro drama en la sala, entre el público, (teatro dentro del teatro, pero no en el proscenio) invadiendo el espacio de los asistentes al teatro. Dos hombres, vestidos de civiles entran con metralletas y amenazan a los espectadores. Van sacando a individuos inocentes y después de maltratarlos los traen de vuelta a la sala. El benshi no advierte lo que está pasando en la sala de espectáculos. El público tampoco protesta prefiriendo, como el benshi, escaparse de la realidad y abstraerse en el mundo ficticio de la escena, pues, excepto los agredidos, nadie en el público se atreve a protestar por los atracos hasta el final cuando una señora protesta y recibe igual trato que los otros. La obra apunta al temor de la gente común, la que se sustrae de la realidad y prefiere no ver lo que está pasando a su alrededor.

En los monólogos o monodramas que Mahieu ha escrito, el discurso se fragmenta y se desconstruye en elementos miméticos (los que aparecen en escena), y diegéticos (narrados por el protagonista que no son vistos en el escenario). Las didascalias de la autora son tan precisas y sugestivas y se acoplan con tanta precisión a la acción dramática que el lector se imagina perfectamente la escena. También incluye las selecciones musicales que deben integrarse al espectáculo. La utilización del espacio y de los recursos escénicos-utilería, música, gestualidad, etc. nos hacen visualizar la escena. Por ejemplo, en *Rinascere* (Renacer), Carmen, la angustiada madre de un desaparecido, rememora en forma desconectada y en lenguaje poético las vicisitudes de su vida y el dolor de su pérdida. La protagonista utiliza los espacios miméticos y una larga tira de tela para expresar sus estados de ánimo. En los espacios diegéticos, Carmen le habla a la madre muerta y le cuenta su desesperación, ella relatando sus andanzas en busca de su hijo.[9]

CARMEN   No me quedaré callada! Si me obligan al silencio, el silencio hablará por mí, por mi hijo, por todos los que tienen silenciada la voz. Aunque tenga

---

[9]   Dice Patrice Pavis que la diégesis se presenta como 'natural' cuando todos los procedimientos son escamoteados y cuando la escena busca dar la impresión de que la ilusión es total y no necesita ser 'fabricada' por diversos procedimientos. (1999: 137)

la garganta abierta y las cuencas vacías de tanto llorar, no podrán privarme
de la dignidad ni del orgullo. El orgullo de tener la razón ...aunque sé que tener la razón resulta insuficiente. De modo que, pídele a tu Dios que esté
conmigo porque iré al mundo donde habitan los espíritus a arreglar las cosas... (10)
[...]
mañana, cuando comience a amanecer, [...] iré dibujándome en el aire hasta
volverme traslúcida como un rayo de sol que no se ve, pero cuyo calor está
allí, y sólo un niño, un bebé recién nacido lo podrá coger en sus manos. (36)

Carmen se introduce en el muñeco que había estado rellenando y adopta
una posición fetal, metáfora de su renacer.

A fuego lento escrita en España, fue finalista en 1992 del concurso
anual que promueve el TEATRO OLIMPIA NUEVAS TENDENCIAS DEL TEATRO
ESPAÑOL. Esta pieza es la contraparte de *Rinascere*. Describe en forma de
monodrama la enajenación de un torturador quien recrea, en forma die-
gética, por medio del ingenioso uso de maniquíes, o de personajes, la de-
vastación mental de Mario, el protagonista, y la trayectoria que lo llevó a
su oficio. Los maniquíes son la familia que Mario nunca tuvo, la madre,
la esposa y la hija. Él en realidad fue abandonado por la madre a quién
busca en las calles y en los prostíbulos de la ciudad. Mario se balancea
entre delirios de grandeza y una inmensa humillación y repulsión de sí
mismo. Se mira continuamente en el espejo para conocerse, asegurarse
de que existe y soslayar la constatación de

no ser querido por nadie, ...de que no había nada que pudiese remediar el hecho doloroso de que estará siempre solo, que ya podía echarme a morir en el
banco, pero nada podía cambiar. (45)

Dotado de inteligencia extraordinaria, Mario refiere la vida inmunda que
ha llevado y cómo estas vivencias han ido afectando su estado mental.
Comprueba su poder sobre los que tortura, pero no desiste del impulso
homicida de aniquilarlos. La obra es una acusación implacable de las
monstruosas condiciones que afectan a los desahuciados, ya sean las víctimas de la sociedad que no pueden defenderse, o aquellos verdugos que
terminan siendo víctimas de sus propias acciones.[10]

Percusión es una de sus pocas piezas cuyo montaje supone un ámbito exterior, al aire libre cerca de un basural. Un grupo heterogéneo de
individuos habita en unos grandes bidones colocados en pirámide. A pesar de la diferencia de edad y de procedencia social conviven pacífica-
mente. Estos marginados constituyen un microcosmos de la sociedad:

10 Roma me dijo que hizo un estudio intensivo de la obra de Bruno Bettelheim para
comprender el pensamiento de los verdugos.

para sobrevivir sobornan al policía y hacen justicia por mano propia hacia un ladrón. Los personajes son "la Reina", ex-cantante de ópera, "el Abuelo", un inválido, debilitado física y mentalmente, "el Tuerto", un ex-militar que además de tuerto es también mudo y que se comunica por medio de golpes en los bidones. El Chimango es el líder del grupo y el Querubín el eficaz organizador. Cada personaje lleva a cabo su rol definido. Esta obra está orquestada con perfección maravillosa, como una sinfonía.

La última obra de Roma Mahieu se llama *Sida bebé* y presenta a un bebé abandonado por sus padres conectado a tubos diversos en un cuarto de hospital bajo el cuidado de una enfermera despótica e indiferente a sus sufrimientos. Un gato callejero se introduce en el cuarto. Esto produce una entrañable amistad entre estos dos seres alienados. El gato sacia su hambre tomando el biberón del bebé y éste llega a conocer el mundo exterior a través del gato. La marginación de ambos, los conduce a la revelación de un mundo conmovedor. La amarga ironía de la obra está en la constatación de que un animal tiene más compasión hacia el bebé enfermo que los humanos que le rodean.

Obras citadas
Arancibia, Juana A. y Mirkin, Zulema eds.: *Teatro argentino durante el Proceso. Ensayos críticos, 1976-1983.* Buenos Aires 1992.
Artaud, Antonin: *Le théâtre et son double.* Paris 1964.
Bixler, Jacqueline: "Games and Reality on the Latin American Stage", en LATIN AMERICAN LITERARY REVIEW 12 (Spring-Summer 1989), pp. 22-35.
Ehrlich Lip, Sylvia: "Games they Play at Siesta Time" en CANADIAN THEATRE REVIEW.
Gambaro, Griselda: "Los rostros del exilio", en ALBA DE AMÉRICA 7, 12/ 13 (1989), pp. 419-427.
Leaming, Barbara: "The Filmmaker as Voyeur". Citado por Lawrence Weschier en "Artists in Exile", en THE NEW YORKER, 5 de diciembre de 1994.
Mahieu. Roma: *Juegos a la hora de la siesta.* Buenos Aires 1976.
-----: *La gallina ciega.* Madrid 1980.
-----: *El Benshi.*
-----: *El diario de Odalinda Correa.* Buenos Aires 1984.
-----: *El dragón de fuego.* 1988.
-----: *A fuego lento.*
-----: *María Lamuerte.*
-----: *Ópera nuestra de cada día.*
-----: *Percusión.*
-----: *Pilar 6, Casilla 49 Bis.*
-----: *Ring Side.*
-----: *Rinascere.*
-----: *Sida Bebé*

Masiello, Francine: "La Argentina durante el Proceso: las múltiples resistencias de la cultura", en *Ficción y política: la dictadura argentina durante el proceso militar*. Buenos Aires, Madrid 1987.

Pavis, Patrice: *Diccionario del teatro. Dramaturgia, estética, semiología*. Barcelona, Buenos Aires, México 1990.

Sarlo, Beatriz: "Política, ideología y figuración literaria", en *Ficción y política: la dictadura argentina durante el proceso militar*. Buenos Aires, Madrid 1987, pp. 30-59.

Nora Eidelberg: Professor emeritus.
Publicaciones: *Voces en escena. Antología de dramaturgas latinoamericanas*. Medellín 1991, eds. con María Mercedes Jaramillo; múltiples ensayos sobre el teatro femenino latinoamericano, e.a. "Susana Torres Molina: destacada teatrista argentina", in ALBA DE AMÉRICA 7, 12-13 (1989), pp. 391-393.

Osvaldo Pellettieri

El exilio argentino

La pena del destierro, la condena que consiste en la expulsión de un territorio, ha sido aplicada a lo largo de la historia como una forma de eliminar a los considerados enemigos, generalmente por motivos políticos o religiosos. A Margarita Xirgu, gran actriz española radicada en Montevideo a causa de la Guerra Civil Española, se atribuye haber dicho que: "Los griegos son sabios, no te torturan, no te encarcelan, no te matan, te echan".

Siendo innegable la estrecha relación entablada entre el teatro y los problemas sociales desde el comienzo mismo de la literatura dramática, lazo que ha sido señalado por una larga lista de teóricos y estudiosos, desde Aristóteles[1] el tópico del exilio ha sido frecuentado por los autores de diversos orígenes y momentos históricos. Y no podía ser de otro modo, puesto que el texto dramático establece una íntima relación con los fenómenos sociales sobre los cuales intenta, a veces lográndolo, presentar una visión total y esclarecedora.

Si relacionamos esto con las afirmaciones de Croce de que toda historia es contemporánea y por lo tanto los hechos del pasado que no nos interesan pasan a convertirse en "no históricos" y, por lo tanto, difícilmente estén representados en el teatro de hoy, comprenderemos el por qué de la vigencia del tema del exilio.

En el caso de la Argentina, el teatro estuvo desde sus inicios interesado en los temas históricos, que era, por otra parte, una forma de tratar de consolidar la nacionalidad. Separada tempranamente por antagonismos irreconciliables, la sociedad argentina ha vivido distintos momentos en los que determinados grupos, en especial intelectuales y artistas y más recientemente también científicos, se vieron obligados a abandonar el país por una pluralidad de motivos, si bien principalmente políticos.[2]

---

1 "La historia, como el drama y como la novela es hija de la mitología. Esta es una forma particular de comprensión donde [...] la línea de demarcación entre lo real y la imaginación no ha sido trazada. Se ha dijo, por ejemplo, de la *Ilíada*, que aquel que emprenda su lectura como un relato histórico, allí encontrará la ficción y en revancha, que aquel que la lea como una leyenda, allí encontrará la historia". (Toynbee 1955)

2 José de San Martín, reconocido como héroe máximo de la nación, después de realizar la campaña bélica que culminó con la liberación de la Argentina, Chile y Perú (que le otorgó el título de Protector) de las fuerzas colonialistas españolas, debido a las rivalidades y polémicas que surgieron luego de obtener la libertad, se exilió en Francia, donde murió en 1850.

Uno de los primeros ejemplos, si no el primero, de textos que tratan el tema es *El gigante Amapolas*, de Juan Bautista Alberdi, escrito en Montevideo en 1841, encuadrado en el marco de la lucha entre unitarios y federales. Durante el gobierno de Juan Manuel de Rosas (1829-1852) debieron exiliarse Domingo F. Sarmiento, Esteban Echeverría, José Mármol y Alberdi entre otros. Hacia finales de 1838, Alberdi se embarca rumbo a Montevideo,

> espontáneamente, sin ofensa, sin odios, sin motivos personales, nada más que por odio a la tiranía. [...] Ni a la persona ni a la administración de Rosas tenemos que dirigir quejas, por injurias personales que jamás nos hicieron.

Sin embargo, es difícil creer que ese alejamiento que duró cuarenta años no estuviera en algún modo relacionado con el gobierno rosista, e incluso con el de los que sucedieron en el poder.

En *El gigante Amapolas*, el autor, utilizando procedimientos propios de la sátira paródica, construye una alegoría que incita a los militares antirrosistas a levantarse en armas contra quien detenía la suma del poder público, es decir, Juan Manuel de Rosas. Coincidente con el ideario expresado por Víctor Hugo en el Prefacio a *Cromwell*, Alberdi sostiene que para el teatro la misión más alta

> es tribunicia y política como la de la prensa diaria [...] El teatro es el único lugar en donde vive el arte entre nosotros; la literatura, toda la época tiende a revertir la forma del diálogo, a convertirse en drama. (Canal Feijoo: 245)

En su concepción, el teatro es la herramienta idónea para esclarecer al pueblo "a ver si, enseñando a conocer la verdad de las cosas sucedidas, se aprende a despreciar el poder quimérico de la opresión". (ibíd.: 248)

Como nota curiosa podemos anotar que el único escritor destacado que Rosas tuvo a su servicio fue Pedro de Angelis, un italiano desterrado por cuestiones políticas.[3]

Otra etapa de nuestra historia en el duro proceso del exilio volvió a repetirse fue durante la primera y segunda presidencia de Juan Domingo Perón (1946-1955), época en la que muchos argentinos debieron tomar el camino del destierro por su franca oposición al régimen. No obstante, es necesario aclarar que en este caso, en general, la forma de presión con-

---

3 Derrotado en la batalla de Caseros, en 1852 por las fuerzas comandadas por el General Justo José de Urquiza, Rosas murió en el destierro en 1877. Sus restos fueron repatriados durante el gobierno de Carlos Menem, es decir, cuando habían pasado más de 100 años de su fallecimiento.

sistía en privar al artista de sus fuentes de trabajo, a través de su inclusión en las llamadas "listas negras". El mismo Perón, a su vez, tuvo que sufrir la pena del destierro que durante los dieciocho años que duró su exilio después de ser derrocado por un movimiento militar en 1955; suerte que alcanzó también a muchos de sus seguidores.

Creemos, sin embargo, que el momento en el que esta situación llegó a su máxima expresión fue el del llamado "Proceso de Reorganización Nacional", que se prolongó desde 1976 hasta 1983, y en que el gobierno estuvo en manos de la Junta Militar conformada por los comandantes en jefe de las tres armas. A partir del golpe de Estado del 26 de marzo de 1976 se produjo una diáspora en el campo intelectual y artístico que ya había tenido su prólogo en las persecuciones realizadas por la organización conocida como "Triple A" durante el gobierno de Isabel Martínez. Entre los muchos teatristas que debieron abandonar el país podemos citar a Norma Aleandro, Juan Carlos Gené, Eduardo Pavlovsky, Alberto Adellach, Luis Politti, Héctor Alterio, Susana Torre Molina, Luis Brandoni, Norman Briski y Griselda Gambaro. Casi todos volvieron al país cuando se recuperó la democracia (en 1983) y prosiguieron sus carreras; algunos, como Politti, murieron en el extranjero[4] y otros, como Alterio, continúan su actividad en Europa. En un reportaje que se realizó sobre éste último, el actor declaró que sus primeros meses de exilio fueron "muy difíciles porque era todo muy incierto [...] Tuve que comenzar de cero totalmente" (Baron, del Carril, Gómez 1995: 398)

Podría afirmarse que, como actitud general, todos trataron de mantener la continuidad de sus proyectos, desarrollando una gran actividad creadora cuando encontraron circunstancias propicias. Todos trataron, desde el mencionado caso de Alberdi hasta el presente, de utilizar las herramientas con las que podían contar, ya fuera la literatura, la música o el teatro, para proseguir con la tarea que habían emprendido.

Un caso paradigmático es el de Juan Carlos Gené, quién después de recibir amenazas, presiones y la prohibición de continuar un programa de televisión en que estaba trabajando, se marchó a Colombia y luego se estableció en Venezuela, donde continuó trabajando como actor y posteriormente fundó el GRUPO ACTORAL 80. Al frente de este grupo, conformado por actores de diversas nacionalidades latinoamericanas, realizó alrededor de treinta puestas en escena(de algunas de las cuales, además, fue también autor), en las cuales la temática del exilio aparece bajo varios aspectos. En 1985 presentó en Buenos Aires *Memorial del cordero asesinado*, "una clara metáfora del exilio y de la actividad teatral realizada fuera del

---

4 "Politti también se murió en el exilio. De exilio puro, de tristeza. Que tuvo una embolia... puro bluff". (Briski en Parcero, Helfgot, Dulce 1985: 21)

lugar de origen" (Aisemberg, Rodríguez 2000: 3). Pese a que regresara a
la Argentina en 1993, Gené siguió conservando el uso del tú (en lugar del
"vos" utilizado en nuestro país) quizá como tributo al país que lo acogió
en el momento del ostracismo.[5] En el discurso pronunciado al asumir la
dirección del entonces Teatral Municipal General San Martín, el 7 de diciembre de 1994, dijo

> ...volcando en él (se refiere, obviamente, al teatro cuya conducción iba a ejercer)
> más de cuarenta años de experiencia en el escenario, con dieciocho de esos años
> ejercidos fuera del país, primero por un obligado exilio y luego por las largas
> consecuencias emergentes de esa circunstancia. Y haber vivido el exilio hace de
> quién lo vivió alguien distinto del que se fue un día cumpliendo un viaje forza-
> do. En mi caso, entre muchas otras cosas que ahora no hacen al caso, en el exilio
> adquirí la conciencia de la tendencia latinoamericana a su integración...[6]

En el caso de Eduardo Pavlovsky, que debió exilarse en 1978 y pasó
primero por Montevideo y Brasil y luego a España (país en el que ya se
encontraban teatristas que habían salido del país con anterioridad) debemos mencionar la obra *Cámaralenta*, que había comenzado a escribir en
Buenos Aires y que concluyó durante su exilio. En palabras del autor, la
obra es una "metáfora del pueblo destruido, golpeado que se pone de
manifiesto en el deterioro agónico de Dagomar" (Pavlovsky 1994: 90), y
es, también, una manera de traducir estéticamente una experiencia des-
garradora.

En el caso de Norman Briski, su periplo atravesó Perú, Venezuela,
México, Inglaterra, España y finalmente, en 1980, se estableció en Estados Unidos. Cuando se le preguntó el por qué de tanto traslado, explicó
que:

> No podía quedarme en ningún lado en particular. Un exiliado es una persona
> que siempre está esperando volver y si uno se instala en un país es como que te
> resignás a no volver. Siempre estaba haciendo cosas, pero en realidad hacía
> tiempo para regresar a mi país... El que espera desespera y yo me desesperé"
> (AHORA).

---

5 Gené conoció en Venezuela a su actual mujer, Verónica Oddó, autora, directora y
   actriz, quien había salido de Chile, su país de origen, durante el gobierno del general Augusto Pinochet. "El escenario es nuestro país común, nuestra patria" ha de-
   clarado Gené.
6 Copias de esas palabras de Gené fueron entregadas a la prensa; uno de los ejem-
   plares obra en nuestro poder.

Al año siguiente de su regreso al país en 1985, presentó *El astronauta* "una metáfora transparente del exilio y de su reverso, el regreso" (Aisemberg, Rodríguez 2000: 2)[7]

Hay otros casos, en los que el destierro surge por motivos económicos, por la necesidad de huir de una realidad asfixiante, sin salidas, de buscar en otras latitudes la prosperidad que el propio país no brinda. En esta variante el teatro argentino presenta una extensa galería de personajes, especialmente en los textos de las primeras décadas del siglo, y sobre todo en el sainete, género popular por excelencia, es rico en ejemplos. Pero, por supuesto, no se trataba de personajes argentinos, sino de españoles, italianos, árabes, etc. que habían llegado al país en busca de mejores oportunidades.

Entre los más destacados teatristas argentinos radicados en el exterior por motivos no políticos, se encuentra Jorge Lavelli, quien ha regresado en diversas ocasiones al país para dirigir teatro y ópera. Lavelli llegó a París con una beca otorgada por el Fondo Nacional de las Artes en 1961. El hecho de que su partida fuera una decisión y no una imposición de las circunstancias hizo que su actitud fuera básicamente distinta y no vivida como una pesadilla:

> Hice una integración cultural a Francia muy interesante. Esa era la única manera de, no sólo aprovechar las oportunidades que me brindaban, sino también de vivir culturalmente en otro país. Sin embargo, mantuve siempre una dualidad, porque mantuve una relación afectiva muy fuerte con la Argentina... (Baron, del Carril, Gómez 1995: 177)

Años después, en 1972, otro director decide alejarse del clima de represión que reinaba entonces en Buenos Aires. Alfredo Arias, que termina también radicado en Paris, donde ocupa actualmente un lugar importante en el campo teatral. El gobierno francés le otorgó en 1986 la Orden de Caballero de las Artes y las Letras como reconocimiento a su labor artística. En 1987, mientras se desempeñaba como director del Centro Dramático Nacional de Aubervilliers, regresó con la puesta en escena de Marivaux, *Juegos de amor de azar*, en 1991 volvió para poner en escena con actores argentinos *Familia de artistas*, que había sido un suceso en su estreno en París, en 1994 se presentó nuevamente en Buenos Aires, con

---

7 En la entrevista que le realizaron (Parcero, Helfgot, Dulce) Briski narra de manera desgarrada la experiencia del exilio: "Hay una pérdida. La pérdida se sufre. La puta si se sufre. No me voy a poner a llorar ahora, si total... Lo único que sí sé, es que algunas cosas gané. Entonces poner inmediatamente el otro lado, porque si no te morís, y decís diez años de mi vida los perdí... " (20) "Estaba desesperado, me internaron una vez por cuatro días [...] Otra de las cosas que pasan en el exilio es la separación. [...] En el plano familiar se pone todo oscuro". (21)

Mortadela, que también había sido un éxito en su estreno en París en 1992 que le valió el Premio Moliere, en 1995, *Niní* y en 1998 el público porteño pudo presenciar su versión de *La mujer sentada*, de Copi. [8]

Copi, cuyo verdadero nombre era Raúl Damonte Botana, quién a los 22 años decidió abandonar el país, fue otro importante creador radicado en París. La serie de dibujos titulada *La mujer sentada*, que se publicó en el *NOUVEL OBSERVATEUR*, dio origen a la obra que en 1984 estrenó en París Alfredo Arias con la actuación de Marilú Marini. Su condición de expatriado lo llevó a decir: "Yo no soy un intelectual francés, creo que soy un marginado aquí y en Buenos Aires." (Reproducido en *CLARÍN*, 15. 12. 1987 en la nota que anuncia su muerte). Su obra fue conocida en Buenos Aires tardíamente: varios años después de la recuperación de la democracia, comenzaron a presentarse *La noche de la rata*, la primera, en 1991[9], y luego *Una visita inoportuna*, *La pirámide*, *Las viejas putas*, *Las cuatro generalas*.

Cuando en 1981 nació la experiencia que recibió el nombre de Teatro Abierto, fundado en un acto de contestación contra el gobierno militar que todavía no había sufrido la dura derrota de la guerra de Las Malvinas, Roberto Cossa, presentó su obra *Gris de ausencia*. En este caso, el desterrado ya no es el extranjero que llegó a la Argentina escapando en la mayoría de los casos de la pobreza de su país de origen. Ahora la historia se ha invertido, y es el argentino el que debe abandonar el país natal y se radica en Italia.

Y aquí surge otro problema, el del desconocimiento del idioma, que tiene consecuencias profundas en tanto que convierte al emigrante en un ser desarraigado, cuyos vínculos familiares sufren una notoria degradación.

El punto de partida de estas obras sería la alineación del individuo y del grupo familiar incapaces de adaptarse al medio extraño por un inicial despojamiento de la propia lengua. [...] En definitiva, son seres en 'tierra de nadie' habitando un espacio adverso y no asimilado y expresándose en jergas que los incomunica entre sí y con su entorno... (Giella 1992: 127).

En 1993 Roberto Cossa y Mauricio Kartun estrenaron *Lejos de aquí*. En un comienzo, Cossa se planteó la obra como una prolongación o

---

8 En ese momento se dio que los directores argentinos radicados en Francia, Alfredo Arias y Jorge Lavelli, ocupaban las dos salas más importantes del Teatro Municipal General San Martín. Arias, en el escenario de la sala Casacuberta con la obra mencionada y Lavelli dirigiendo en la Martín Coronado su versión de *Seis personajes en busca de autor*, de Luigi Pirandello.

9 Con el título *La nuit de madame Lucienne* (La noche de la señora Luciana) fue estrenada con dirección de Jorge Lavelli en 1985 en el Festival de Avignon.

"alargamiento" de *Gris de ausencia*, pero en el proceso de la escritura y de su intercambio de ideas con Kartun, surgió la incorporación de éste a la escritura y la obra tomó identidad propia. La acción transcurre en Madrid y uno de los personajes, porteño, nostálgico, vive soñando durante diecisiete años con regresar a Buenos Aires. El personaje fue interpretado por Luis Brandoni,[10] que dijo sobre él:

> ...más allá de la satisfacción económica, hay otras necesidades que no tienen que ver con el alimento sino con una fantasía que supone que en otro lugar vamos a ser distintos, mejores [...] Lo que se ignora es lo que se deja, eso que tan sabiamente decía Nelly Fernández Tiscornia: 'Hay cosas que no se pueden meter en una valija.' (CLARÍN, 6. 9. 1993)[11]

Más recientemente, en 1995, Griselda Gambaro[12] estrenó *Es necesario entender un poco*. El protagonista de la obra es un chino llevado a Francia por un jesuita en 1722, incentivado por la necesidad de conocer una cultura que considera superior. A los problemas que se enfrenta por su desconocimiento de la lengua, lo que se traduce en la imposibilidad de establecer una comunicación, se suma el sufrimiento que nace de la marginación, las humillaciones físicas y morales a las que es sometido, como "diferente" por su raza y por provenir de un país no central. Pese a que las coordenadas espacio-temporales ubican la obra en un lugar no sólo remoto (distancia) sino también lejano (tiempo), es insoslayable reconocer que Gambaro nos está hablando del aquí y ahora.[13]

Otro aspecto del exilio es el que presenta *Made in Lanús*, de Nelly Fernández Tiscornia, estrena en 1986 y que alcanzó un importante éxito de público, en parte porque el tema que abordaba expresaba un estado de ánimo colectivo. Relata el encuentro de una pareja que vive en un suburbio de Buenos Aires con otro matrimonio que vuelve después de haber tenido que huir y que se ha radicado en Estados Unidos. Hay un contraste evidente entre la vida humilde de los que se han quedado y el estado de bienestar de los que se han ido, y el conflicto se desencadena cuando la mujer que ha regresado intenta convencer a los primeros que

---

10 Luis Brandoni, junto a su mujer, la actriz Martha Bianchi, que también trabajó en la obra, fue uno de los que debieron abandonar el país amenazado de muerte durante el último gobierno de "facto". Estuvieron exiliados en México.
11 El actor cita aquí un parlamento de la obra de Nelly Fernández Tiscornia, *Made in Lanús*, de la que fue uno de los protagonistas.
12 Griselda Gambaro integró también la lista de los exiliados durante la última dictadura militar. Vivió en Barcelona, con su esposo, el reconocido artista plástico Juan Carlos Distéfano y sus hijos.
13 "Madre: Y los diezmos son más altos. Y la gente se ha vuelto muy extraña. El emperador les aplasta la cabeza y ellos besan el suelo que pisa". (Gambaro 1996: 118)

emprendan el camino hacia el extranjero.[14] Finalmente, los visitantes re-
tornarán a Estados Unidos y la otra pareja decidirá quedarse, a instancias
de la mujer, que confía en que en algún momento las cosas mejorarán,
podrán estar bien, aquí, en su lugar. El texto dramatiza una polémica que
se generó en la sociedad y cuyos ecos no se han extinguido aún por
completo:

> Y otra clase de error que yo le veo es que tanto idos como quedados, se quieren
> apoderar del lugar del juez y juzgar a los otros, normativizar. Creo que hubo
> quienes se quedaron haciendo gala de una obsecuencia por el poder repugnan-
> te, y quienes se quedaron con una gran dignidad, callándose la boca y aprove-
> chando los mínimos resquicios para lo que podían. Y entre los que se fueron
> también hay gente muy linda, y hay chantas que se hacían los perseguidos po-
> líticos a ver si conseguían ayuda de un organismo de solidaridad. Hay de todo,
> el exilio ha sido muy exitoso para algunos y desastroso para otros... (Blas Ma-
> tamoro en Parcero, Helfgot, Dulce 1985: 101)

Si partir no fue fácil, tampoco lo fue volver. Y hay quienes no han
vuelto. Porque el que vuelve ya no es el mismo. En el mejor de los casos,
vuelve enriquecido, ha aprendido y comprendido otras formas de pensar, de vivir, de relacionarse, ha estado en contacto con otras formas
culturales que le han aportado vivencias que lo marcan. Pero el país
tampoco es el mismo. Ni los individuos ni las sociedades pueden salir
indemnes de experiencias tan traumáticas. Las cicatrices quedan. En ambos.[15] Mario Benedetti, escritor uruguayo, que también se vio obligado a
dejar su país, ha utilizado para describir las sensaciones que produce el
regreso una palabra: des-exilio, el sentirse desarraigado y extraño en el
propio país.

Sin embargo, es necesario reconocer que entre los teatristas no llegó
a producirse una separación tan tajante como la descrita en los demás
ámbitos intelectuales. Quizá por esa especie de necesidad compulsiva
por hacer que caracteriza al teatrista argentino, todos volcaron sus energías en retomar su labor, abriendo escuelas, ensayando, llevando sus
textos, y sus actuaciónes a los escenarios que no hubieran querido abandonar.

---

14 La pareja que retorna está conformada por un esposo médico que se ha establecido
cómodamente en su profesión pero que sufre el desgarro de haber tenido que partir y la pérdida de la identidad y una mujer que está adaptada totalmente a una
sociedad que le brinda mayor bienestar.

15 "...la dictadura logró una de sus victorias al atomizar el campo intelectual, produ-
ciendo dos líneas de intelectuales argentinos (los de adentro y los de afuera), fo-
mentando incluso los resentimientos entre ambas zonas y fracturando un centro
de oposición democrática". (Sarlo 1988: 101)

Bibliografía
Aisemberg, Alicia; Rodríguez, Martín: "El teatro argentino en el exilio (1976-1983)", trabajo presentado para la *Historia del Teatro Argentino en Buenos Aires*, Osvaldo Pellettieri (director) Vol. 5, en prensa.
Baron, Ana; del Carril, Mario, Gómez, Albino: *Por qué se fueron*. Buenos Aires 1995.
Canal Feijóo, Bernardo: *Constitución y Revolución*. Buenos Aires 1955.
Gambaro, Griselda: "Es necesario entender un poco", en *Teatro 6*. Buenos Aires 1996.
Giella, Miguel Angel: "Inmigración y exilio: el limbo del lenguaje", en *Teatro y Teatristas*. Ed. Osvaldo Pellettieri. Buenos Aires 1922, pp. 119-128.
Parcero, Daniel; Helfgot, Marcelo, Dulce, Diego: *La Argentina exiliada*. Buenos Aires 1985.
Pavlovsky, Eduardo: *La ética del cuerpo*, Buenos Aires 1994.
Pellettieri, Osvaldo: "Historia y Teatro", en *Todo es Historia*, n° 212 (diciembre) 32-44.
Sarlo, Beatriz: "El campo intelectual: un espacio doblemente fracturado", en *Represión y reconstrucción de una cultura: el caso argentino*. (Sosnowski 1988), pp. 96-107.
Sosnowski, Saúl: *Represión y reconstrucción de una cultura: el caso argentino*. Buenos Aires 1988.
Toynbee, Arnold:*Un estudio de la historia*, Vol. I, Buenos Aires 1955.
Trastoy, Beatriz: "Madres, marginados y otras víctimas: el teatro de Griselda Gambaro en el ocaso del siglo", en *Teatro Argentino del 2000*, ed. Osvaldo Pellettieri. CUADERNO DEL GETEA n° 11 (2000), pp. 37-46.

Osvaldo Pellettieri: doctor en Filosofía y Letras por la Universidad de Buenos Aires, profesor titular de la cátedra de Historia del Teatro Argentino y Latinoamericano de la Facultad de Filosofía y Letras de la UBA. Es director del INSTITUTO DE HISTORIA DEL ARTE ARGENTINO Y LATINOAMERICANO de la Facultad de Filosofía y Letras de la UBA y director del area de investigación teatral, de esa facultad. Es investigador de carrera del CONICET (Consejo Nacional de Investigaciones Científicas y Técnicas).
Publicaciones: *Cien años de teatro argentino*. Buenos Aires 1990; *Teatro argentino contemporáneo*. Buenos Aires 1993; *Una historia interrumpida. Teatro argentino moderno (1949-1976)*. Buenos Aires 1997. Con Eduardo Rovner (eds.): *La puesta en escena en Latinoamérica*. Buenos Aires 1996. *La dramaturgia en Iberoamérica*. Buenos Aires 1998. Ediciones de dramaturgos argentinos y numerosos ensayos sobre el teatro argentino.

George Woodyard

Trauma y discurso: Tres piezas del exilio

Bajo las dictaduras militares que fueron instaladas en varios países latinoamericanos desde los sesenta hasta los ochenta, muchos ciudadanos se sintieron obligados por la amenaza de la violencia física o la imposibilidad de mantener su estabilidad económica y psicológica, a abandonar sus países de origen. Varios autores canónicos de la América Latina ya han documentado este fenómeno en el teatro, aun cuando ellos mismos no fueran víctimas de la opresión de manera directa. En este ensayo me he centrado en tres piezas, una argentina, una chilena y una ecuatoriana, para analizar los métodos del discurso empleados por sus tres autores al dramatizar esta experiencia.

La primera obra, *Gris de ausencia*, escrita por Roberto Cossa, autor sobresaliente de Argentina, establece un comentario sobre una familia disfuncional repartida por varios países, incluyendo España e Italia. La segunda obra es de Jorge Díaz, autor chileno quien durante los años de la dictadura de Pinochet residó principalmente en Madrid. En *Dicen que la distancia es el olvido* capta la pesadilla con un enfoque sobre una mujer que vive exiliada en Madrid. La tercera es de Arístides Vargas, argentino radicado en el Ecuador, que se titula *Nuestra Señora de las Nubes*, obra montada para su grupo MALAYERBA. En las tres piezas, el daño psicológico infligido sobre el individuo por la ruptura de la familia, y de los valores básicos crea un estado de desarraigo palpable que produce un trauma físico y emocional.

Sobre el tema del exilio, y las preocupaciones por el exilio y los problemas de identidad que éste conlleva, escribe Paul Ilie en *Literature and Inner Exile* s. Observa:

> Once we acknowledge that exile is a mental condition more than a material one, that it removes people from other people and their way of life, then the nature of this separation remains to be defined not only as a unilateral severance, but as something more profound. (1980: 2)

Homi Bhabha en *The Location of Culture* teoriza que:

> this liminality of migrant experience is no less a transitional phenomenon than a translational one; there is no resolution to it because the two conditions are ambivalently enjoined in the 'survival' of migrant life. (1994: 224)

En los dos casos, la alegación de que el exiliado sufre privaciones que sobrepasan por mucho los de la mera dislocación física es clave para comprender un juego complejo de circunstancias.

En 1981, cuando la Argentina se encontraba inmersa en los horrores de la opresión militar, el reciéntemente fallecido Osvaldo Dragún organizó un desafío dramático (en los dos sentidos de la palabra) con varios dramaturgos y directores, denominado TEATRO ABIERTO. El objetivo fue mostrar solidaridad y resistencia en contra de la locura del gobierno militar en el poder por ese entonces. Todos los veintiun autores y demás partizipantes involucrados en el proyecto no sólo demostraron su vitalidad y perspicacia en escribir y montar obras que criticaban el régimen militar, sino también su determinación tremenda al perseverar cuando misteriosamente el teatro se incendió una noche durante la tercera semana de funciones. En una sola semana se pudo obtener otra sala para continuar con el proyecto.

Roberto Cossa aportó a TEATRO ABIERTO una pieza, dedicada a su amigo Carlos Somigliana por su ayuda, con el título sacado de un famoso tango („canzoneta"): *Gris de ausencia* (1981). Trata el problema creciente de la diáspora argentina, un asunto que había alcanzado proporciones asombrosas y desmoralizantes. La situación es al mismo tiempo graciosa y patética: los miembros de una familia hacen miles de esfuerzos para establecer una comunicación a través de varias fronteras nacionales en distintos idiomas, situación que depende del humor grotesco para subrayar su objetivo político: Si no fuera por las atrocidades del sistema político argentino, estas familias no tendrían que sufrir la angustia del exilio. La obra presenta una mirada satírica, dentro de la larga tradición del grotesco criollo, sobre la dimensión angustiosa de la vida en argentina.

Roberto Cossa en alguna ocasión ha dicho "me gustaría ser recordado como autor cuyos textos ayudaron a entender nuestra realidad y nuestra irrealidad". (Poujol 1988: 51) Ahora, como miembro de esa generación de autores argentinos responsables de lo que Osvaldo Pelletieri ha denominado el "realismo reflexivo", Cossa ha conseguido en su teatro hallar un equilibrio entre la estética y la forma y sus inquietudes por los problemas sociopolíticos del país. Con la fuerte influencia de ciertos autores norteamericanos y europeos, particularmente Arthur Miller y Anton Chejov, Cossa comenzó a escribir bajo el impacto moral y social de piezas realistas como *La muerte de un viajante* y *El jardín de los cerezos*. Las técnicas de las dos obras inspiraron no sólo a Cossa sino también a otros de su generación.

En *Gris de ausencia* los niveles del discurso reflejan las actitudes de los cinco personajes. Cuando las familias italianas emigraron a Argentina, en muchos casos anticipaban un regreso con riquezas y alegría después de una breve temporada. Para muchos, sin embargo, la temporada se volvió permanente y nunca regresaron. En esta pieza, el matrimonio ha regresado hace unos 20 años para hacerse cargo de un pequeño restaurante, Trattoria La Argentina cerca de Trastévere. Si el objetivo de la pieza es demostrar que el exilio destruye la familia nuclear, logra hacerlo. Lo que está en juego es la capacidad de comunicar y comprenderse. Además del matrimonio, los otros tres miembros de la familia son un abuelo, un tío y una hija. La hija, que vive en Madrid, visita a la familia con menos frecuencia que antes y tiene una relación tensa y difícil con su madre por la separación y las diferencias lingüísticas entre el castellano y el italiano. El tío revela su voluntad de no integrarse al no poder hablar italiano tras 20 años y al no saber cómo orientarse en la ciudad. La hostilidad de los "tanos" (es decir, los italianos) le ofende, pero no consigue admitir su propia actitud patética. El abuelo vive feliz y nostálgico en su pasado argentino sin darse cuenta de sus circunstancias actuales. El caso más exagerado es el del hijo, que no aparece en el escenario pero que llama desde Londres y no se le comprende en ningún idioma, con resultados graciosos.

El daño psicológico producido por la relocación, para algunos exilio, para otros, subraya la desintegración de la unidad familiar. El crítico argentino Miguel Ángel Giella, él mismo un exiliado, observa:

> Nos encontramos ante una connotación del exilio, la de la especial dirección afectiva del desarraigo producida por una des-naturalización - emigración - y por la opuesta de no-integración - inmigración - con las secuelas de inestabilidad psicológica y social. (*Teatro abierto* 1983)

Nuestro segundo autor, Jorge Díaz, siempre siguió manteniendo relaciones con el teatro chileno aún tras vivir muchos años en Madrid. Hijo de inmigrantes españoles que llegaron a Chile en los años 30, siempre sintió fuerte afinidad con España. Aunque no sufrió el exilio político como muchos de sus compatriotas (el suyo fue voluntario), se sintió obligado a dramatizar su actitud contra la dictadura de Pinochet en varias piezas. Como Cossa, Díaz había escrito desde el comienzo un teatro comprometido con lo socio-político, pero, difiriendo de Cossa, su teatro no se basaba en el realismo sino en la vanguardia. Capacitado por la manipulación lingüística y maniobras técnicas muy complicadas, Díaz encontró un público internacional con su obra canónica, *El cepillo de dientes* (1961, versión ampliada 1966).

Cuatro piezas suyas, *Ligeros de equipaje* (1982), *Dicen que la distancia es el olvido* (1985), *La otra orilla* (1986) y *Muero luego existo* (1986), tratan de asuntos del exilio. En una entrevista Díaz mismo comentó:

> En estas piezas [...] yo desarrollo una situación dramática que no había intentado antes: el problema latinoamericano o chileno localizado en España, es decir, presentar en una sola obra a Latino América y España. (Epple 1986: 146)

Al levantarse el telón, *Dicen que la distancia es el olvido* no aparenta tener conexión con la situación política en Chile. La escena inicial en Madrid presenta a una mujer de mediana edad vistiéndose después de un encuentro sexual con un chulo de 20 años. Se revelan poco a poco los detalles de su pasado político, así como sus estados psicológicos y emocionales. La pieza está basada en un caso verdadero, que Díaz conocía por medio de la prensa, según la crítica Oksana Bauer, el de una joven rebelde argentina que "vivió una relación amorosa con su torturador mientras estuvo presa". (Bauer 1999: 159)

Claudia, la protagonista, delata a sus amigos al ser atrapada por los agentes de Pinochet. La torturan para sacarle más información y más tarde su marido Diego es asesinado. La mujer se involucra en un síndrome de dependencia con Martín, su torturador, porque él representa su único contacto con el mundo exterior. Claudia describe un sueño, en términos espaciales, en el que se

> encontraba unida a una cápsula por una manguera... y la manguera se cortaba. Yo me alejaba, entonces, lenta pero inexorablemente de toda forma de vida, de los otros. La frágil manguera es el torturador. Si se rompe, sólo queda el vacío infinito. (1987: 196)

Después de ser liberada, se casa con su torturador, quien más tarde la abandona y huye con su hija Ana. Los efectos de la delación y tortura la dejan rota e inútil. Su nuevo marido español es un hombre importante y compasivo, miembro, irónicamente, de la Comisión sobre Derechos Humanos. Sin embargo, ella lo rechaza a favor de sus encuentros ilícitos con el chulo que abusa de ella y hasta la viola. La pieza es una reconstrucción de la victimización, el caso de una mujer intentando reconstruir su vida y recobrar a su hija en Chile.

Parece difícil que la víctima de la tortura política e institucional, organizada por un estado agresivo encuentre posteriormente un equilibrio psíquico. La tortura produce efectos tan traumáticos que el torturador mismo llega a ser una suerte de salvavidas. En el caso de Claudia sus relaciones extramaritales la satisfacen porque hacen hincapié en sus propios sentimientos de inutilidad. Ella dice: "Yo lo que busco es castigarme, castigar mi soledad." (178) Su marido la irrita porque, como dice: "¡No soporto verme como víctima, y él hace verme así!" (186). Por otro lado, Claudia prefiere a alguien "que me desprecie, no que me quiera." (186) Su marido entiende los derechos humanos sólo desde una perspectiva abstracta e intelectual. Él no ha experimentado nunca la tortura a nivel personal, como Claudia. Le dice:

> Estoy cansado de atribuir todas tus neurosis al exilio y la tortura, sin que eso explique nada. No creo que la tortura cree necesariamente neurosis ni creo que el exilio sea tan decisivo para destruir la vida de una pareja,

a lo cual ella contesta:

> Tú eres el especialista en exilios y torturas, brillante abogado defensor de los derechos humanos... ¿Sabes, Andrés? Lo que uno dice en esos testimonios nunca es real, a pesar de que uno quiere decir la verdad, pero la verdad es una herida tan atroz, tan enloquecedora, que no se puede hablar de ella. El psiquiatra y tú no sabéis nada de esto. Nunca lo sabréis. (196)

En efecto, la obra es un estudio clásico en cuestiones de poder relacionadas con lo interpersonal. Claudia se siente totalmente abandonada, sin poder, y por eso se rinde ante todos los que quieren ayudarla, no sólo su marido sino también el matrimonio que llega desde Chile insistiendo en que regrese para reclamar a su hija. Hasta su amiga que le ofrece su casa para sus encuentros sexuales se siente frustrada. En fin de cuentas, la tortura es una experiencia tan deshumanizante que deja al individuo acabado. Sólo al final, cuando Claudia coge su maleta para emprender el viaje a Chile, resulta posible apreciar la dimension de su sufrimiento y el esfuerzo heróico que hace para recobrar la esencia de su ser.

Con esta pieza Jorge Díaz nos sitúa en un mundo difícil de comprender. Para una persona „normal," la temática de Claudia es un fenómeno tan distanciado de la vida cotidiana que es casi imposible concebir, aunque, como dice Nina: "Normal. Bueno, yo odio la palabra 'normal.' Todos somos anormales." (180) Miles de personas en Chile, Brasil, Argentina, Cuba y otros países sufrieron horrores durante los años de sus "guerras sucias," víctimas de una política diseñada a eliminar los no-conformistas, los llamados "enemigos" del estado. Era (y es) una reali-

dad que impacta por las vidas destruidas, y por el gran trauma psicológico que dejó en la población.

Lo que más se destaca en esta pieza es la manera en que Díaz mantiene el efecto dramático. La obra tiene su mensaje político, pero más que
nada es una pieza de teatro confeccionada con un diálogo efervescente,
típico de los juegos lingüísticos del autor chileno. En las didascalias iniciales, Díaz explica la necesidad de los acentos chilenos, peruanos y madrileños para dar a la obra un sabor internacional legítimo. El dramaturgo observa que "Madrid ha sido siempre la cloaca que colecciona todos
los acentos marginados del mundo. En Madrid no existen madrileños"
(1987: 172), una exageración que respalda la mezcla de exiliados. Es significativo que el único madrileño verdadero de la obra es Paco, cuya filosofía de vida es sencilla: "No hay otra realidad que el sexo y el dinero."
(173) Como gígolo, se aprovecha de su proeza sexual para sobrevivir.
Todos los demás sufren algún tipo de exilio. No sólo es importante el
acento, sino también el discurso mismo, una temática que Díaz ha trabajado con frecuencia desde sus obras iniciales. Su perspectiva es que el
lenguaje no consigue expresar de lleno las necesidades humanas. Cuando Claudia y Andrés no se llevan bien, Claudia responde:

> *Impaciente* ¡Dios, las palabras son una mierda! No significan lo mismo para ti
> que para mí. Deseo es para mí una cuchillada, un vértigo y para ti es una in-
> quietud psicológica. Andrés, dejemos de hablar de esto. Necesitaríamos inven-
> tar otro idioma. (194-195)

La tercera pieza, *Nuestra Señora de las Nubes* (1998) (en la versión publicada en PRIMER ACTO 275, 1998) fue escrita por Arístides Vargas para
su grupo MALAYERBA de Quito. Entre paréntesis se indica que es un "segundo ejercicio sobre el exilio."[1] *La obra* consta de 13 escenas en que los
dos personajes fundamentales aparecen como Bruna y Oscar en cuatro
escenas separadas. En las tres escenas intercaladas entre cada interven-
ción de ellos, los dos toman otras identidades. Así que lo que aparenta
ser, a primera vista, una estructura caótica, es en efecto una estructura
simétrica y equilibrada. Las secuencias prestan oportunidades para rela-

---

[1] Vargas y su esposa son exiliados; él nació en Córdoba, Argentina en 1954 y a los
21 años tuvo que salir de la Argentina por la violencia de la régimen militar.
Primero llegó a Lima y luego se trasladó a Quito. Su esposa nació en España y ella
también llegó a Quito. En el montaje que yo vi en Miami bajo auspicios del
Festival Internacional del TEATRO AVANTE durante el verano de 2000, los dos
hicieron los únicos dos papeles de la pieza.

tar sus memorias del pueblo o el país ficticio de *Nuestra Señora de las Nubes*. Al asumir diferentes identidades, los dos pueden captar la esencia de un panorama amplio de recuerdos y experiencias, visiones compartidas o separadas de otro tiempo, otro lugar.

El título sugiere cierta visión romántica, católica e idealizada, pero lo que se revela desde el comienzo es la concatenación de lo bueno y lo malo, lo valioso y lo trivial, lo positivo y lo negativo, lo estético y lo brutal. Desde la primera escena, en la que los dos exiliados se encuentran por azar y reconocen sus raíces mútuas, hasta la escena final en la que siguen revelando sus dudas y miedos sobre la importancia y la esencia de la vida, las escenas intermedias, casi fotográficas o cinematográficas, revelan una gran variedad de episodios. La primera secuencia (de tres) se relaciona con comienzo, míticos o arquetípicos, por ejemplo, la narración del árbol genealógico del pueblo en una escena garcíamarquesiana. Las escenas de la segunda secuencia revelan los efectos creados por las malas lenguas, o sea, los "piropos de los hermanos Aguilera" que producen reacciones adversas en sus receptores. Las de la tercera secuencia tienen que ver con los años de la violencia y sus consecuencias fatales para muchos.

La pieza es una bella combinación de lo humano y lo emocional con algunos toques políticos bien puestos. Estilísticamente (Arístides escribe para su mujer, actriz protagonista), Bruna es la que casi siempre tiene los parlamentos más expresivos. Respecto a los elementos políticos, por ejemplo, ella observa que "en mi pueblo los corruptos denuncian a los corruptos y está bien porque ellos sí saben de lo que están hablando". (58b) Al reflexionar sobre las condiciones que le obligaban a desterrarse, hace una comparación graciosa entre el país y un avión. Dice:

> Primero dijeron que había que ajustarse los cinturones, nosotros lo hicimos; después dijeron que eran épocas turbulentas, nosotros les creímos; luego dijeron que en caso de asfixia económica, una mascarilla caería automáticamente. Ninguna de estas cosas sirvió para nada, el país se vino a pique y nunca encontramos la caja negra. (58bs.)

Pero la nota humana, emocional, sentimental es lo que le da a la obra su sabor muy especial, indicando el impacto psicológico del exilio, y no en términos instantáneos y breves sino más bien largos y duraderos. Una vez más es Bruna la que observa que "el exilio comienza cuando comenzamos a matar las cosas que amamos, pero no las matamos de una vez, tal vez en años...". (69b) Tal vez lo exprese mejor cuando lo pone en términos táctiles para indicar el dolor profundo que ella ha experimentado en varias etapas de su vida y durante el curso de muchos años. Explica que el exilio es un problema de abrazos:

> Verá cuando niña abrazaba a mi perro, entonces mis padres se enfadaban y me exiliaban en mi cuarto; en mi adolescencia abracé a un chico y él me exilió en la soledad; luego, de grande, abracé ideas y me exiliaron en este país, sin contar las veces que fui castigada cuando intenté abrazar la religión. Ahora por las dudas no abrazo a nadie. (64b)

Lo que más se nota, a lo largo de todas las escenas, es la insistencia en el daño psicológico producido por el exilio y por los sistemas corruptos y opresivos que lo hacían necesario. Todo esto se presenta desde una perspectiva indirecta, casi intuitiva a veces, en contraste con los sistemas ideológicos y dogmáticos de años anteriores. Simplemente hay que escuchar las voces de la representación, para captar las emociones intensas que supone el ser expulsado del propio país, y de buscar la identidad en otra cultura, aunque no tan ajena, siempre distinta del sitio natal. Muchas veces se disimula el impacto del golpe con humor lingüístico, juegos de palabras o toques poéticos. Lo que predomina en la obra es su alta calidad poética y estética, con un lenguaje refinado y pulido. Sin embargo, la conclusión es inevitable: pérdida de la identidad, confusión, dislocación, sentimiento de ser desterrado. Al final llegamos a una sensación de clausura y de muerte. Esta ingeniosa pieza lingüística con sus intervalos poéticos y transiciones armoniosas nos lleva, sin mención del exilio o la política, a un sentimiento profundo de la angustia que puede experimentar el hombre que sea desterrado por cualquier razón de su ambiente preferido

En conclusión, se puede observar que las tres piezas analizadas bien representan las inquietudes relacionadas con el exilio, inquietudes que aparecen en el teatro latinoamericano durante y después de la época de su represión más violenta. Fácilmente se podrían extrapolar estos ejemplos para hablar también de piezas brasileñas, tales como *Torquemada* de Augusto Boal, o *Murro en Ponta de Faca* (también de Boal) o *Till Sverige: Os nossos Assassinos* de Luiz Henrique Cardim o piezas cubanas relacionadas con la diáspora producida por la Revolución de 1959 y la represión política e ideológica que la seguía. Homi Bhabha, escribiendo en el prólogo a *Home, Exile, Homeland*, editada por Hamid Naficy, termina con la nota siguiente:

What we can do, with all the modes of signification that lie at hand, is to wage our wars of „recognition" for lifeworlds that are threatened with extinction or eviction; and shape our words and images to frame those representations of home and exile through which we take possession of a world whose horizon is marked, all at once, by the spirit of arrival and the spectre of departure (1999: xii).

En estas tres piezas, como se ha visto, las cuestiones del exilio se involucran no sólo en el lenguaje y el discurso, haciendo hincapié en la separación y el aislamiento, sino también en consequiencias físicas más drásticas, como el encarcelamiento y la tortura (con resonancias de la pieza bien conocida de Ariel Dorfmann, *La muerte y la doncella*). Los efectos del exilio y los asuntos concomitantes de la separación son complicados y tal vez poco comprendidos todavía. Roberto Cossa, Jorge Díaz y Arístides Vargas, en sendas maneras, nos han planteado perspectivas esclarecedoras sobre estas inquietudes por medio de la experiencia estética de tres piezas bien construidas con técnicas ágiles.

Obras citadas
Anaine, Susana: "El teatro de Roberto Cossa o la puesta en escena de una conciencia histórica", en *ESPACIO DE CRÍTICA E INVESTIGACIÓN TEATRAL* 4, 6-7 (abril 1990).
Andrade, Elba, Fuentes, Walter: *Teatro y dictadura en Chile: Antología crítica*. Prólogo de Alfonso Sastre. Santiago 1994.
Bauer, Oksana M.: *Jorge Díaz: Evolución de un teatro ecléctico*. Ann Arbor 1999.
Bhabha, Homi: *The Location of Culture*. New York 1994.
-----: "Preface: Arrivals and Departures", en *Home, Exile, Homeland: Film, Media and the Politics of Place*. New York, London 1999.
Cossa, Roberto: *Teatro*. [*Gris de ausencia*, Vol. III] Buenos Aires 1990.
Díaz, Jorge: "Dicen que la distancia es el olvido" en *GESTOS* 3 (abril 1987), pp. 170-206.
Epple, Juan Armando: "Teatro y exilio. Una entrevista con Jorge Díaz", en *GESTOS* 2 (noviembre 1986), pp. 146-154.
Giella, Miguel Angel: "Inmigración y exilio: el limbo del lenguaje", en *De dramaturgos: Teatro latinoamericano actual*. Buenos Aires 1994.
-----: "Roberto Cossa, *Gris de ausencia*," en *Teatro Abierto 1981*. Buenos Aires 1991, pp. 76-83.
Hicks, D. Emily: *Border Writing: The Multidimensional Text*. Minneapolis 1991.
Ilie, Paul: *Literature and Inner Exile*. Baltimore 1980.
Kaplan, Caren: *Questions of Travel: Postmodern Discourses of Displacement*. Durham 1996.
Ladra, David: "El teatro de Arístides Vargas", en *PRIMER ACTO* 275 (1998), p. 56.
Poujol, Susana: "*Yepeto*: Una poética de la escritura", en *ESPACIO DE CRÍTICA E INVESTIGACIÓN* 1, 4 (1988), pp. 51-56.

Trastoy, Beatriz: "La inmigración italiana en el teatro de Roberto Cossa: El revés de la trama", en *Inmigración italiana y teatro argentino,* ed. Osvaldo Pellettieri. Buenos Aires 1999, pp. 137-145.

Tucker, Martin: *Literary Exile in the Twentieth-Century: An Analysis and Biographical Dictionary.* New York 1991.

Vargas, Arístides: "Evolución formal en el teatro latinoamericano", en PRIMER ACTO 275 (1998), pp. 51-55.

-----: "*Nuestra Señora de las Nubes*", en PRIMER ACTO 275 (1998), pp. 57-72.

Woodyard, George: "Jorge Díaz", en *Latin American Writers III.* Carlos A. Solé; Maria Isabel Abreu (eds.). New York 1989, pp. 1393-7.

-----: "The Theatre of Roberto Cossa: A World of Broken Dreams" en *Perspectives on Contemporary Spanish American Theatre,* ed. Frank Dauster. BUCKNELL REVIEW 40, 2 (fall 1996).

-----: "The Two Worlds of Jorge Díaz", en ESTRENO XVIII, 1 (spring 1992), pp. 20-22.

George Woodyard: catedrático en el Departamento de Español y Portugués de la Universidad de Kansas desde hace más de 30 años. Sigue como director de la revista LATIN AMERICAN THEATRE REVIEW, revista especializada que él mismo fundó en 1967. **Publicaciones:** con Leon F. Lyday: *Dramatists in Revolt.* Austin, London 1976; co-editor de *9 Dramaturgos Hispanoamericanos.* Girol, 2da ed. 1998; *African And Caribbean Theatre.* Cambridge 1994; con Osvaldo Pellettieri: *Eugene O'Neill Al Happening.* Buenos Aires 1995; con Heidrun Adler: *Resistencia y poder: Teatro chileno.* Frankfurt/Main 2000; varias ediciones de Cambridge Guide sobre teatro latinoamericano, artículos sobre Roberto Cossa, Jorge Díaz, Ricardo Halac, Eduardo Pavlovsky, Hebe Serebrisky, José Triana, Oscar Villegas y muchos otros.

Jorge Febles

Asedios a una tradición:
Aspectos del motivo exílico en el teatro cubano postrevolucionario

> *¿[...] Es ésta la mansión que trocar debo*
> *por los campos de luz, el cielo puro,*
> *la verdura inmortal y eternas flores*
> *y las brisas balsámicas del clima*
> *en que el primero sol brilló a mis ojos*
> *entre dulzura y paz?... Estremecido*
> *me detengo, y agólpanse a mis ojos*
> *lágrimas de furor... ¿Qué importa? Emilia,*
> *mi cuerpo sufre, pero mi alma fiera*
> *con noble orgullo y menosprecio aplaude*
> *su libertad...*
> José María Heredia: *A Emilia*

> *Nunca comiendo el pan del emigrado*
> *pensé cumplir con mi adorada Cuba.*

> *Hijo de Cuba soy: a ella me liga*
> *un destino potente, incontrastable:*
> *con ella voy: forzoso es que la siga*
> *por una senda horrible o agradable...*
> José Jacinto Milanés: *Epístola a don Ignacio Galván.*

A partir del siglo XIX e incluso antes, si se tiene en consideración la consabida política colonial española de eliminar cualquier conato opositor por medio de tácticas coercitivas entre las que sobresalía el destierro forzoso, tanto el motivo como la realidad de la emigración impuesta o autoimpuesta se revela de manera vigorosa en las letras nacionales. Expatriados o exiliados[1] que se ocuparon del asunto en sus escritos fueron

---

[1] De acuerdo con Edward Said, se puede distinguir entre exiliados, refugiados, expatriados y emigrados. Explica de esta suerte las diferencias: "Exile originated in the age-old practice of banishment. Once banished, the exile lives an anomalous and miserable life, with the stigma of being an outsider... Refugees... are a creation of the twentieth-century state. The word 'refugee' has become a political one, suggesting large herds of innocent and bewildered people requiring urgent international assistance... Expatriates voluntarily live in an alien country, usually for personal or social reasons... Emigrés enjoy an ambiguous status. Technically, an

Cirilo Villaverde, José María Heredia, el padre Félix Varela, Miguel
Teúrbe Tolón, Gertrudis Gómez de Avellaneda, Bonifacio Byrne, Juan
Clemente Zenea y José Martí, para citar sólo poquísimos de una larga e
ilustre lista. Asimismo, en ese problemático siglo XIX que significa la al-
borada de la literatura nacional, se planteó implícita o explícitamente
cuanto le urge su tierra al escritor para crear y el deber que tiene de permanecer en ella, de mantenerse en ella, de acompañarla en su devenir,
buscando la transformación desde adentro en caso de considerársela necesaria. En efecto, cuando alguien tan apolítico como Julián del Casal ex-
clama en sus "Nostalgias": "Mas no parto. Si partiera/al instante yo qui-
siera/regresar" se aferra a la neurastenia decadente de Huysmans y Bau-
delaire para expresar lo que, en su caso particular, podría entreverse como prurito antiinmigratorio.

Por eso me parecen significativos los epígrafes con que encabezo estos asedios al motivo exílico en el teatro postrevolucionario escrito lo
mismo dentro que fuera de Cuba. Los planteamientos encontrados de
Heredia y Milanés, poetas románticos cuasi coetáneos, elucidan constantes cimentadas durante los últimos cuarenta y un años. De ahí acaso que
la vida del vate loco matancero haya dado pie en la isla a piezas tan
transcendentales como *La dolorosa historia del amor secreto de don José Jacinto Milanés,* por Abelardo Estorino, abreviada luego para facilitar su escenificación bajo el título de *Vagos rumores,* y *Delirios y visiones de José Jacinto Milanés,* por Tomás González. Fuera de Cuba, por el contrario, donde
el teatro histórico no se ha frecuentado mucho, nadie, que yo sepa, ha
yuxtapuesto al timón anclado de Milanés el doloroso velamen de Heredia, tan válido en su dinámica contradiscursiva, tan trágico en su modo
de desarmarse con vertiginosa rapidez. Gracias a las pasiones políticas,
el ansia de renombre, la voluntad de ampliar miras, surgen esas visiones

émigré is anyone who emigrates to a new country. Choice in the matter is certainly
a possibility..." (1984: 52)
Hoy, Israel, Kaplan y otros prefieren el término "diáspora" para referirse a los
grandes grupos de inmigrantes o desterrados que caracterizan el siglo XX. Aunque sigo más o menos los términos expuestos por Said, no lo hago en su totalidad
por parecerme un tanto forzados en ocasiones. Así, no distingo entre exiliado y
emigrado, ya que me parece que la expulsión en el estado moderno se impone a
veces de manera indirecta. Uso expatriación para referirme al individuo que opta
por desterrarse voluntariamente, pero por razones esencialmente sociopolíticas.
Emigrante e inmigrante son, para mí, conceptos sinónimos que aluden al abandonar la tierra propia por motivos socioeconómicos. Por fin, empleo la palabra diáspora para indicar traslado masivo de una población a otro país y entes diaspóricos
para caracterizar a sus integrantes.

yuxtapuestas de los que se van frente a los que se quedan, la cual constituye una dicotomía conflictiva invariable desde el siglo XIX. Lo corrobo-
ran en virtud de sus experiencias escritores más tardíos como Alfonso
Hernández Catá, Emilio Bobadilla, Alberto Insúa y hasta Alejo Carpen-
tier. Con respecto a Hernández Catá, por ejemplo, escribió alguna vez
Ambrosio Fornet: "[Este] inauguró entre nosotros la corriente del artista
'que se va' y ratificó la oscura convicción de que sólo así era posible hacer una obra y lograr un reconocimiento internacional" (33). El crítico
censura de este modo al escritor hispanocubano, anatematizando por ex-
tensión a todo aquel que, por ese entonces, se expatriaba o exiliaba ya
bien para potencializar a plenitud su voz, ya bien porque se sentía per-
seguido dentro de la isla.

Otra es hoy día la perspectiva de Fornet, quien en un libro reciente
hace hincapié en la necesidad del mutuo reconocimiento que obvie la
concepción fantasmagórica de ambas orillas, es decir, ese afán reiterado
por negar artificiosamente lo de *allá* tapándolo con un dedo, mientras *allá*
niega lo de *acá* de idéntica manera. La imagen del escritor que se expatria
por razones políticas en ciertos casos o por razones personales en otros
ha representado una tradición controvertible dentro del marco literario
nacional, pero como admite Fornet en su empeño reconciliador, ésta co-
bra inusitada importancia a partir del advenimiento en 1959 del régimen
implementado por Fidel Castro. En buena medida, el tropo exílico - para
caracterizar así a la serie indefinible de esquemas metafóricos asociados
lo mismo con la circunstancia vital que con su tratamiento literario - se
torna en instigador de un diálogo intermarítimo, efectuado ya bien a gritos, ya bien a silencios prolongados por artistas dichos en el rechazo mutuo.

Dentro del teatro cubano prerrevolucionario, el motivo de la expatriación voluntaria o involuntaria tiene escaso papel. Salvo lo que quiera
inferirse del Teófilo entreguista de *Tembladera,* obra anticolonialista de José Antonio Ramos, o la problemática identidad de ese Travieso Jimmy
ideado por Felipe que desaparece en el mar, "nota azul" de la que proce-
de cuidarse, según Montes Huidobro, ya que "el exilio es ir más allá del
mar" y "los peligros invaden por el mar" (1973: 131), poco hay de importancia que se ocupe siquiera tangencialmente del asunto. Sí se dejan entrever desde las primicias dos elementos que, posteriormente, configura-
rán la esencia ideológico-formal de múltiples textos que tratan del exilio:
la esquizofrenia y el núcleo familiar escindido. Tras resumir las características patológicas del estado esquizofrénico, de la ambigüedad o fragmentación enajenante que éste implica, Montes Huidobro precisa que, al

reflejarse en la creación dramática, éste sugiere taras compartidas. Afirma:

> Recordemos ... que el teatro es reflejo de lo nacional, que los personajes surgen de la realidad de los autores, y que por extensión ha de ser una interpretación de lo cubano. (1973: 50)

Por consiguiente, sobre las tablas isleñas el amor en todas sus manifestaciones carece con frecuencia de normalidad, transformándose en la trilogía esquizoide de "trampa, amor, destrucción" (1973: 57). Concluye el crítico que esta evolución "da al teatro cubano una continuidad fascinante, que lo hace una obra dramática en sí mismo como la propia historia de su pueblo. El amor ha tomado cauces patológicos: no se puede amar porque se teme: se teme que seamos devorados: nos queremos devorar los unos a los otros". (1973: 57) Añado: tales relaciones caníbales y autodestructoras generan lógicamente la separación forzosa o asumida como tal que supone el destierro.

Repito: el teatro cubano se inscribe a plenitud en la tradición exílica sólo una vez que se establece el proceso revolucionario. Luego, el motivo del destierro repercute en las tablas con ligera efervescencia, manifestándose de manera directa o indirecta en textos que gravitan por lo general en torno al ámbito hogareño. Los conflictos entre padres, hijos y hermanos, lejos de emblematizar tópicas batallas generacionales, configuran microcosmos representativos de la circunstancia política nacional. Rine Leal reconoció la pervivencia del motivo de la familia en crisis como mecanismo para analizar la sociedad dentro del teatro cubano escrito lo mismo en Cuba que fuera de ella. Según Leal, la trayectoria del asunto se inicia con *Tembladera* (1918) y, en la Isla, se mediría conforme a los siguientes hitos:

> De *Tembladera* a *La recurva* (1939) del propio Ramos; de *La recurva* a *Aire frío* (1959) de Piñera; de *Aire frío* a *La noche de los asesinos* (1965) de Triana; de *La noche...* a *La emboscada* (1978) de Roberto Orihuela; de *La emboscada* a *Manteca* (1994) de Alberto Pedro. (1995: xiv)

Menos validez encierra el esquema propuesto para el teatro elaborado en los Estados Unidos, ya que lo asienta en tres piezas hermanadas por su proximidad temporal: *El súper* (1979) de Iván Acosta; *Alguna cosita que alivie el sufrir* (1979) de René Alomá; y *Union City Thanksgiving* (1982) de Manuel Martín Jr. Importa sobremanera esta conclusión de Leal:

Lo que más interesa es que la relación padres/hijos no se limita en ningún momento a una confrontación generacional o doméstica, sino que siempre enmascara tensiones más profundas que tienen que ver con el poder y la opresión. Por eso es siempre una familia amenazada en la que las noticias, los hechos, la realidad que viene de fuera del hogar y entre enormes peligros que destruye la unidad del núcleo familiar. (1995: xv).

Esta unidad a punto de resquebrajarse en parte por las presiones externas o estatales, en parte por su propio comportamiento cainista, apunta la tradición exílica. Si se piensa en la situación familiar como microcosmo que se desintegra y que, al hacerlo, repudia voluntaria o involuntariamente a ciertos miembros o que éstos se apartan de él por egoísmo o para respirar aires nuevos a nivel más individual que colectivo, se precisa el cariz precursor de todas esas piezas anteriores a 1959 que abordaron este fértil motivo. Lo único que ahora la escisión abandona el ámbito de lo figurado para convertirse en imagen de una realidad concreta, apruébese o no de ella. La visión del exilio dentro y fuera de la Isla, la manera en que el dramaturgo emigrado o expatriado se concibe, es concebido y concibe sus anécdotas y personajes, el método de enfrentar circunstancias e ideas parecidas desde puntos de vista forjados en virtud de diversos espacios culturales y planteamientos sociopolíticos contradictorios, devienen aspectos ineludibles al afrontar el teatro cubano postrevolucionario.

Esta impronta exílica, que deviene con marcada frecuencia lo que Caren Kaplan designa "trope of displacement" (1996: 9) para recalcar sus virtudes netamente poéticas, se patentiza como recurso ambivalente según se lo perciba o explote de una u otra orilla. Estudio el motivo guiado por tres de sus manifestaciones clave: la nostalgia endémica evidente en cierto teatro ilusionista o hasta contradiscursivo urdido exclusivamente fuera de la Isla; la reciprocidad contestaria, o sea, la voluntad de contraponer esquemas ideológicos para refutar trazados hegemónicos con intención didáctica o simbólica; la pervivencia de la familia dividida por el exilio o la expatriación como metáfora que ilumina una problemática acaso insoluble. Estos constituyen la substancia "tropics of displacement" (Kaplan 1996: 4), o metáforas de la desubicación que dan forma a las representaciones textuales de lo exílico. Edward Said ha escrito:

Exile is the unhealable rift forced between a human being and a native place, between the self and its true home. The essential sadness of the break can never be surmounted. (1984: 49)

Esa sensación de pérdida provoca una nostalgia permanente no sólo en muchos artistas sino también en el emigrante prototípico, en ese ser cotidiano que por razones políticas o pragmáticas optó por la huida. Dentro del teatro concebido en la Isla, por supuesto, este motivo adquiere escasa trascendencia. Quien se queda no extraña ni siente simpatía por los que se lamentan de lejos. Al contrario, éstos encarnan un artero polo antagónico: el dolor de los que se expatriaron por el mar, condenándose a la añoranza inmanente, provoca en el suelo patrio el miedo de que los desterrados regresen por el mar para destruir el sistema con que se identifica una mayoría. Ese modelo se observa, por ejemplo, en tales textos icónicos de los sesenta como la versión fílmica de *Memorias del subdesarrollo*, realizada por Tomás Gutiérrez Alea, y, de manera mucho más provocativa, en *Los Siete contra Tebas* de Arrufat. A veces se entrevé en el teatro nacional cierta nota nada conmiseradora que hace hincapié en la nostalgia merecida de quienes se refugiaron en otras tierras. Como lo abandonado, pese a sus defectos, supera con creces a aquello que se adopta, los que se marchan sufren merecidamente "la nostalgia de volver." Héctor Quintero, en una pieza reciente cuyo título, *Te sigo esperando*, al proceder de un melancólico bolero interpretado por "Los Chavales de España," ya de por sí apunta a deseos irrealizables, hace que el anciano Alcides regrese a Cuba después de visitar a sus familiares en Miami, inclusive para padecer las privaciones del Período Especial. Le explica así el por qué de su retorno a su hija Teté, revolucionaria de rompe y rasga:

> Yo lo único que quería era volver a ver a mi hijo y a mis nietos. Pero, ¿quedarme? Hay que estar loco. Allí no quieren a ningún viejo. Y para morirme, por supuesto que prefiero hacerlo aquí, en mi patria, como desean la mayoría de los que están allá, que viven en una clase de nostalgia y de tristeza que le zumba el mango. (1998: 29)

El marcharse, como poetizó Gertrudis Gómez de Avellaneda, es apartarse de un pasado y un espacio irrecuperables, es enajenarse con plenitud de facultades.

Fuera de la Isla, el motivo de la nostalgia origina cierto tipo de creación intranscendente, la cual halla receptores entre la comunidad transterrada. Según ha comprobado José Escarpanter, en el plano de la cultura popular, dicho sentimiento genera en Miami una comedia procaz asentada en el bufo isleño. Creada por autores entre quienes destacan Mario Martín y Alberto González, estriba en la sátira política pero, más que nada, perpetúa tipos, música, léxico y actitudes asociados a la Cuba de los cincuenta, con el objeto de satisfacer la añoranza, alimentándola de manera paradójica. Héctor Santiago ha hecho una congruente apología de esos espectáculos para entretener en los cuales la lágrima y el dolor del desarraigo se dan la mano con la risa para garantizar que se pase bien el rato. El retroceso momentáneo que esos espectáculos encarnan produce de manera grotesca un destierro placentero dentro del muy real que se experimenta a diario.

Otra intención tiene, por supuesto, el teatro nostálgico serio, pues, generalmente, la mirada hacia atrás no representa el eje creador sino uno de sus elementos complementarios. En este acápite se incluyen obras variopintas por su complejidad crítica y anecdótica. Pienso en ciertas piezas de Raúl de Cárdenas, como *Las Carbonell de la calle Obispo* o *Al ayer no se le dice adiós*, en *El súper* de Iván Acosta, o hasta otras más oscuras como *La navaja de Olofé* de Montes Huidobro y *Las noches de la chambelona* de Santiago, cuyo cosmopolitismo vinculable a Puig o a la conocida película *La Cage aux Folles*, no consigue ocultar del todo por su título y los antecedentes musicales intertextualizados cierta deuda simbólica con La Habana exótica de los cincuenta.

Recordando a mamá, de Monge Rafuls, elucida con bastante precisión los matices polivalentes de esta tendencia nostálgica, que puede aferrarse tanto a la modernidad como a la postmodernidad, según ocurre en el caso particular de este autor, integrado plenamente en el teatro hispano neoyorquino. Pese a ambientarse en la gran metrópoli estadounidense, *Recordando a mamá* pone en evidencia la fidelidad a ese aspecto de la tradición dramática cubana que se afirma en la enajenación individual o colectiva, la frustración erótica y el ritualismo canibalista. Los dos hermanos que velan el cadáver de su madre en una funeraria de Queens experimentan la soledad absoluta de los desarraigados. No sólo se encuentran fuera de lugar por haberse visto forzados a salir de la isla, sino que encarnan anomalías humanas al sentirse incompletos tanto física como psicológicamente, igual que esas criaturas endebles del teatro absurdista, consumidas, según aclara Tracy Palls, por "la desorientación y el desajuste". (1978: 27) No obstante la tonalidad mesurada del drama y la índole harto menos abigarrada del ludismo metateatral, los hermanos cincuentones de *Recordando a mamá* ponen en evidencia un desconcierto plurivalente afín al que caracteriza a tales congéneres como Lalo, Cuca y Beba, los protagonistas de *La noche de los asesinos*. Pese a su madurez biológica, se comportan como adolescentes desorientados incapaces de forjarse un destino individual o de completarse sexualmente, víctimas como son de esa terrible dependencia esquizoide definida por Montes Huidobro. Del mismo modo que giran ahora en torno al féretro materno, antes se movían alrededor de la mujer viva sin lograr jamás desarrollar identidad propia. Por ello experimentan lo que Alberto designa "la frustración de no ser nada". (258)

La madre, por lo tanto, se transforma en metáfora de lo perdido o emblema exílico. Su desaparición, a la par temida y deseada, cimenta la incompletez al tiempo que agudiza el drama individual, confiriéndole una raigambre histórica colectiva. Los hermanos discuten el hecho de que la madre falleciera sin cumplir su sueño, que era "poder ir a morir a Cuba". (259) Si en un principio Alberto se burla de esta ansia, asociándola irónicamente a la manida nostalgia hiperbolizadora del terruño, luego su discurrir y el de Aurelia evolucionan hacia la recuperación fugaz de Placetas, ilustrando de tal modo la notoria ambivalencia del expatriado. Pero la pieza va más allá en su proyección metafórica, puesto que implica la persistencia afuera de los males de adentro. La enajenación y el aislamiento se acentúan en tierras norteamericanas en virtud del enervante desarraigo. Así lo explicitan Aurelia y Alberto:

AURELIA   Me gustaría estar en Cuba ahora.
ALBERTO   ¿Para qué?
AURELIA   Sería más fácil. Me sentiría más protegida.
ALBERTO   En Cuba no teníamos a nadie.
AURELIA   Aquí tampoco. *Pausa* Me viene a la mente cuando no encuentro solución. (264)

La nostalgia, entonces, es traicionera, condenando a quien la experimenta a esa triste cotidianidad sobre la que medita Gustavo Pérez Firmat:

Abrir los ojos tres veces al día./Olvidar que el exilio es a la vez entierro y destierro./Vivir donde no nos importe caernos muertos./Morir de todo menos de amor. (59)

Al categorizar a los escritores de origen cubano residentes en los Estados Unidos, Isabel Alvarez Borland concluye que a las promociones formadas en la isla, a los exiliados o expatriados, se debe añadir dos subsecuentes que denomina "'one-and-a-half' generation" y "Cuban-American ethnic writers." Sigue a Pérez Firmat para definir el primer núcleo, que consiste en "writers who left Cuba during their early adolescence and thus had Cuban childhoods and U.S. adulthoods". (1998: 7) De acuerdo con Alvarez Borland, estos escritores experimentan una marcada ambivalencia, sintiéndose a la vez cubanos y estadounidenses. Escriben con relativa comodidad en ambos idiomas pero, dado que repercuten en

sus textos tanto el desarraigo como la situación política cubana y el fenómeno de ser hispanos en los Estados Unidos, se ubican al menos parcialmente en la tendencia nostálgica. Los "Cuban-American ethnic writers", por el contrario, son "younger writers who came from Cuba as in-
fants or who were born in the United States to parents of the first exile
generation". (8) Escriben exclusivamente en inglés y se distancian algo de
los motivos asociados con la diáspora.

Pocos son los dramaturgos cubano-americanos identificables de manera tajante con cualquiera de estas vertientes. Sin duda, María Irene
Fornés era "Cuban-ethnic writer" cuando a nadie siquiera se le había
ocurrido el término. Así lo ejemplifican textos como *Sarita* y *The Conduct
of Life*. Incluso ha reconocido que su obra cumbre, *Fefu and Her Friends*, la
escribió al ritmo de una voz impregnada de añoranza:

> I would put on the records of Cuban singer Olga Guillot. She is very passionate
> and sensuous. She is shameless in her passion. And I wrote the whole play lis-
> tening to Olga Guillot. (Creese 1977: 30)

Caso por el estilo lo representa en francés Eduardo Manet cuya *Les
Nonnes*, de acuerdo con Phyllis Zatlin, se refiere metafóricamente al proceso revolucionario cubano. Por otra parte, escritores como Eduardo Machado *(Revoltillo, Why to Refuse, Fabiola)*, Carmelita Tropicana *(Memories of
the Revolution)*, Iván Acosta *(El súper, No son todos los que están)*, Gloria
González *(Café con leche)*, Miguel González-Pando *(La familia Pilón, A las
mil maravillas)*, Omar Torres *(Cumbancha cubiche)* y Luis Santeiro *(Nuestra
señora de la tortilla, La dama de La Habana)* se asocian con la promoción de
los uno-y-medio a que se refiere Alvarez Borland. Aunque casi todos
ellos trabajan de manera parecida el motivo exílico o diaspórico, Dolores
Prida sobresale porque caracteriza la contranostalgia exílica de raigambre
postmoderna con piezas como *Beautiful Señoritas, Savings, Botánica* y sobre todo *Coser y cantar*.

Esta última obra, sobre todo, inscribe el teatro cubano de la otra orilla en la corriente dramática hispanoestadounidense o inmigratoria, es
decir, torna al exiliado en ente diaspórico postmoderno, en turista vulgar
no por voluntad sino por el papel que le toca hacer dentro de un ámbito
alienador. Como resultado, este individuo desarrolla, según Judith
Weiss, "the sense of never quite belonging, of being uprooted". (1991: 10)
Aclara la crítica canadiense:

> Although most of Prida's characters are New Yorkers who consider Manhattan
> home, they are constantly confronted with the non-Hispanic assumption that

they are foreigners. And most of those who are immigrants are never quite cu-
red of that feeling of not being entirely here. (íbid.)

En *Coser y cantar,* por consiguiente, se desmitifica esa superioridad
exílica inherente en el modernismo. La expatriada "Ella, una mujer cubana" se desdobla y arguye con su *alter ego,* esa "She, the same woman"
que refleja la ineluctable desaparición de la entidad original en el espacio
y la cultura asumidos, a la par que se cuestiona la función secundaria de
la mujer dentro de la sociedad machista cubana. Esta problemática se representa dentro de un contexto bilingüe, que como sostiene Santiago
apoya un esquema contrapuntista harto eficaz. La lucha entre lenguas
metaforiza factores culturales que se rechazan y se confunden al unísono
en el proceso de forjar una nueva mujer o un nuevo ser hispano, una
insólita criatura que disfrute de la "ensalada de aguacate" y los "raw ca-
rrots," de "los frijoles negros" y los "bean sprouts". (Prida 1991: 63) Pero
ello exige una obliteración del "mapa," "the map" (67), símbolo transparente de los ámbitos adoptados consciente o inconscientemente. El afán
de "Ella" por privilegiar la lengua materna, por perpetuar el prurito exílico, se enfrenta a la necesidad de asimilarse mediante el habla hegemónica que representa el anhelo o la necesidad inmigratorios. Afirma Mariela Gutiérrez,

> *Ella/She* emerge ante nuestros ojos como un nuevo individuo, bilingüe y bicultu-
> ral, que está reorganizando y consolidando su nueva vida, aunque... permanece
> fiel a sí misma y a su pasado cultural cubano. (1999: 162)

Tal encrucijada explicita la lucha desesperada contra la nostalgia al
tiempo que emplaza a *Coser y cantar* dentro de esa constante esquizofré-
nica definitoria del teatro cubano. Se cuestiona de esa manera la índole
ilusionista del tópico "mal del país," de esa cara del tropo exílico que in-
dividualiza y aparta.

Quizá el elemento más debatible del motivo en cuestión sea ese que
estriba, precisamente, en aquello que lo alienta, dándole cuerpo y figura:
la discrepancia entre actitudes políticas que, si bien provocan el exilio y la
repatriación, también promueven toda una gama de obras de una u otra
orilla. Estas piezas sectarias o contestarias representan posturas antagó-
nicas cuya erradicación ansían con vehemencia muchos cubanos de una
u otra orilla. Abro el número del MICHIGAN QUARTERLY REVIEW titulado
Bridges to Cuba/Puentes a Cuba y me encuentro con un artículo de María
de los Angeles Torres en el que aboga por una relación más positiva con

la Isla, asentada en el imperativo de poner fin al embargo estadounidense. Explica:

> The hardliners in Cuba have always been opposed to these changes. Their position of no negotiation is mirrored by hardliners in the United States. Yet what is certain is that any future resolution will have to include a constructive and respectful relationship between those who stayed and those who left and will continue to leave. (1994: 432)

Leo un ensayo aún más reciente de Ambrosio Fornet, "La diáspora como tema," y vislumbro la censura de esa posición excluyente voceada por el protagonista de *Memorias del subdesarrollo*, quien - pese a su fariseísmo pequeño burgués - se regocija porque todos los que "jodían" se marchaban del país. Aclara Fornet:

> Algo semejante podía haber dicho el que se iba, porque también él quería escoger su rumbo libremente. Ambas partes intentan alcanzar una meta, y lo que ambas se proponen hallar, curiosamente, es lo mismo: el paraíso. Lo que ocurre es que cada cual lo busca por caminos diferentes y opuestos. Unos, huyendo del infierno rojo e instalándose en ese jardín del edén que es la sociedad de consumo; otros, quedándose aquí, empeñados en construir su propio jardín, su propia utopía, la sociedad comunista. (2000: 131)

Esta posición, se infiere, es hoy por hoy inaceptable. Repaso también el magistral prólogo de Carlos Espinosa Domínguez a *Teatro cubano contemporáneo* y reparo en que, al tiempo que se alaba el *teatro nuevo* del GRUPO ESCAMBRAY y de su autor Albio Paz, quien fue capaz de mostrar "seres complejos, contradictorios, capaces de defender la revolución con la misma vehemencia con que se aferran a un pedazo de tierra" (1992: 46) repudia el teatro político de la otra orilla, arguyendo que

> el proceso revolucionario... es posiblemente la vertiente temática más lastrada por el resentimiento y el tono apasionado, lo que ha malogrado más de un proyecto prometedor. (68)

Todos estos razonados planteamientos, así como otros muchos de semejante corte, apuntan en una dirección positiva, lo reconozco, esa que vislumbra la integración absoluta no sólo del pueblo cubano sino también de su literatura, pues a la postre es eso lo que interesa a todos los citados, escritores ellos bastante distanciados del tajante compromiso ideológico. Por otra parte, crea una difícil interrogación: ¿qué hacer con todo ese teatro político surgido dentro y fuera de Cuba durante los sesen-

ta, los setenta y los ochenta? El mismo Espinosa Domínguez incluye en
su colección *Andoba o Mientras llegan los camiones*, obra de Abrahán Rodríguez que, hasta por su dedicatoria ("A Adianez, a Paloma; mis hijas,
Al CDR 17, Tirso Urdanivia") recuerda ese "A mis hermanos muertos en
la soledad de la Playa Larga" conque José Sánchez Boudy encabeza su *La
soledad de la Playa Larga (Mañana, mariposa)*. ¿Se debe pasar por alto, con
miras a la reconciliación idílica, el teatro cubano forjado, al decir de Graziella Pogolotti, durante el proceso de "la construcción del socialismo"
(1980: 20), o sea esa obras mayor o menormente comprometidas como *Gi-
rón: historia verdadera de la Brigada 2506*, de Raúl Macías, o la polémica
Unos hombres y otros, de Jesús Díaz, sobre la caza de bandidos en el Escambray, o *El juicio*, de Gilda Hernández, o *La emboscada*, de Orihuela?
¿O del otro lado deben soslayarse piezas como *Exilio* de Montes Huidobro o *Los hijos de Ochún* de Raúl de Cárdenas? Pienso que no: ningún esquema unificador se puede dar el lujo de excluir textos asentados en la
problemática política isleña, de la pugna, si se quiere, entre el naciona-
lismo imperante y lo que designa Said el "discontinuous state of being"
(1984: 51) del emigrado que genera esos celos pertinaces de quienes tienen país y los lleva a defender en forma vituperante el derecho a no pertenecer. Estos factores políticos forman parte intrínseca del motivo exílico
y, de la orilla de los desterrados, han producido obras que ameritan consideración y estudio. El prurito contestario brilla con singular lucidez en
La madre y la guillotina y *Ojos para no ver* de Montes Huidobro, en *Las he-
tairas habaneras* de José Corrales y Luis Pereiras, en *Nuestra señora de Mazorra* de Raúl de Cárdenas y hasta en *Las sombras no se olvidan*, docudra-
ma del mismo autor, cuyo apasionamiento político no reduce sus múltiples atributos escénicos. Tanto la *Persecución* dramatizada no muy eficaz-
mente por Arenas como el didactismo exuberante de *Santa Camila de La
Habana Vieja* y *Calixta Comité* encierran valores sustanciales del teatro cubano y aluden a factores concretos que, al ocasionar la diáspora, adqui-
rieron para bien o para mal dinámica naturaleza de tropo.

   Tras el triunfo revolucionario, la metáfora exílica se reúne al motivo
de la familia escindida para dar pie a un enfático *yin-yang*. Dentro del
teatro concebido en la Isla, el destierro emerge como alternativa ya en
una obra tan temprana como *El hombre inmaculado* de Ramón Ferreira.
Ambientada en la época de Batista, en ella Miami emerge como espacio
que rescata del peligro ambiental a los hijos de las familias pudientes. Es
el lugar seguro adonde quiere huir Ana María, novia del revolucionario
José Luis, quien está en pugna con su padre y todo lo que éste representa
como policía al servicio del batistato. "Miami," explica la joven "[...] es

cerca... pero no tengo que oír hablar de política, ni de terroristas ni de que no debo ir de tiendas porque puedo morir asesinada". (1993: 125) Hasta cierto punto, esta versión metafórica del espacio ajeno devendrá eje de la nueva retórica hegemónica que se vislumbra en los textos posteriores relacionados con la familia y el destierro que las descompone. Paradójicamente, los avatares históricos consiguen luego que, en la Isla, la próxima urbe estadounidense se perciba como cuna de males, como ámbito enemigo y amenazador desde el cual los traidores (los "gusanos," los "vendepatrias," la "escoria," la "mafia," la "comunidad") urden infructíferos planes de reconquista. Por otra parte, en el teatro ideado en la otra orilla, el espacio adoptivo, sea éste Miami o Nueva York, se ve a veces críticamente, pero casi siempre se le vincula a la libertad necesaria. Es un mundo enajenante dentro del cual el emigrado nunca se siente cómodo del todo, pero al cual tuvo que escapar debido a la represión que se identifica con el sistema político imperante en Cuba. Se trata, entonces, de la yuxtaposición paradigmática entre quienes han creído en la fuga imprescindible y quienes se han anclado en la tierra por fidelidad al sistema o por lealtad a ella misma: la visión de Heredia enfrentada con la de Milanés.

Sería arduo en demasía seguirle la pista a los matices que adquiere en la escena cubana este tropo de desplazamiento a lo largo de los últimos cuarenta años. Valga mencionar el papel simbólico que se confiere al marido de Leonor en *Santa Camila de La Habana vieja* o reparar en *Los siete contra Tebas*, obra vilipendiada que, según ha confesado su propio autor, tuvo el efecto de borrarlo para siempre del teatro nacional (Barquet 1999: 94). En ella se cuestiona, al decir de Jesús Barquet, "la división de la familia, el exilio forzado, la guerra fratricida... el odio soberbio e irracional entre hermanos" (Barquet 1995: 81) que fracturaban la Isla. Alúdase también a a *Weekend en Bahía*, de Alberto Pedro, pieza sobre los periplos a Cuba de muchos expatriados. Según Escarpanter, aunque está bien trazada, resulta "falsa en el tratamiento de ciertos detalles del mundo norteamericano" (1994: 60). Me interesan particularmente tres textos cuasi didácticos: *La familia de Benjamín García* (1985), de Gerardo Fernández, *Vereda tropical* (1994), de Joaquín Miguel Cuartas Rodríguez y *Te sigo esperando* (1996), de Héctor Quintero. Pese a los años que separan una de la otra, constituyen obras paralelas por el modo en que elucidan el resquebrajamiento de esa "familia de clase" que, para Rine Leal, representaba "la transformación hacia lo nuevo" (1998: 24), sobre todo a partir de *La emboscada* (1978) de Roberto Orihuela. En los tres textos, la metáfora diaspórica emblematiza la división familiar dentro de la isla.

Fernando, el hijo menor de Benjamín García, desarrolla lacras bur-
guesas antitéticas a la sociedad revolucionaria. Su caída se debe tanto a
defectos innatos como a haberse dejado contaminar ideológica y culturalmente por unos jóvenes ricachos miamenses, los cuales, de visita en
Cuba, habían restablecido contacto con la madre de Fernando. Esta los
había criado como sirvienta en la época republicana. Emulando a otros
muchos, Fernado opta en 1980 por inmiscuirse ilegalmente en la sede di-
plomática del Perú, transformándose de inmediato en "gusano" arquetí-
pico. Tomás, el militar amigo del protagonista, caracteriza de esta suerte
a todos los que se refugiaron en la Embajada:

> Si se van, si no entendieron esto, es porque no tienen calidad humana. Y ésos no
> nos hacen falta en el país. Por mi madre que, mira, puente de plata. Además,
> hay que verles la estampa. Escoria, Benjamín. Bueno, ustedes los han visto por la
> televisión y la prensa. Pero yo he estado allí. Escoria. Retama. Hace unos días
> nada más que está el lío éste de la embajada y el índice de robo en La Habana ha
> bajado de una forma increíble. (1998: 261)

Dentro del esquema social imperante, cuando se aparta de la familia
de clase al optar por la expatriación, Fernando pierde el derecho no sólo a
la cubanía sino también a ese medio inmediato regido malamente por el
criador de escoria Benjamín García. Eso se propone autoconfesar el fla-
mante héroe trágico ante su número, o sea, ante la colectividad ciudada-
na a la que urge rendir cuentas.

Vereda tropical se asienta en un esquema parecido. Allí, la "compa-
ñera" Buenavista Rufino Ruiz (Bururú), símbolo de esa "dignidad," "*rara
avis*" (1995: 7) a quien el autor dedica la obra, ve desmenuzarse su familia
durante el Período Especial debido a la reaparición en la Isla de su vieja
amiga, Gladis la Jabá. Traicionando a su clase y a la propia Bururú con
quien compartía guardias, trabajos voluntarios y charlas edificantes, ésta
había optado por la emigración. En el norte, había adquirido bienes y for-
tuna. Como la vieja dama de Dürrenmatt, pero en pequeño, llega cargada
de objetos prototípicos de la sociedad de consumo y sonsaca a Caridad y
Pititi, hija y nieta de Bururú, respectivamente. Cuando les ofrece el piso
que acaba de comprar en el Vedado, se confirma la ruptura familiar. Bururú queda sola con su dignidad. La canción optimista que entona al final, perpetuando el destino de otro solitario, el difunto anciano Romual-
dito, la convierte como a Benjamín García en heroína trágica que sobrevi-
virá, pese a todo, gracias a su compromiso ideológico con el proceso revolucionario.

En su tragicomedia popular *Te sigo esperando*, Héctor Quintero incluye el motivo de la familia escindida para dar pie parcial durante la obra a
un conflicto prototípico entre buenos y malos. Aldo, el hermano radicado
en Miami, es uno de los entes negativos porque exhibe defectos asociados
con el consumismo capitalista. Vive para el trabajo y en detrimento de la
familia. Asume una posición contra-revolucionaria a ultranza. Sobre todo, pone de manifiesto un egoísmo materialista que, según intuye el lec-
tor-espectador, lo lleva a cuestionar las llamadas telefónicas de su hermana Teté, incluso cuando su padre está en trance de muerte. Esta, por
el contrario, refleja virtudes que fluctúan entre la tradición hispana y el
espíritu revolucionario. Hija devota, se entrega al cuidado de su padre
con el mismo entusiasmo conque realiza sus labores de funcionaria gubernamental. Se enorgullece de sus creencias políticas y del proceso en el
que colabora. Víctima ingenua de Ursula y su hijo Alain, marginal que
emblematiza la escoria antisocial criticada en *La familia de Benjamín García*, se las ingenia para derrotarlos en base a una estrategia convencional
de ese teatro bufo que representa una cantera fértil para Quintero. Curio-
samente, Alain, lo mismo por su nombre que por su manejo de anglicis-
mos como "what?", "okey" y "very happy" anticipa su destino ultrama-
rino, su destierro inminente por carecer de las virtudes para sobrevivir
dentro de la Revolución. Por consiguiente, en ésta, como en las dos piezas anteriores, la otra orilla es albergue nefasto y a él se encaminan sólo
los despistados o los perversos.

Si estas tres piezas ejemplifican el manejo pedagógico del tropo exílico en la dramatización del entorno familiar cubano, en los Estados Unidos el esquema ha sido aún más fructífero por el modo en que se pro-
blematizan de manera harto menos aleccionadora y mucho más postmoderna los conceptos de desarraigo, arraigo y regreso posible o imposible.
En los sesenta ese vacío desesperante producto de la coerción, el caos y la
violencia desorbitada suscita la voluntad de irse a otra parte o intentar irse a otra parte. Textos como *La sal de los muertos*, *Los acosados* y *La madre y
la guillotina* de Montes Huidobro, *La noche de los asesinos* de Triana y *Los
mangos de Caín* de Estorino, todas ellas escritas dentro de la Isla, juegan
con ese motivo de maneras diferentes. En los setenta, piezas como *El súper* del exiliado Iván Acosta, reflejan la variante nostálgica del tropo,
aunque introduciendo ya un matiz secundario que se fundamenta en la
inadaptación suscitada por factores lingüísticos y culturales que experimenta en el ámbito citadino anglosajón el expatriado vuelto inmigrante.
Poco después del episodio de Mariel, Acosta escribe otra pieza levemente
vinculada al esquema de la familia escindida. *Un cubiche en la luna* se

afirma humorísticamente en nociones políticas contra-discursivas. Se opone de manera elocuente a textos como *La familia de Benjamín García*, *Vereda tropical* y *Te sigo esperando*, ya que si en ella se remeda con cierto estudiado rigor la dialéctica popular isleña, con lo cual se confiere al discurso teatral alguna validez realista, el juego ideológico valora la fuga en globo de Federico, ese "cubiche" que llega a la luna porque cualquier espacio supera al propio. Los que se van, en este caso, no son la escoria arquetípica sino seres humildes que añoran un futuro mejor.

Sobre todo en los ochenta y noventa, el contacto creciente con la patria abandonada produce una gama de obras fundamentadas en el núcleo familiar. Estas se relacionan lo mismo con la vigencia de Cuba en la psicología del exiliado que con la posibilidad de la reconciliación. Tres de ellas, *Sanguivin en Union City*, de Manuel Martín Jr., *Alguna cosita que alivie el sufrir*, de René Alomá y *Nadie se va del todo*, de Monge Rafuls emblematizan tratamientos perspicaces del motivo exílico.

Sanguivin en Union City (Union City Thanksgiving) y *Alguna cosita que alivie el sufrir (A Little Something to Ease the Pain)* son ambas piezas escritas en inglés y luego traducidas al castellano. Se desarrollan alrededor de los tres aspectos del motivo: la nostalgia, el componente político contestatario, la expatriación que altera el núcleo familiar. En la pieza de Martín la fragmentación, presentada de manera verista, se elucida a base de charlas que suceden durante una celebración familiar. Las discusiones que dan fundamento a la pieza se desprenden de conflictos generacionales e ideologías divergentes. Que una fiesta anglosajona provea la ocasión para ventilar desavenencias políticas con el clásico barullo criollo o dialogar de modo cuasi enfermizo en torno a la nostalgia añade un cariz irónico a este drama autocrítico elaborado con la fijeza del francotirador.

En cambio, *Alguna cosita que alivie el sufrir*, al estribar en el regreso a la Isla de un desterrado, traspasa a ese espacio la añoranza y las actitudes políticas contradictorias del exilio. El motivo de la familia escindida que se reúne temporalmente sólo para lamentar otra vez la separación inevitable debido a factores extrapersonales refleja esa desquiciante circularidad que ha recalcado desde siempre Montes Huidobro en sus aproximaciones al teatro cubano. Casi al final de la pieza, la abuela Pacha declara al protagonista Pay: "Volverás, Pay. Yo sé que volverás. Tal vez no muy pronto, pero volverás. Todos volverán." (1992: 1332) Lejos de abrir a todos los vientos una ventana optimista, estas palabras sugieren - según corrobora el personaje principal en su monólogo conclusivo - la continuidad de un dolor debido tanto a la división familiar como a la ausencia, factores ambos que no se resuelven dramáticamente. Por el contrario, auguran complicarse, ya que Tatín, el hermano otrora integrado en el sistema, ahora también se propone abandonar el terruño.

Monge Rafuls, en *Nadie se va del todo*, labora igualmente con la temática del regreso. Asume una posición ideológica contestataria frente al proceso revolucionario cubano, pero diversifica el manido argumento retórico confiriéndole gran complejidad técnica y simbólica a su texto. Por ello, éste adquiere una alucinante proyección kafkiana. En *Nadie se va del todo*, el núcleo familiar destruido en Cuba por la crisis política de 1960-1961, se resquebraja nuevamente en el exilio como ocurre en *El súper*, *Sanguivin en Union City* y otras obras afines. En este caso, los más jóvenes rechazan la lealtad a la tierra propia que siente la madre. Su hijo Tony encarna al consabido "uno-y-medio" puesto que deambula entre culturas o, si se prefiere, contra culturas. Para él, su reencuentro con la Isla es salutífero, llevándolo a autodefinirse, a cambiar, según explica ante la tumba de su padre. Lourdes, a su vez, es lo que Pérez Firmat designa "Cuban-bred American" (1994: 5). Como norteamericana de origen cubano, contempla a Cuba como abstracción legendaria inventada por sus mayores. Al llegar a la Isla, Lula y Tony descubren en ese espacio una problemática familiar paralela a la suya. Antonio y Coral, los suegros de Lula, se oponen al régimen que mandó ejecutar a su único hijo, aunque la madre pone de manifiesto cierta tolerancia hacia los solidarios del castrismo que repugna a la recién llegada. Por otra parte, la pareja de *seres nuevos* compuesta por Asunción y Mime apuntalan la continuidad de esa ruptura familiar que metaforiza el ineluctable devenir patrio. Si la miliciana Asunción está plenamente compenetrada con el régimen, Mime censura el sistema pese a declararse, como Milanés, enlazado para siempre con su espacio vital. Según se insinúa en la pieza, este perpetuo estado de crisis sólo lograría resolverse por medio de la reconciliación y el reencuentro entre los antagonistas ideológicos. En esta circunstancia, el tropo exílico cumple una función educativa, pues se intuye en el argumento de la pieza no sólo la necesidad de enlazar los seres humanos apartados sino de reconocer que, como quiere Fornet, "la cultura cubana es una sola" (2000: 136), y por añadidura, acaso, la sociedad. De tal suerte, el mismo tópico de la familia dividida por razones políticas significa una constante que urge erradicar.

He procurado seguirle la pista al motivo exílico mediante tres de sus caras más nítidas: la nostalgia, que si bien aparece en todos los textos vinculados al asunto, se problematiza particularmente en otros; el estrato político contestatario, que señala casi cada obra, pero lo hace de modo más elocuente en algunas de ellas; y la metáfora recurrente de la familia

escindida, lugar común teatral que se proyecta al presente para tornarse
en emblema dinámico de la situación cubana postrevolucionaria. Al irlo
relacionando con una multiplicidad de obras dramáticas así como con
una tradición emigratoria que se remonta casi al principio de las letras y
la historia nacionales, he intentado mostrar que el tropo se fundamenta
primordialmente en premisas encontradas, en las nociones de irse y quedarse, de ver la realidad personal y nacional desde allá o desde acá, en un
diálogo de sordos que, empero, procuran entenderse o desligarse - valga
la paradoja - a través de signos e imágenes compartidos. A la postre, el
escribir desde el exilio hacia (o sobre) la tierra propia o desde la tierra
propia hacia (o sobre) el exilio se remite a un compromiso ineludible con
una sustancia poética semejante, con un referente específico no importa
cómo se lo trate. Por supuesto, la metáfora exílica deviene más intensa
desde la otra orilla, desde ese "perilous place of not belonging" (1984: 51)
a que se refiere Said. Si como sugiere el crítico palestino, "Much of the
exile's life is taken up with compensating for disorienting loss by creating
a new world to rule" (52), el escritor exiliado o transterrado - en este caso
el dramaturgo - ficcionaliza con voluntad egoísta su mundo privado, así
como el de quienes lo circundan o circundaron, asiéndose a recuerdos, a
contrapunteos políticos, a desavenencias familiares que lo fuerzan a des-
plazarse malhumorado por espacios ajenos a los cuales, en la mayoría de
los casos, no le urge asimilarse enteramente. Creyéndose a veces superior por haberse familiarizado con ámbitos culturales disímiles, siente no
obstante la añoranza de lo absolutamente irrecuperable. Esa intensidad
dolorosa dinamiza y hace problemáticas las metáforas que emplea en su
afán por conversar con todo lo perdido. Supongo que de ahí dimana la
vitalidad del tropo: si en una orilla perdura el anhelo, en la otra se intuye
que, lejos, hay quienes anhelan; si fuera se justifica la fuga agrediendo a
un sistema, adentro se ataca a quienes lo traicionaron marchándose; si en
otras costas se sueña con restaurar la familia escindida, en Cuba - donde
antes se consideraba imprescindible esa defenestración - comienzan a so-
plar aires reconstituyentes. Ese largo y duro proceso puede entenderse
paso a paso si uno repara en la tradición nacional y se aproxima al motivo exílico en el teatro cubano postrevolucionario.

Obras citadas

Acosta, Iván: *Un cubiche en la luna. Tres obras teatrales.* Houston 1989.

-----: *El súper.* Miami 1982

Alvarez Borland, Isabel: *Cuban-American Literature of Exile: From Person to Persona.* Charlottesville, Londres 1998.

Arenas, Reinaldo: *Persecución (Cinco piezas de teatro experimental).* Miami 1986.

Barquet, Jesús: "Anton Arrufat habla claro sobre *los siete contra Tebas*". Entrevista realizada por Jesús Barquet en ENCUENTROS. 14 (otoño de 1999), pp. 91-100.

-----: "Heteroglosia y subversión en *Los Siete contra Tebas* de Antón Arrufat", en *Anales literarios: dramaturgos* 1.1 (1995), pp. 74-87.

Cárdenas, Raúl de: *Nuestra Señora de Mazorra,* 1994. Texto inédito sin representar que me facilitó el autor

-----: *Las sombras no se olvidan.* Princeton 1993.

Creese, Robb: "I Write These Messages That Come." Interview with María Irene Fornés en *The Drama Review* 21. 4 (dec. 1977), pp. 25-40.

Cuartas Rodríguez, Joaquín Miguel: *Vereda tropical.* Madrid 1995.

Escarpanter, José A.: "Rasgos comparativos entre la literatura de la isla y del exilio: el tema histórico en el teatro", en *Lo que no se ha dicho,* (Monge Rafuls 1994), pp. 53-62.

Espinosa Domínguez, Carlos, ed.: "Una dramaturgia escindida", en *Teatro cubano contemporáneo. Antología.* Madrid 1992.

Fernández, Gerardo: *La familia de Benjamín García,* en *Seis obras de teatro cubano,* ed. Rine leal. La Habana 1989, pp. 197-274.

Ferreira, Ramón: *Teatro.* Miami 1993.

Fornés, María Irene: *Plays.* New York 1986.

Fornet, Ambrosio: *En blanco y negro.* La Habana 1967.

-----: "La diáspora como tema", en *Memorias recobradas.* Santa Clara 2000, pp. 129-37.

González, Tomás: *Delirios y visiones de José Jacinto Milanés.* La Habana 1988.

González-Pérez, Armando: *Presencia negra: teatro cubano de la diáspora.* Madrid 1999.

Gutiérrez, Mariela: "Dolores Prida: exilio, lengua e identidad", en ENCUENTROS 14 (otoño 1999), pp. 155-62.

Israel, Nico: *Outlandish: Writing between Exile and Diaspora.* Stanford 2000.

Kaplan, Caren: *Questions of Travel. Postmodern Discourses of Displacement.* Durham, Londres 1996.

Leal, Rine: "Asumir la totalidad del teatro cubano", en LA GACETA DE CUBA (sept.-oct. 1992), pp. 26-32.

-----: "Ausencia no quiere decir olvido." Prólogo a *Teatro: 5 autores cubanos.* Nueva York 1995.

-----: "Seis obras en busca de un teatro", en *Seis obras de teatro cubano.* La Habana 1989, pp. 197-274.

-----: *Teatro: 5 autores cubanos.* Nueva York 1995, vii-xxxiii.

Memorias del subdesarrollo. Dirigida y escrita por Tomás Gutiérrez Alea en base a la novela del mismo título por Edmundo Desnoes. New Yorker Video. Cuba 1968.

Montes Huidobro, Matías: *Exilio.* Honolulu 1988.

-----: *Obras en un acto.* Honolulu 1991.

-----: *Ojos para no ver.* Miami 1979.

-----: *Persona, vida y máscara en el teatro cubano.* Miami 1973.

Monge Rafuls, Pedro R.: *Lo que no se ha dicho.* New York 1994.

Pérez Firmat, Gustavo: *Cincuenta lecciones de exilio y desexilio.* Miami 2000.

-----: *Life on the Hyphen: The Cuban-American Way.* Austin 1994.

Palls, Tracy: "El teatro del absurdo en Cuba: El compromiso artístico frente al compromiso político", en LATR 11. 2 (spring 1978), pp. 25-32.

Pogolotti, Graziela: "Prólogo", en *Teatro y Revolución* ed. Rosa Ileana Boudet; Rine Leal; Graziella Pogolotti. La Habana 1980, pp. 7-30.

Prida, Dolores: *Beautiful Señoritas and Other Plays.* Ed. Judith Weiss. Houston 1991.

Quintero, Héctor: *Te sigo esperando/Antes de mí el Sahara.* Madrid 1998.

Sánchez-Boudy, José: *La soledad de la Playa Larga (Mañana, mariposa).* Miami 1975.

Said, Edward: "The Mind of Winter: Reflections on Life in Exile", en HARPER'S (sept. 1984), pp. 49-55.

Santiago, Héctor: "Características del teatro frente a otros géneros literarios en el exilio", en *Lo que no se ha dicho,* ed. Pedro Monge Rafuls 1994), pp. 97-112.

-----: *Las noches de la chambelona.* Princeton 1993.

Torres, María de los Angeles: "Beyond the Rupture: Reconciling with Our Enemies, Reconciling with Ourselves", *Bridges to Cuba (Part One),* en MICHIGAN QUARTERLY REVIEW 33.3 (summer 1994), pp. 419-36.

Triana, José, ed.: *El tiempo en un acto. 13 obras de teatro cubano.* New York 1999.

Weiss, Judith: "The Theaterworks of Dolores Prida", en Prida, Dolores: *Beautiful Señoritas and Other Plays.* Ed. Judith Weiss. Houston 1991, pp. 9-16.

Jorge Febles. Profesor en Western Michigan University.
Publicaciones: Ensayos con enfoque particular en Roberto G. Fernández, José Martí, Matías Montes Huidobro, y en el teatro cubano en EE.UU.. Ed.: *Cuentos olvidados de Alfonso Hernández Cata.* Senda Nueva 1982. Ed. con Armando González-Pérez: *Matías Montes Huidobro: Acercamientos a su obra literaria.* Mellen Press, Lewiston 1997; extensa colección de ensayos sobre literatura hispanoamericana.

Frauke Gewecke

Teatro y etnicidad:
El ejemplo de los *Cuban Americans*

El 5 de octubre de 1908 se estrenó en Washington D. C. una obra de teatro que aportó a Estados Unidos, el clásico país de inmigrantes, el tópico que durante décadas articularía gráficamente la autoconciencia nacional: *The Melting Pot*, del novelista y dramaturgo inglés Israel Zangwill. La pieza - que tanto por su enfoque de la acción dramática como por la composición del reparto respondía ya a la práctica de aquellos autores que iban a fundar una tradición teatral específicamente cubano-americana - tiene como asunto los problemas de orientación y adaptación de una familia de inmigrantes judíos en Nueva York. Y en verdad aborda el tema a través de un conflicto familiar que involucra a tres generaciones. La señora Quixano, la abuela, se atrinchera en un estricto rechazo a las influencias culturales e incluso al idioma de la sociedad receptora. Su compromiso es única y exclusivamente con los valores y tradiciones de su cultura de origen. Por su parte, Mendel, el hijo, sólo se deja asimilar superficial y selectivamente en aras de la supervivencia material, pero acaba entrando en conflicto consigo mismo y con su entorno. Mendel sigue asegurándose su identidad de judío ruso mediante la referencia retrospectiva a la patria rusa y a la religión hebrea. En cambio, ya el nieto David asume una actitud consciente y esperanzada ante el nuevo hábitat, e intenta agenciarse una nueva identidad que reconcilie el pasado con el presente, justamente el concepto de interacción que da nombre a la obra. Al final de la pieza, y tras vencer numerosas resistencias, este concepto se materializa en el plano de la acción en el matrimonio del judío David con la cristiana Vera. No obstante, con su leitmotiv de *El Melting Pot* el autor presenta una visión que va más allá de la historia individual de los amantes cuando, en la escena final, contemplando ambos Nueva York a la hora del crepúsculo desde el techo de un rascacielos, hace exclamar a David con la vista fija en la Estatua de la Libertad:

> There she lies, the great Melting Pot - listen! Can't you hear the roaring and the bubbling? There gapes her mouth - the harbour where a thousand mammoth feeders come from the ends of the world to pour in their human freight. Ah, what a stirring and a seething! [...] how the great Alchemist melts and fuses them with his purging flame! Here shall they all unite to build the Republic of Man and the Kingdom of God. (Zangwill 1925: 184f.)

La obra de Zangwill fue muy bien acogida por el público - incluyendo al presidente Theodore Rossevelt, a quien el autor dedicó la versión definitiva, publicada en 1909 - y popularizó un concepto ciertamente no inventado pero sí estilizado por Zangwill como símbolo viable con el cual en adelante se invocaría la supuesta o real capacidad asimilatoria de Estados Unidos. Sin embargo, hubo también un vehemente rechazo tanto por parte de aquellos inmigrantes que no estaban dispuestos a sacrificar su identidad cultural especifica como de otros que en principio aceptaban la homogeneización pero se mostraban indecisos en cuanto al aspecto que debía presentar el producto final del ansiado "proceso de fusión". La postura del joven David en la obra de teatro de Zangwill respondía a un concepto según el cual efectivamente las culturas de origen de los inmigrantes se fundirían en el crisol americano y por tanto perderían su configuración específica, pero a la vez harían una valiosa contribución al - según David, *"melting and re-forming"* (33) - aportar el material a partir del cual surgiría el producto final: *"the real American"* y *"perhaps the coming superman"* (34). En consecuencia, el crisol de Zangwill se sustentaba en un concepto que implicaba la eliminación de la diferencia y la creación de algo totalmente nuevo a partir de los diversos ingredientes. Ahora bien, muy pronto se comprobaría que la idea del crisol, propalada como una exigencia sociopolítica, apuntaba a una homogeneización en la que la "americanización" se concebía más bien sólo como asimilación a la sociedad angloamericana dominante, personificada por los WASP, o sea, los *White Anglo-Saxon Protestants*.[1]

A más tardar con los movimientos pro derechos civiles de los años 60, la idea de Estados Unidos como un *melting pot* quedó desacreditada. En vista de la continuada discriminación y marginación de minorías, la otrora invocada capacidad de asimilación de la sociedad estadounidense se reveló como mera ficción y a partir de entonces - en cierto modo en un acto de reafirmación y resistencia - tales minorías se declararon *"unmeltable"*. Se postuló que Estados Unidos era una sociedad "plural", y bajo la consigna de que *"we are all ethnics"* [todos somos étnicos] se divulgó un

---

1 En un *Epílogo* fechado de enero 1914 Zangwill precisó el concepto de *melting pot* elaborado en su obra de teatro, rechazando explícitamente el concepto de asimilación en el sentido de adaptación a un modelo preestablecido. "El proceso de amalgamación americano no es asimilación o simple rendición al tipo dominante, como supone el vulgo, sino un toma y daca a fondo en el cual el tipo final puede salir enriquecido o empobrecido." (1925: 203) Acerca de la controversia sobre el concepto de *melting pot* en Estados Unidos, v. Gleason, 1964 y 1969.

nuevo concepto que, como el de crisol, gozaría de gran popularidad: el concepto de *ethnicity*, que a su vez sería igualmente cuestionado.

"Etnicidad" - digamos aquí en un primer acercamiento a tan complejo fenómeno - denota conciencia de pertenencia a un grupo étnico distintivo que, partiendo de determinados criterios culturales específicos, se adscribe a sí mismo a una identidad distintiva, desmarcándose de manera consciente - y altiva - de otros grupos étnicos. A diferencia de la "nación", que se define también por la proyección y presentación de una identidad cultural pero está ligada a la existencia o idea de un territorio de origen propio, el "grupo étnico" constituye una identidad parcial dentro del conjunto estatal, intentando reafirmarse como minoría étnica frente a otros grupos étnicos pero sobre todo en concurrencia con la sociedad mayoritaria dominante. Semejante conciencia (de sí) caracterizó en Estados Unidos al movimiento de *ethnic revival*, impulsado sobre todo por los *Afro-Americans*, los *Native Americans* y el *Chicano Movement* de los *Mexican Americans*. En cambio, para los cubanos residentes en Estados Unidos la discusión sobre una revitalización de la "etnicidad" carecía (al inicio) de importancia. Pues aquellos que habían llegado al país con las primeras oleadas migratorias no se consideraban a sí mismos inmigrantes sino exiliados que en verdad podían haber tomado de la sociedad estadounidense dominante determinados elementos culturales favorecedores del ascenso social, pero seguían aferrados a su identidad "nacional" de "cubanos" en virtud de la referencia territorial a la "Isla".

Hasta mediados de los años 70 no se produce un cambio en la conciencia de sí de los inmigrantes cubanos, sobre todo en los más jóvenes, que habían llegado a Estados Unidos siendo niños o adolescentes en compañía de sus padres, habían vivido aquí la fase decisiva de su socialización y ya no podían definir (a título exclusivo) su identidad en función del pasado (ya apenas recordado) y de la (para ellos lejana) Cuba. Por tanto, ya no se concebían a sí mismos como cubanos y exiliados sino como *Cuban Americans* y *ethnics*.[2] Y mientras, siguiendo fielmente la tradición de la "literatura del exilio", en su práctica literaria la primera "generación del exilio" miraba con nostalgia y/o rencor hacia atrás, hacía el mundo y el tiempo perdidos, muchos autores "hijos del exilio" tienen

---

2 Desde fines del siglo XIX habían surgido en el sur de Florida enclaves cubanos vinculados a la floreciente industria tabaquera que desplegaron una intensa vida teatral en West Tampa e Ybor City. Este teatro, que en lo esencial se acoge a la tradición del teatro bufo, presenta ya características de teatro "étnico". (Ver Dworkin y Méndez 1999)

ante sí la perspectiva de una *ethnic literature* desde la cual enfocar- ya no
con una mirada rencorosa y/o nostálgica - la situación actual del individuo empeñado en equilibrar las diferentes tradiciones culturales.[3] O,
como lo ha formulado Dolores Prida, destacada representante de la generación de los "hijos del exilio", respecto a su propia praxis teatral:

> [...] most of my plays have been about the experience of being a Hispanic in the
> United States, about people trying to reconcile two cultures and two languages
> and two visions of the world into a particular whole: plays that aim to be a re-
> flection of a particular time and space, of a here and now. (Prida 1989: 182)

La etnicidad - aquí equiparada con la identidad étnica[4] - se nutre de
una reserva de rasgos culturalmente definidos[5], transmitidos por tradición como un acervo colectivo en el seno de la comunidad o del grupo
étnico y se manifiesta en actitudes y formas de conducta que en la práctica social signalizan la pertenencia del individuo al grupo en cuestión y
su delimitación con respecto a otros grupos. Como todo proceso de identificación subjetiva con un grupo social, el establecimiento de la identidad étnica conlleva primariamente un acto de deslindamiento y la mención de una diferencia. Ahora bien, esta diferenciación de „lo propio" no
se basa en un patrón preestablecido de cualidades esenciales sino que, en
la situación concreta de interacción social, se redefine constantemente

---

3   Aunque no en todos los autores se constata una nítida separación entre "literatura
    del exilio" y "literatura étnica", muchos han puesto los énfasis temáticos corres-
    pondientes a ambas categorías en toda su obra, a veces incluso en una misma obra.
    Asimismo, como veremos más adelante, no siempre la práctica como "autor étni-
    co" implica la renuncia al epíteto de "exiliado". (Sobre "literatura del exilio", "lite-
    ratura étnica" y "literatura de la diáspora", v. Gewecke 2001)

4   La literatura especializada distingue a veces entre "etnicidad" e "identidad étni-
    ca", entendiendo por "etnicidad" la pertenencia a un grupo étnico y por "identi-
    dad étnica", la aceptación consciente de la pertenencia (atribuida). Sin embargo, tal
    diferenciación es obsoleta si, como sucede aquí, no se ve la "etnicidad" como un
    conjunto de rasgos objetivamente dados y empíricamente verificables sino como
    resultado de un proceso de identificación (ver nota siguiente).

5   A la hora de determinar grupos étnicos (o incluso naciones), además de la historia
    compartida, suelen señalarse rasgos raciales indicadoras de un (supuesto) paren-
    tesco sanguíneo o comunidad de origen. En los textos aquí analizados el aspecto
    de los rasgos fenotípicos queda opacado ante los rasgos culturalmente definidos.
    En cambio, se hace bastante énfasis en el tema de la historia vivida en común por
    medio de la experiencia del exilio, si bien este aspecto queda aquí subsumido en el
    concepto de "identidad política".

por oposición a "lo ajeno". De manera que se entiende la etnicidad como el resultado de un proceso de autopercepción y autodescripción[6] en el que, si bien es cierto que el individuo se sirve de patrones culturales tradicionales como recurso de identificación personal, no es menos cierto que los maneja a discreción, como una reserva de rasgos de la cual él puede disponer en forma selectiva de acuerdo con las necesidades actuales y posiblemente estableciendo en cada caso las más diversas prioridades.[7]

A los inmigrantes cubanos en Estados Unidos semejante regulación de la identidad les resultaría sumamente problemática. Por un lado, se veían en la situación objetiva de una minoría étnica obligada a afianzar y cimentar su propia etnicidad para poder sobrevivir. Por el otro, les era preciso hacer valer su situación subjetiva como exiliados, con lo cual contraponían su identidad política a su identidad étnica. En consecuencia, durante largo tiempo se negaron tenazmente a ser identificados como "minoría étnica", reivindicando exclusivamente una identidad "nacional".

A continuación, utilizando como ejemplos obras de teatro escogidas, analizaremos cómo se construye la etnicidad en la práctica literaria de la generación más joven de cubano-americanos, es decir, cuáles rasgos específicos de la reserva de *cubanidad* o *cubanía* se eligen y activan - y posiblemente también cuestionan - como elementos significativos y relevantes de la identidad para marcar la diferencia, y cómo se trazan o redefinen las fronteras étnicas.

La diferencia cultural se marca en primer lugar con un repertorio relativamente uniforme de rasgos de la cultura cotidiana que, como sím-

---

6 Más adelante abundamos sobre el aspecto de la percepción y la adscripción ajenas desde la perspectiva de la sociedad mayoritaria.

7 Me guío aquí por el estudio clásico de Fredrik Barth (1969), quien menciona como relevante para la definición del "grupo étnico" el hecho del establecimiento y mantenimiento de una "frontera étnica", no así "la sustancia cultural encerrada dentro de ella [la frontera étnica]" (15) En él se apoyan aquellos que, en la investigación antropológica social y cultural, sustentan un principio subjetivista o constructivista en correspondencia con la afirmación de Barth de que se debe ver la "adscripción" como "el rasgo crítico de los grupos étnicos" (14). En cambio, la "sustancia cultural" sirve de criterio definitorio a aquellos que, como defensores de un principio objetivista o esencialista para los grupos étnicos, postulan la existencia de rasgos objetivos y constantes. Para la discusión sobre los distintos principios de investigación, entre los numerosos compendios, v. Heinz (1993), Ganter (1995), y Pascht (1999), así como el Reader editado por Sollors (1996).

bolos, cómo signos diacríticos de identificación y "guardafronteras" (Barth) culturales, desbordan el contexto puramente activo, a veces aparentemente banal, y pasan a formar parte de actos rituales. Por ejemplo, en el seno de la familia y en el círculo de amistades se toma constantemente café ("café cubano", se suele aclarar) y se discute exhaustivamente sobre hábitos alimentarios. Mientras que los padres siguen mostrando una clara preferencia por los platos tradicionales cubanos, ya los hijos o, para ser más exactos, las hijas se rigen por los preceptos de delgadez de la sociedad angloamericana dominante y se alimentan preferentemente a base de yogur y ensaladas, lo cual para las madres es motivo de preocupación por la salud de sus "flacas" hijas e induce a los padres a hacer más o menos el siguiente comentario:

> Tú - dice el protagonista masculino a su mujer en *El súper*, de Iván Acosta – siempre tuviste por donde agarrarte. [...] A mí que me den carne, vieja, yo de huesos no quiero saber. (Acosta, 1982: 42)[8]

Finalmente, en la vida cotidiana, la identidad se marca y exhibe también a través de la música: como accesorios raras veces ausentes, la radio o el tocadiscos brindan a los personajes la posibilidad de expresar su preferencia por la música tradicional cubana o por la música pop americana. A veces se estilizan la música y el baile como señas inconfundibles de identidad, como cuando, en una obra de Omar Torres, el padre replica al hijo, que se queja de la pérdida de identidad:

> You are Cuban all right. You're young, your life is ahead of you; our lives, your mother's and mine, are behind; we don't even dance the *rumba* any more. Do you want to know if you're Cuban, wait until you hear a good *rumba*; if you're Cuban you won't be able to stand still.[9]

La configuración del lugar de la acción - el escenario ficticio es siempre una localidad norteamericana - abre otra posibilidad de establecer signos de identidad y, además, de trazar o cruzar fronteras étnicas a través de la confrontación de interiores y exteriores. A menudo la acción se desarrolla en un recinto privado - una sala o una cocina - que en muchas obras ya de por sí remite a la familia como centro de conflictos. La pri-

---

8 Para una panorámica (no del todo actual) de la producción teatral de los cubanos que viven en Estados Unidos o Cuban Americans, ver Escarpanter (1986), complementándolo con los trabajos de Adler/Herr (1999).
9 Omar Torres: *Fallen Angels Sing*. Houston 1991, p. 111.

mera información al espectador se da por medio de accesorios: una imagen o una estatuilla de Santa Bárbara o de la Virgen de la Caridad del Cobre, patrona de Cuba, o bien diversos objetos atribuidos a los personajes a modo de signos de identificación. Pongamos un ejemplo: en la pieza en un acto *Coser y cantar*, de Dolores Prida, donde se abordan los patrones culturales de la cubanidad tradicional y de la sociedad angloamericana dominante, los dos personajes protagónicos contrapuestos son caracterizados por una serie de artefactos: "Ella" aparece en un entorno en el que, junto a una imagen de la Virgen de la Caridad y un cabo de vela, certifican la identidad "cubana" del personaje una concha, un montón de cosméticos y revistas como *Cosmopolitan* y *Vanidades*. Mientras que "She" actúa en un escenario en el que, además de periódicos y libros, certifican su identidad de americana típica una raqueta de tenis, un par de patines de hielo y varios frascos de vitaminas. Los interiores sugieren calor e intimidad y representan la seguridad, la certeza de la identidad y la protección familiar. En cambio, los exteriores sugieren frío y peligro. El mundo exterior se proyecta dentro de la casa por medio de la comunicación oral o de efectos ópticos o acústicos. En este caso, como naturaleza inhóspita: constantemente se evocan o visualizan con gestos mímicos el cielo gris y sobre todo las gélidas temperaturas externas. Otras veces, como ambiente social hostil, con constantes alusiones a la violencia imperante en las calles de las grandes ciudades norteamericanas y especialmente de Nueva York. En *Coser y cantar*, el mundo exterior es articulado además gracias a la eficacia de efectos sonoros como alaridos, disparos y sirenas.

Como ya lo hizo Israel Zangwill, el aspecto central de la identidad étnica - la equilibración de diversas influencias culturales dentro de un patrón de conducta y de valores y, de paso, posiblemente la fijación de nuevas fronteras entre pasado, presente y futuro - es puesto en escena en una serie de obras de teatro mediante un conflicto familiar que estructura al personal primariamente en función de rasgos generacionales diferenciadores y del género,[10] dando a la regulación de la identidad distintas

---

[10] Por lo general, los personajes femeninos y masculinos se diferencian por sus estrategias de administración de la identidad. A causa de los patrones patriarcales tradicionales de la sociedad de origen y de su socialización primaria, que reproduce dichos patrones de conducta, las mujeres suelen entrar en conflicto con la familia cuando intentan - lo cual, por cierto, no siempre logran sin problemas - aprovechar las libertades que les concede la sociedad americana para acceder a una identidad (sexual) autodeterminada.

soluciones desde distintas perspectivas. El patrón básico, con múltiples variantes,[11] lo diseñó Iván Acosta en el *El Súper*, obra estrenada en 1977 en el Centro Cultural Cubano de Nueva York y conocida fuera del estrecho círculo de los hispanos gracias a la versión fílmica (dirigida por León Ichazo y Orlando Jiménez), rigurosamente fiel al texto.

La generación de los padres está representada por el protagonista Roberto, quien en el plano actual de la acción escénica lleva ya unos diez años viviendo como exiliado en Estados Unidos sin haber logrado realizar el *American Dream* [sueño americano] para sí y su familia. Como encargado de un edificio de alquiler en Manhattan, vive con su mujer Aurelia y la hija común Aurelita en un apartamento del sótano: "Es como mirar el mundo desde abajo" (Acosta 1982: 15), acierta Aurelia al describir su situación habitacional y de paso su posición social. Roberto se enfrenta desesperadamente tanto al entorno extraño y hostil como a la humillante y frustrante conciencia de su propio fracaso, aferrándose obsesivamente a la ficción de un retorno a Cuba: "Nosotros estamos aquí temporalmente. En cuanto caiga ese hijo de... *Aurelia lo mira fijo* ...mala madre, nos largaremos." (14) Aislado de la realidad social y para colmo incapaz de resolver siquiera los conflictos cotidianos sin ayuda ajena a causa de su deficiente conocimiento del inglés, sus contactos externos se limitan a un pequeño círculo de amistades, donde la comunicación se agota siempre en un ritualizado juego de roles que repite como un sonsonete los mismos lugares comunes. "[Estamos hablando] de lo mismo que hablamos siempre - dice Roberto - de Cuba, de Fidel, de la invasión y de lo jodidos que estamos." (23)[12]

A la figura del padre se contrapone la de su hija Aurelia, que aún no ha cumplido los 18 años de edad, asiste a un *college* y signaliza con sus

---

11 Además de las piezas analizadas a continuación, mencionemos ya una serie de textos más (que por razones de espacio no podemos analizar aquí) en los que la confrontación entre identidad nacional y étnica se escenifica por medio de conflictos familiares y/o generacionales: *Mamá cumple ochenta años* (1982), de Mario Martín, y *Holinight* (1987), de Manuel Pereiras García, etc.

12 En las obras de Acosta (al igual que en las de otros autores) no se escatiman críticas a la Revolución Cubana y en particular a Fidel Castro, quien "traicionó" a la Revolución. No obstante, aquí como en otros lugares se critica igualmente la "línea dura" del exilio cubano. Por ejemplo, en el amigo Pancho, un personaje ridículo (muy logrado) que, sin que nadie se lo pida, evoca constantemente su heroica participación en la "invasión de Bahía de Cochinos", despotrica jactanciosamente sobre (supuestas) acciones armadas secretas planeadas contra Castro y además se porta como un macho prepotente.

frecuentes cambios de código su dominio del inglés y del español. La joven califica la actitud retrospectiva del padre como un acto de negación
de la realidad y descarta de plano para sí misma la perspectiva de un regreso a Cuba, visto que a fin de cuentas no está dispuesta bajo ningún
concepto a renunciar a las libertades que le ofrece la sociedad americana
(incluida la sexual). Sin embargo, tales libertades resultan ser una trampa, pues a pesar del suave y por tanto inefectivo control ejercido por la
madre – "Cuban mother, you know" [Madre cubana, sabes] (35), como le
explica a una amiga - Aurelita, a juicio de los padres ya de por sí amenazada por una „inmoralidad" generalizada, no sólo pierde la virginidad
(al final del primer acto) sino que queda encinta. Situación inconcebible
para la madre, que así se lo hace saber a la hija:

> Yo nunca he tenido un hijo en este país, Dios me libre. Y tú sin embargo naciste
> en Cuba, tu papá y yo somos cubanos, te hemos enseñado nuestra religión,
> nuestras costumbres, tú lo sabes bien. ¿Cómo diablo lo hiciste? (51)

Al principio del segundo (y último) acto se comprueba que lo del
embarazo de Aurelita ha sido un simple error y al parecer la joven es-
carmienta con el susto, pues ahora sus actividades se orientan más a la
casa que a la calle. Con todo, en lo tocante a su oposición fundamental al
padre se mantiene inconmovible. De manera que es consecuente consigo
misma cuando, antes de abandonar la casa paterna, rechaza la decisión
del padre de mudarse a Miami con el siguiente argumento:

> Yo no sé qué diablo van a ir a buscar ustedes en Miami. Allí la gente no ha pro-
> gresado, todavía viven en el 1959, "la Cuba de Ayer", papá, eso es todo, la Cuba
> de Ayer. Yo no sé, yo llevo 18 años oyendo hablar de esa Cuba de Ayer. ¿Y aca-
> so estos 18 años no cuentan? No, como si nunca hubieran pasado. I don't know
> about you people, men. Eso es lo que van a encontrar en Miami ustedes, lo que
> van a hacer es un viaje hacia el pasado. Hagan ustedes sus viajes y déjenme a mí
> con los míos. Here, here is where the action is. *Se sienta en el sofá a comerse un yo-
> gur.* (61-62)

A pesar de las reservas de Aurelia, que rechaza tanto el clima político imperante allá como la presión social asociada a la *Cuban success story*
[el cuento del éxito cubano] – "el cubaneo de que 'yo tengo más que tú' y
de que 'mi carro es mejor que el tuyo'" (59) -, la mudanza a Miami, "capital del exilio cubano" (62), es para Roberto la única salida a una crisis que
probablemente es una crisis existencial más que crisis de identidad. Pues,
como en vano intenta sugerirle a Aurelita, para él Cuba sigue siendo la

"verdadera patria" y su identidad se mantiene claramente vinculada a "las cosas de Cuba" (62), reprochándole a su mujer no habérselas inculcado a Aurelita. Por tanto, el camino hacia Miami, "la Cuba de Ayer", representa un movimiento de fuga y, en el contexto de la sociedad americana, marca un acto de rechazo definitivo: un acto sustitutivo que ciertamente no conduce Roberto a Cuba pero sin duda lo acerca un tanto a ella.[13]

También Manuel Martín Jr. escenifica en su pieza *Union City Thanksgiving*, estrenada en Nueva York en 1983 y reestrenada en la misma ciudad tres años más tarde en su versión española bajo el título de *Sanguivin en Union City*,[14] el conflicto entre identidad nacional y étnica a través de un conflicto familiar y generacional que, sin embargo, merced a la ampliación del reparto, presenta una mayor diferenciación del potencial conflictivo y de las posibles soluciones de lo que era posible en Acosta. La acción, dividida en dos actos, se concentra en un día del año 1981: el *Thanksgiving Day*, como ya especifica el título, y se agota esencialmente en los preparativos de la cena y la consumición del tradicional pavo del Día de Acción de Gracias en Estados Unidos, que ofrece ya a distintos miembros de la familia ocasión para marcar su identidad al seleccionar los diversos ingredientes del menú o "cubanizar" en cierto modo el "torqui" [turkey: pavo] con guarniciones tradicionales cubanas. Las escenas se desarrollan en la cocina de la casa donde vive la familia desde hace 18 años. Los escenarios externos, verbalmente evocados, son Unión City, el barrio de la familia, y Nueva York, según la perspectiva como territorio extranjero o escapatoria del enclave cubano de Union City.

La familia, que en Cuba pertenecía a la clase media, vive ahora modestamente. Pues el padre - ya difunto pero siempre presente en los fragmentarios recuerdos de sus deudos - no logró levantar cabeza en Es-

---

[13] La decisión del padre de abandonar Nueva York provoca (al inicio) la ruptura con la hija y con ello la desintegración de la familia. Pero en la escena final aparece Aurelita con su maleta - presencia no suficientemente motivada ni por la lógica de la acción ni por la psicología del personaje - y cae sin palabras en los brazos de los padres, restaurando así la armonía familiar temporalmente rota.

[14] Manuel Martin Jr. había llegado a Estados Unidos ya en 1956 a la edad de 22 años. Por tanto, su biografía difiere esencialmente de la de aquellos que salieron de Cuba después de 1959 cuando aún eran niños o adolescentes. Sin embargo, su práctica teatral no se diferencia de la de aquellos autores conocidos como „hijos del exilio". Hasta donde sé, la obra de teatro aquí analizada sólo ha sido publicada en su traducción española, realizada por Randy Barceló en colaboración con Dolores Prida y otros.

tados Unidos y entre sus hijos ya adultos sólo Nidia, la hija mayor de 36 años y la única aún soltera, contribuye al sustento de la familia. La banalidad de la acción escénica - mientras se prepara la cena en la cocina, los demás personajes matan el tiempo bebiendo cerveza o whisky, jugando dominó o monopolio o viendo una telenovela en la habitación contigua - contrasta con la explosividad de la(s) historia(s) contada(s) y con la interacción verbal entre los miembros de la familia. Relatos y diálogos desenmascaran no sólo al personaje recordado sino también a la instancia familiar (en Yván Acosta aún intacta) como factores que impiden tanto la creación de una identidad en armonía con la realidad como el logro de una ambicionada realización personal que posibilite el ejercicio de la identidad.

Al principio aparece como figura dominante, pese a su avanzada edad, la vital abuela Aleida, que encarna la continuidad de una cubanidad que ella reproduce constantemente mediante el recuerdo del pasado en Cuba. En contraste, su hija Catalina, impotente y desorientada, se refugia en la enfermedad al no soportar un presente al que se quiere someter pero no soporta, y siente como poco a poco se va desvaneciendo en ella el recuerdo del pasado. A los ojos de Aleida olvido equivale a traición, reproche que no le hace sólo a Catalina: "Es como si toda la familia estuviera tratando de olvidar." (1992: 803) Sin embargo, este reproche parece injustificado, habida cuenta de que el pasado es constantemente evocado en las conversaciones de los miembros de la familia: "¿Te has dado cuenta - le dice Nenita, la hija más joven de Catalina, a su hermana Nidia - de las veces que en esta casa se dice '¿tú te recuerdas?" (792) Pero Nenita, que acaba de cumplir los 20, apenas conserva recuerdos de Cuba, lo cual no echa de menos: "¿Se me estarán olvidando las cosas? ¿Y no me importa? Lo que importa es que estoy aquí, en Union City, en New Jersey, en los United States..." Y para Nidia, que sí se acuerda muy bien, estos recuerdos no son como los de la abuela producto de una protesta nostálgica sino testimonio de una realidad igualmente poco echada de menos:

> ...la mayoría están conectados con cosas aburridas... un calor infernal, los hombres están tomando en el bar de la esquina, las groserías que le[s] decían a las mujeres... (792)

Nenita y Nidia son los dos personajes centrales, por mediación de los cuales se refleja el conflicto de identidad de los "hijos del exilio" y se aportan distintas soluciones. Nenita se presenta como una joven alegre y

sencilla que desde el principio de la obra acentúa su identidad cantando
y bailando, señal de identidad que ya no se articula a través de la rumba,
sino de la música de las discotecas americanas. "¿A ti esta música no te
vuelve loca?", le pregunta a la hermana, que no reacciona a la música
que sale de la radio. Y Nenita prosigue:

> Es que los pies se me van solos cuando la oigo. All right!... En esta familia yo
> soy la única a quien le gusta la música americana. La música disco levanta el
> ánimo... ¿Tú no te aburres de todas esas músicas de la Cuba de Ayer? (792).

Para Nenita el pasado ha perdido toda actualidad. Casándose con un *nu-
yorican*, un boricua nacido en Nueva York, ha logrado encontrar seguridad en la comunidad hispana y a la vez una certeza de identidad más
allá de esta *comunidad cubana* que se aísla.

Al igual que su hermana, Nidia vive en el presente, que sin embargo, al estar atada a la familia y al enclave cubano de Union City, siente
como opresivo y estéril. Como hija mayor, se siente comprometida con la
familia, que depende de su sueldo. Además, teme perder su cariño y respeto, pues Nidia ama a su vieja amiga Sara, y su deseo de mudarse a
Nueva York responde también al propósito de escapar al control de la
familia para conquistar allá la libertad de la que goza Sara, que posee un
apartamento propio en la capital. Pero su libertad no le ha traído a Sara
ni seguridad ni intimidad, cosa que Nidia no ignora. Sara se siente insa-
tisfecha, inquieta e inestable, siempre con sus pastillas de librio y valio a
la mano, porque ha roto sus vínculos originales sin haber podido crearse
nuevos vínculos. Así se lo explica a Nidia:

> Cuando llegué aquí, sí quería pertenecer a este país, ser parte de él. Pero siem-
> pre me sentí como el invitado que llega al cumpleaños después que el cake se
> ha terminado y la fiesta está por acabarse... (832-833)

Únicamente su identidad sexual, vivida en su relación con Nidia, le pro-
porciona una (aunque precaria) certeza de identidad y por eso presiona a
la amiga para que por su parte declare abiertamente ante la familia su
verdadera identidad sexual: "...lo que tú eres, tu esencia". A lo que Nidia
replica: "Sara, mi esencia son tantas cosas que tú jamás podrías comprender." (834)

Al final de la obra queda claro que la cohesión familiar invocada por
la abuela es una ficción y la familia misma una prisión de la que Nidia no
logra escapar. Aunque reconoce que el recuerdo es una trampa: "La fa-

milia ha cambiado... Cuba ha cambiado y probablemente nunca fue tan maravillosa. No podemos seguir viviendo de los recuerdos." (856). No obstante, la ansiada libertad permanece inalcanzable para ella, que (ya) no tiene fuerzas para renunciar a la relativa seguridad que le brindan la familia y la *comunidad* en Union City. La libertad - que en este caso significa libertad de la familia - la ha alcanzado en cambio su hermano Tony, que ha enloquecido: "...él tomó el único camino que se puede tomar en esta familia: la locura, y ganó la libertad." (843)

Una constelación de personajes muy similar, asociada a una análoga asignación de identidades, presenta Eduardo Machado en su obra en dos actos *Broken Eggs*, estrenada igualmente en Nueva York un año después de *Union City Thanksgiving*. Aquí también la abuela representa la insistencia sin conflictos en una identidad cubana estable que se alimenta del recuerdo - selectivo y a modo de protesta nostálgica - del pasado. Mientras que la generación de los padres, incapaz de adaptarse al nuevo sistema de vida, percibido sólo como caos, lucha contra la pérdida de identidad y estabilidad en el exilio aferrándose, como su hija Sonia, a la ficción de un matrimonio y una familia rotos desde hace tiempo, o refugiándose en un mundo de ensueños alcanzado a fuerza de pastillas de valio, como su cuñada Miriam: "Un valio, he ahí la única cosa segura. Te reanima... Si te tomas tres, vas a parar en Varadero, Cuba." (1991: 216) Como en Acosta y Martín, fracasan también los hijos: el hijo Oscar, un joven emocionalmente inestable, se refugia en la enfermedad y se pasa la vida aspirando cocaína. Por su parte, la hija Mimi afronta la realidad y tiene una idea de su identidad ajustada a esa realidad - no se ve a sí misma como una *Cuban girl*, como pretende su abuela, sino como "first generation white Hispanic American" [hispana blanca de primera generación] (181) -, pero no ha sabido aprovechar las libertades que le da la sociedad americana para alcanzar la ansiada realización personal, porque (también) ella sale (contra su voluntad) embarazada.

Sin embargo, a través de Lizette, la segunda hija, y la situación de partida de la acción escénica, se da en Machado un momento de progresión - en cierto modo continuando el proceso de disolución de los nexos familiares ya insinuado en Acosta y Martín - que al menos evidencia la oportunidad de redefinir las fronteras étnicas más allá de la familia y posiblemente de hacerlas permeables recurriendo a nuevas formas de comunicación. Pues en *Broken Eggs* la familia ya no aparece como un microcosmos claramente circunscrito, garante de identidad e intimidad (Acosta) o meramente fingido (Martín). Los padres están divorciados desde hace tiempo y los miembros de la familia sólo se reúnen para fes-

tejar un acontecimiento especial: la boda de Lizette. En consecuencia, el
marco de la acción escénica no es el ámbito privado de la familia sino un
recinto público: una sala del Country Club (en Los Ángeles) colindante
con el salón de baile donde se celebra la boda. A diferencia de los apo-
sentos familiares, semantizados por la presencia de determinados accesorios empleados como señas diacríticas de identidad, este recinto
amueblado en forma neutral pierde su carácter público al estar cuasi
ocupado por los familiares, o sea, es (temporalmente) reprivatizado por
efecto de la exclusión del resto de los invitados a la boda.

La oposición entre acción en escena y fuera de escena (en el salón de
baile) corresponde como oposición dentro-fuera al antagonismo mantenido por la familia entre *ingroup* (familiares) y *outgroup* (invitados). Cierto, el recinto externo es proyectado en el escenario por medio de señales
acústicas como fragmentos de música o conversación, visualizado a través de una puerta imaginaria por personajes que observan y comentan
desde dentro lo que sucede en el salón de baile. Pero no hay interacción
entre ambos ámbitos: la puerta abierta marca una frontera rebasada ocasionalmente por miembros de la familia que hacen breves excursiones a
un mundo extraño y en principio marginado.

Si bien ese mundo extraño personifica en principio a la sociedad angloamericana en su conjunto, entre los invitados a la boda figuran también representantes de varios grupos étnicos. Entre ellos predomina el
grupo de los judíos, la familia del novio (que no aparece en ningún momento): apostrofada por la familia de Lizette como "the jews" o "these
Jewish people" y, en tanto que "Americans", equiparados con la sociedad dominante a la que accede Lizette en virtud de su matrimonio, gracias a la cual, según su propia expresión – "I have a Jewish name now"
(209) - logra agenciarse una nueva aunque prefabricada identidad.[15]

En su fantasía en un acto *Coser y cantar*, estrenada en Nueva York en
1981, Dolores Prida presenta una situación radicalmente distinta. La acción se desarrolla otra vez en un aposento privado que, sin embargo, ya
no es escenario de conflictos familiares. En este caso se escenifica, como
en un psicodrama, la construcción de una identidad étnica específicamente femenina a través de la confrontación de dos mujeres: "Ella" y
"She", quienes, cariñosa e irónicamente bosquejadas, representan los dos

---

[15] Los judíos constituyen en Estados el grupo étnico que más se acerca a la identidad
dominante "blanca". Aquí no hay discriminación, en contraste con otras obras (por
ejemplo, *El Súper*, de Acosta) donde negros y judíos son marginados y discrimi-
nados.

patrones concurrentes de identidad y cultura de la sociedad anglosajona
dominante y la sociedad cubana tradicional. Al mismo tiempo cada cual
personifica el *alter ego* de la otra.[16] El conflicto se verifica más allá de los
nexos familiares, si bien evocando la familia o la madre como punto de
referencia de un modo característico para de cada personaje. Por ejemplo, "She" recuerda de pasada que debe llamar por teléfono a su madre:
"She's always complaining" [Siempre se está quejando], comenta. (Prida
1991: 57) Mientras que "Ella" ansía recibir una llamada (que no llega) de
la madre, pero recuerda a la familia como una instancia represiva y rechaza para sí el papel que le asigna la madre a las mujeres: "...que la vida, sobre todo la vida de una mujer, [es] coser y cantar". (57)

Al principio, como se indica en el texto acompañante, ambos personajes actúan cada cual por su lado en un intercambio verbal que al final
de la pieza desemboca en una confrontación directa. En la pugna por de-
cidir quién vence a quién, las dos cruzan fronteras territoriales y ocupan
posiciones impuestas a la otra. Esto se manifiesta en que "Ella" y "She",
que hasta entonces habían hablado exclusivamente en español o inglés,
recurren ahora al *code-switching* [alternancia de códigos lingüísticos]. Al
principio es "Ella" quien parece poseer los argumentos más fuertes: "Yo
tengo mis recuerdos. Y mis plantas en la ventana. Yo tengo una solidez.
Tengo unas raíces, algo de que agarrarme. Pero tú... ¿tú de qué te aga-
rras? [...] I wonder if I need you. Me pregunto si te necesito..." A lo que
"She" contesta:

> [...] If it weren't for me you would not be the one you are now. No serías la que
> eres. I gave yourself back to you. If I had not open some doors and some
> windows for you, you would still be sitting in the dark, with your recuerdos,
> the idealized beaches of your childhood, and your rice and beans and the rest of
> your goddam obsolete memories! (66)[17]

---

16 Ya hemos hecho referencia a la semantización identificadora específica de los escenarios. Una diferenciación adicional se consigue (como en otros autores) a través
de preferencias musicales, hábitos de comida y bebida o aprovechamiento del
tiempo libre. Podemos prescindir aquí de un análisis más detallado, ya que *Coser y
cantar* ha sido muy comentada. Cabe señalar en este sentido el excelente ensayo de
Sandoval (1989).

17 "Si no fuera por mí, no serías la que eres [...] Yo te rehice. ¡Si yo no te hubiera
abierto un par de puertas y ventanas, todavía estarías a oscuras [...], las playas
idealizadas de tu infancia, y tu arroz con frijoles y el resto de tus malditas, obsole-
tas memorias!"

El duelo se salda con un empate. Pero, cuando al final el mundo exterior
ya percibido como un peligro amenaza con irrumpir en el territorio ahora compartido, "Ella" y "She" se unen para actuar de consuno. Esta acción concertada se concretiza en la búsqueda común del mapa que antes
habían buscado cada cual por su lado y que conducirá a "Ella"/"She" en
un viaje emprendido en común hacia un nuevo terreno, un terreno que
redefine fronteras o que ya no concibe las fronteras como *líneas fronterizas*
o *borders* sino como *zonas fronterizas* o *borderlands*.[18]

La etnicidad o identidad étnica - ya lo hemos visto - es un fenómeno
complejo que, si bien goza de gran popularidad en el contexto de las sociedades multiculturales, no ha dejado de ser objeto de controversias y
que aquí, en relación con la práctica social y literaria de los cubano-
americanos, requiere una mayor precisión y revisión crítica.

La etnicidad ha sido entendida como un constructo;[19] la fundación
de una identidad étnica, como un proceso permanente; la identidad, como un "acto de creatividad cultural" (Kössler/Schiel 1995) constantemente redefinido, presentado y escenificado en la práctica social como
un acto performativo conforme a la situación específica y las exigencias
del momento. El carácter situativo de la identidad étnica puede conducir
a una escisión en una identidad "privada" y otra "pública. En forma

---

[18] El concepto de borderlands en el contexto hispánico fue desarrollado por primera
vez por la chicana Gloria Anzaldúa en *Borderlands/La Frontera. The New Mestiza*
(1987). En las investigaciones más recientes, el fenómeno de las interferencias culturales se estudia cada vez más aplicando los conceptos de "zona de contacto"
(Mary Louise Pratt) y "heterotopía" (Gilles/Deleuze/Félix Guattari). Ver al respecto: Martín-Rodríguez 1995; Riese 1999.

[19] Ya Fredrik Barth había señalado que la identidad étnica es construida de acuerdo
con las exigencias de la situación interactiva: "Los rasgos que se toman en cuenta
no son la suma de 'diferencias objetivas' sino sólo aquellas que los propios actores
consideran significativas." (1969:14) Apoyándose en Erich Hobsbawm/Terence
Ranger (*The Invention of Tradition*, 1983) y Benedict Anderson (*Imaging Communi-
ties*, 1983), y en el contexto de la discusión sobre la postmodernidad, que trata de
contrarrestar todo peligro de un posible esencialismo, últimamente el concepto de
"identidad étnica" como una identidad "imaginada" o "inventada" - postétnica -
ha caído en descrédito (v. al respecto especialmente Sollors, 1986a, 1989). Sin embargo, este enfoque ético, correspondiente a la perspectiva externa del sociólogo,
debe confrontarse con el enfoque - decisivo tanto para los antropólogos como para
los filólogos y culturólogos - correspondiente a la perspectiva interna inmanente a
la cultura de los actores.

análoga al *code-switching* (lingüístico), el cambio puede ser la respuesta adecuada como *identity-switching*, a distintos contextos de acción.

En *Rita and Bessie* Manuel Martín Jr. muestra cómo el uso de la etnicidad como estrategia interesada puede generar desconcierto y pérdida de identidad. En esta obra en un acto estrenada en 1988, Rita Montaner y Bessie Smith, dos divas de la música cubana y estadounidense de las primeras décadas del siglo XX, chocan en un encuentro imaginario inspirado en el contexto situativo de *Huis clos*, de Sartre. El argumento es banal: Rita y Bessie se esfuerzan por arrancarle un contrato a un agente de teatro. Al principio Rita se jacta orgullosamente recordando su éxito – "I was the first Cuban Woman to work on Broadway" (Martín 1999: 253) -, que atribuye exclusivamente a su talento artístico. Acepta de buen grado que, siendo cubana, se le considere "exótica" fuera de Cuba, pero rechaza indignada el comentario del agente de teatro, que descalifica su *performance* como "too ethnic" y por tanto "not marketable anymore". (269) Sólo cuando, con la ayuda de Bessie, reconoce que ha falseado su propio pasado a fuerza de manipularlo – "When truth is painful, we have to rearrange the facts to make things easier to live with",[20] le dice Bessie (272) -, es capaz de confesarse que como artista se ha sometido a imperativos estratégicos, se ha dejado instrumentalizar y con ello se ha enajenado su propia identidad: "I became an impersonator. A Latin woman impersonating the Latin image that was demanded and expected..."[21] (270)

El problema de una regulación adecuada de la identidad se plantea también en relación con el hecho de que, en el marco del debate acerca del multiculturalismo, se resalta la etnicidad como identidad cultural en detrimento de otros aspectos del fenómeno. Pues el individuo posee una identidad múltiple que consta de diversas identidades parciales. Y estas últimas pueden basarse en convicciones políticas o en factores como el género, la edad, el oficio y la clase social. En la mayoría de las obras de teatro la identidad política es articulada casi siempre por hombres. Y por regla general, se orienta por la experiencia del exilio y la persistente oposición a Castro, no por la realidad política (y social) en Estados Unidos.[22]

---

[20] "Cuando la verdad es penosa, tenemos que reordenar los hechos para facilitarnos las cosas en la vida."

[21] "Me volví una impostora. Una mujer latina que fingía ser la imagen latina que se exigía y esperaba..."

[22] Por lo común las mujeres reaccionan críticamente ante las posturas masculinas extremas, pero sin articular una identidad política propia. Una excepción es Dolores Prida con su teatro. Por ejemplo, en *Coser y cantar*, "She" participa en acciones

En cambio, se aborda el tema de la identidad genérica o incluso sexual
contra el trasfondo de experiencias actuales: en el caso de Dolores Prida
y otras autoras, específicamente la identidad femenina. Pero se abordan
también problemas de identidad genérica masculina allí donde la identidad y la práctica (homo-)sexuales no satisfacen las expectativas tradicionales de la familia y la *comunidad*.²³ Compaginar las distintas identidades
parciales y, como en un rompecabezas de identidad, integrarlas en un
patrón coherente, no es algo que hagan o se propongan hacer la mayoría
de los autores. Pero en ocasiones, aludiendo a la complejidad de la propia "esencia", un personaje - como por ejemplo la Nidia de *Union City* -
rechaza la determinación de la identidad en función de un solo aspecto
parcial, en este caso concretamente la identidad sexual.

Etnicidad denota también primariamente diferencia e incluye un
concepto grupal antagónico y exclusivo, es decir: en la interacción con
otros grupos étnicos se concibe la identidad como alteridad, se vigilan
atentamente los límites fundacionales de la identidad tanto hacia dentro
como hacia fuera. Esto rige en particular para los cubanos emigrados a
Estados Unidos después de 1959, quienes - a diferencia de, por ejemplo,
los chicanos y los nuyoricans - al menos hasta 1980 pertenecían en su
mayoría a la clase media y alta blanca. En buena medida gracias al masivo apoyo financiero que les asignaron las autoridades norteamericanas
por su condición de „refugiados políticos", estos primeros emigrantes
cubanos se vieron materialmente en una situación muy superior a la del
resto de los hispanos, de los cuales procuraban distanciarse. De manera
que vinieron a reforzar una estratificación étnica (de por sí ya existente
en Estados Unidos) que estructura a los grupos étnicos en un orden je-
rárquico de niveles concurrentes y que, en virtud de la famosa *Cuban
success story*, sugiere a los cubanos una mayor cercanía a la sociedad dominante. Esta actitud, que no excluye la discriminación racial, ha sido
muy criticada. De manera que algunos dramaturgos pasaron a situar la
experiencia de los cubano-americanos dentro del contexto más amplio de

---

de protesta que, sin embargo, (significativamente) no están dirigidas contra la Cuba de Fidel Castro sino contra la explotación en el Tercer Mundo o la contamina-
ción del medio ambiente en Estados Unidos.
²³ Un impresionante ejemplo de tratamiento de la identidad homosexual, asociado a
la problemática del SIDA, lo dan Pedro R. Monge Rafuls con *Noche de ronda* (1991)
y *Otra historia* (1993) y Edwin Sánchez con *The Road* (1991).

todos los hispanos residentes en Estados Unidos y a formular una identidad latina o hispana general.[24]

Ahora bien, la negociación de fronteras, relacionada con la estratificación y jerarquización social, es un problema aun más virulento en lo
que respecta a la relación de los grupos étnicos con la sociedad mayoritaria. Bajo la consigna "We are all ethnics" se demandó el reconocimiento
de la identidad cultural específica de las minorías en Estados Unidos. Sin
embargo, el atributo "ethnic" remite de por sí a la perspectiva dominante
de la sociedad angloamericana, que no se adscribe a ninguna "etnicidad"
(blanca) y que posee una "identidad" que ya no es preciso reafirmar ni
negociar más.[25] Vista así, la etnicidad es entendida como desviación de
una norma definida por parte de aquello que es percibido como ajeno y a
lo cual se atribuye el carácter de tal. Y esa desviación, acompañada en la
práctica por la marginación socioeconómica, conlleva - pese a todos los
juramentos de aceptación de la multiculturalidad - la estigmatización de
los grupos étnicos como "no-American" o "no fully American".[26]

Quedaría por preguntar qué ventaja aporta a los cubano-americanos
y a los otros grupos étnicos adscribirse a su "etnicidad" en una sociedad
que, al decir de María Cristina García (1996: 83), "celebrates ethnic pluralism and yet reward[s] anglo-conformity."[27] Esgrimiendo el eslogan de
"We are all ethnics" y la afirmación de una sociedad "plural", las minorías de Estados Unidos habían contrapuesto al *melting pot* de Israel Zangwill, devenido en puro concepto de asimilación, un concepto alternativo
que les posibilitaba el amor propio y la reafirmación personal. Puede que
entre los autores - en particular aquellos que se esfuerzan por llegar al
público angloamericano - no todos deseen ver sus obras clasificadas como "ethnic literature". Esto vale, por ejemplo, para Richard Rodríguez,
que nació en México y emigró de niño a Estados Unidos junto con sus
padres. Este autor se dio a conocer con una autobiografía *Hunger of Me-*

---

[24] Esto vale para toda la obra de Dolores Prida, así como para - por sólo mencionar
algunos ejemplos - *The barrio* (1969), de Mario Peña, *Spics, spices, gringos y gracejo*
(1976), de José Corrales, *Noche de ronda* (1991), de Pedro R. Monge Rafuls.

[25] O como formula con agudeza Milton M. Gordon en su estudio clásico *Assimilation
in American Life*: "En verdad, el americano protestante blanco raras veces es consciente del hecho de que habita en un grupo. Los demás viven en grupos." (1964: 5)

[26] En este sentido, es preciso remitirse a la historia del concepto "etnico" (del gr.
ethnos, ethnikós). La palabra designaba al "otro": el "bárbaro", el "goyim", el "in-
fiel".

[27] "Elogia el pluralismo étnico y, sin embargo, recompensa el angloconformismo."

mory [Hambre de memoria] (1982) que puede considerarse punto menos que el prototipo de la literatura "étnica".[28] No obstante, ahora insiste en definirse a sí mismo como "American writer" [escritor americano] (Rodríguez, 1989). Los cubano-americanos enfrentan un problema adicional al tratar de armonizar su situación real como inmigrantes con su situación subjetiva como exiliados. Tal es el caso del poeta y ensayista Gustavo Pérez Firmat, quien siendo casi un niño todavía emigró de Cuba a Estados Unidos junto con sus padres a principios de los años 60 y se identifica como cubano-americano en su biografía *Nacido en Cuba, Made in the U.S.A.* (Pérez Firmat 1995), pero no quiere renunciar al epíteto de "exiliado" como "seña de identidad" (178) y revela más de una contradicción con respecto a sus declaraciones de identidad.

En cambio, Dolores Prida no muestra semejantes contradicciones. Siendo en su teatro mucho más explícita que los demás autores mencionados en lo referente a la construcción de la etnicidad o identidad étnica, no elimina en modo alguno el antagonismo fundamental entre identidad tradicional cubana e identidad americana dominante. No obstante, ella - que renunciando a la "seña de identidad" del "exiliado" se identifica como "hyphenated American" (Feliciano 1995: 115) o "americana con guión"[29] - sostiene un concepto de identidad cultural de connotación esencialmente positiva, en virtud del cual la negociación de los distintos elementos de identidad y líneas tradicionales se logra en un proceso creativo dinámico y jamás concluido. En una entrevista, Prida hizo el siguiente comentario sobre el concepto desarrollado en *Coser y cantar*: "Once SHE/ ELLA accept the other, the woman becomes a different person [...] a new person, a composite that accepts and reconciles duali-

---

[28] Sobre el tópico literatura "étnica", v. el excelente ensayo de Boelhower (1989). Aunque sólo se puede aplicar con limitaciones a los autores cubanos, ya que Boelhower no tiene en cuenta la situación específica del exiliado. En cuanto al debate sobre el concepto de literatura "étnica" en general, v. las observaciones críticas de Sollors. (1986a: 237 y sigs.; 1986b)

[29] Abramson (1980: 156) caracteriza el concepto de *hyphenated* o *hyphenate American* como sigue: "Puede decirse que el [americano] 'con guión' se ha adaptado algo a la cultura angloamericana en términos de idioma, ropa, modales y otros valores extrínsicos. [...] Pero eso no significa que se hayan hecho invisibles o asimilado estructuralmente a otras identidades; su vida cultural y de relaciones puede seguir siendo tradicionalmente étnica en la medida en que retenga sus nexos simbólicos y su apego a redes. El [americano] 'con guión' sintetiza una mayor lealtad a Estados Unidos con una lealtad histórica al pasado étnico."

ties."[30] (Feliciano 1995: 116) Por esta vía el individuo logra no sólo cruzar fronteras (étnicas) sino también conquistar un nuevo territorio y, de paso, reordenar - en el sentido de un "re(b)ordering of the Américas" (Martín-Rodríguez 1995: 391) - el mapa cultural de América.

Traducción Jorge A. Pomar

Obras citadas
Abramson, Harold J.: "Assimilation and Pluralism", en (ed.): *Harvard Encyclopedia of American Ethnic Groups*, eds. Stephan Thernstrom; Ann Orlov; Oscar Handlin. Cambridge 1980, pp. 150-160.
Acosta, Iván: *El súper*. Miami, 1982.
Adler, Heidrun/Adrián Herr (eds.): *De las dos orillas: teatro cubano*. Frankfurt/Main 1999.
Barth, Fredrik (ed.): *Ethnic Groups and Boundaries. The Social Organization of Culture Difference*. Bergen, Oslo, Londres 1969, pp. 9-38.
Boelhower, William: "Ethnic Trilogies: A Genealogical and Generational Poetics", en: *The Invention of Ethnicity*, ed. Werner Sollors. Nueva York, Oxford 1989, pp. 158-175.
Dworkin y Méndez, Kenya C.: "From Factory to Footlights: Original Spanish-language Cigar Workers' Theatre, en Ybor City y West Tampa, Florida", en *Recovering the U. S. Hispanic Literary Heritage*, eds. María Herrera-Sobek; Virginia Sánchez Korrol. III. Houston 1999, pp. 332-350.
Elwert, George: "Nationalismus, Ethnizität und Nativismus - Über Wir-Gruppen-prozesse", en *Ethnizität im Wandel*, eds. Peter Waldmann; Georg Elwert. Saarbrücken, Fort Lauderdale, pp. 21-60.
Escarpanter, José A.: "Veinticinco años de teatro cubano en el exilio", en LATR 19, 2 (1986), pp. 57-66.
Feliciano, Wilma: "Language and Identity en Three Plays by Dolores Prida", en LATR 28, 1 (1994), pp. 125-138.
-----: "I Am A Hyphenated American: Interview With Dolores Prida", en LATR 29, 1 (1995), pp. 113-119.
Ganter, Stephan: *Ethnizität und ethnische Konflikte. Konzepte und theoretische Ansätze für eine vergleichende Analyse*. Freiburg, Breisgau 1995.
García, María Cristina: *Havana USA. Cuban Exiles and Cuban Americans en South Florida, 1959-1994*. Berkeley, Los Angeles, Londres 1996.
Gewecke, Frauke: "Kubanische Literatur der Diaspora (1960-2000)", en *Kuba heute. Politik - Wirtschaft -Kultur*, eds. Martin Franzbach; Ottmar Ette. Frankfurt/Main 2001.

---

[30] "Una vez que SHE/ELLA acepta a la otra, la mujer se transforma en una persona diferente [...] una nueva persona, un compuesto que acepta y reconcilia dualidades."

Gleason, Philip: "The Melting Pot: Symbol of Fusion or Confusion?", en *AMERICAN QUATERLY* 14, 1 (1964), pp. 20-46.

-----: "Confusion Compounded: The Melting Pot en the 1960s and 1970s", en *ETHNICITY* 6, 1979, pp. 10-20.

Gordon, Milton M.: *Assimilation en American Life. The Role of Race, Religion and National Origin.* Nueva York 1964.

Gutiérrez, Mariela A.: "Dolores Prida: exilio, lengua e identidad", en *Encuentro de la cultura cubana* 14 (1999), pp. 155-162.

Heinz, Marco: *Ethnizität und ethnische Identität. Eine Begriffsgeschichte.* Bonn 1993.

Kößler, Reinhart; Tilman Schiel: "Nationalstaaten und Grundlagen ethnischer Identität", en (eds.): *Nationalstaat und Ethnizität.* Frankfurt/Main 1995, pp. 1-21.

Machado, Eduardo: *Broken Eggs*, ibíd.: *The Floating Island Plays.* Nueva York 1991, pp. 169-218.

Martín, Manuel Jr.: "Sanguivin en Union City", en *Teatro cubano contemporáneo. Antología*, ed. Carlos Espinosa Domínguez. Madrid 1992, pp. 789-857.

-----: "Rita and Bessie", en *Presencia negra: teatro cubano de la diáspora (Antología crítica)*, ed. Armando González-Pérez. Madrid 1999, pp. 249-276.

Martín-Rodríguez, Manuel M.: "Deterrritorialization and Heterotopia: Chicano/a Literature en the Zone", en *Confrontations et métissages*, eds. Elyette Benjamin-Labarthe; Yves-Charles Grandjeat; Christian Lerat. Actes du VIe congrès européen sur les cultures d'Amérique latine aux Etats-Unis. Bordeaux 7-8-9 juillet 1994. Bordeaux 1995, pp. 391-398.

Pascht, Arno: *Ethnizität. Zur Verwendung des Begriffs im wissenschaftlichen und gesellschaftlichen Diskurs. Eine Einführung.* München 1999.

Pérez Firmat, Gustavo: *El año que viene estamos en Cuba.* Houston 1995. [ingl. 1995].

-----: *Life on the Hyphen. The Cuban-American Way.* Austin 1999 [1994].

Prida, Dolores: *Coser y cantar*, íbid: *Beautiful Señoritas & Other Plays.* Houston 1991, pp. 47-87.

-----: "The Show Does Go On (Testimonio)", en *Breaking Boundaries: Latina Writing and Critical Readings*, eds. Asunción Horno-Delgado et al. Amherst 1989, pp. 181-188.

Riese, Utz: "Kulturelle Übersetzung und interamerikanische Kontaktzonen. An Beispielen aus der autobiographischen Literatur der Chicanos", en *Heterotopien der Identität. Literatur in interamerikanischen Kontaktzonen*, eds. Hermann Herlinghaus; Utz Riese. Heidelberg 1999, pp. 99-150.

Rodríguez, Richard: "An American Writer", en *The Invention of Ethnicity*, ed. Werner Sollors. Nueva York, Oxford 1989, pp. 3-13.

Sandoval, Alberto (1989): "Dolores Prida's *Coser y cantar*: Mapping the Dialectics of Ethnic Identity and Assimilation", en *Breaking Boundaries: Latina Writing and Critical Readings*, eds. Asunción Horno-Delgado et al. Amherst 1989, pp. 201-220.

Sollors, Werner: *Beyond Ethnicity. Consent and Descent en American Culture.* Nueva York, Oxford 1986a.

-----: "A Critique of Pure Pluralism", en *Reconstructing American Literary History*, ed. Sacvan Bercovitch. Cambridge 1986b, pp. 250-279.

-----: „Introduction: The Invention of Ethnicity", en *The Invention of Ethnicity*. Nueva York, Oxford 1989, pp. IX-XX.

----- (ed.): *Theories of Ethnicity. A Classical Reader.* Houndsmills, Londres 1966.
Torres, Omar: *Fallen Angels Sing.* Houston 1991.
Watson-Espener, Maida: "Ethnicity and the Hispanic American stage: the Cuban experience", en *Hispanic Theatre en the United States*, ed. Nicolás Kanellos. Houston 1984, pp. 34-44.
Zangwill, Israel: *The Melting Pot/Plaster Saints* (Obras, t. XII). Londres 1925.

Frauke Gewecke: Prof. en Romanische Philologie/Literaturwissenschaft de la Universidad de Heidelberg; literaturas latinoamericanas, literaturas del Caribe (de lenguas española y francesa).
Publicaciones: *Die Karibik. Zur Geschichte, Politik und Kultur einer Region*, 1988; *Wie die neue Welt in die alte kam*, 1992; *Der Wille zur Nation. Nationsbildung und Entwürfe nationaler Identität in der Dominikanischen Republik*, 1996; *Puerto Rico zwischen beiden Amerika. Vol. I: Zu Politik, Wirtschaft, Gesellschaft und Kultur einer Nation im territorialen Niemandsland (1898-1998)*. Vol. II (ed.): *Konfliktive Wirklichkeit im Spiegel der Puertorikanischen Literatur (1898-1998)*.

Las dictaduras no tienen escritores, tienen escribientes.
No seamos los escribientes de la amargura,
de los resentimientos y de la melancolía.
Julio Cortázar (1978).

Heidrun Adler

Pedro R. Monge Rafuls:
Una coma entre las culturas

La relación entre texto de teatro y público no funciona como una calle a una sola dirección sino mediante la interacción dentro del mismo marco de referencias y la comunicación permanente. El dramaturgo exiliado afronta grandes dificultades en este sentido. En el exilio tiene tres grandes grupos de espectadores potenciales: el público del país donde vive; sus compatriotas en la patria, con los cuales trata de mantenerse en contacto por encima de todos los obstáculos; y los compatriotas que lo acompañan en la diáspora, donde actúa como una especie de gueto cultural. Sus dificultades surgen en primer lugar del complejo contexto cultural, semántico y lingüístico en el que se ve forzado a trabajar. En un país donde no se habla su idioma, tiene dos alternativas: abandonar su lengua materna y expresarse en el otro o aferrarse a su origen cultural. Esta última es la reacción más frecuente entre los exiliados.[1] El público de su país apenas se entera de lo que ellos tienen que decir. Quienes sí se enteran son sus compatriotas en el exilio. Este público vive en las mismas circunstancias que el autor: nostalgia, desarraigo, esperanza de retorno y preocupación por los hijos - que echan raíces en el nuevo entorno y van rompiendo poco a poco los vínculos con la patria -, son sentimientos comunes a todos ellos y, por ende, los temas predominantes en el teatro del exilio.

También Pedro R. Monge Rafuls aborda estos problemas en una serie de obras.[2] En el prólogo de *Trash*[3] él mismo dice:

---

[1] Se observa que la decisión en favor del propio idioma es en la mayoría de los casos una reacción defensiva. Cuanto más "integradora" se revela la cultura del país anfitrión, tanto más necesario se hace conservar la propia. "La necesidad de integrarse a la nueva vida y adoptar nuevas costumbres tiene tal fuerza que hace peligrar nuestra propia identidad." Raúl de Cárdenas, Entrevista 2001.

[2] Entre otras en *De la muerte y otras cositas* (1998); *Solidarios* (1989); *Recordando chacho que comienza a vivir* (1991); *Las lágrimas del alma* (1995).

My interest is to write about oppression. Not only of political oppression, but mainly all oppression that imprisons us Latin American immigrants in the United States. As Cuban exile.
I don't describe myself as a political writer, but my work is a result of political situations. My preoccupation is to present how man suffers through political circumstances and how he is obligated to react. These reactions are not always the most desirable, but it is how we live through these situations that concerns me. (275)

Los autores reaccionan de manera diferente ante la separación de sus fuentes vitales. Algunos jamás se recuperan de esta experiencia traumática y enmudecen, otros se lanzan en una nostálgica búsqueda de la patria perdida. En la mayoría de los casos, por diferentes que sean, sienten el exilio explícita o implícitamente como humillación, como mutilación, y describen las fatales consecuencias de este proceso. Pocos arrancan con un análisis crítico de los aspectos negativos del exilio para poder encontrarle una salida positiva al problema. A continuación, intentaremos mostrar este 'arranque positivo'⁴ en cinco obras de Pedro R. Monge Rafuls: *Cristóbal Colón y otros locos* (1983), *Otra historia* (1996), *En este apartamento hay fuego todos los días* (1987), *Trash* (1995) y *Nadie se va del todo* (1991).

La primera obra de teatro de Pedro R. Monge Rafuls, *Cristóbal Colón y otros locos*, comedia en dos actos, cuenta cómo después del descubrimiento de América Colón regresa a la corte española y muestra lo que ha encontrado. Además de frutos, plantas y animales exóticos, trae consigo a dos indígenas. La corte los toma por animales:

REINA   ¡Oh, que lindos! Parecen de verdad, ¿muerden?
BARONESA   ¿Qué son?
DOÑA G. Deben ser caballos del Nuevo Mundo.
REINA   Este... yo diría que son avestruces. (2)

Aquí los "americanos" se encuentran con los españoles en España. Tienen la posibilidad de experimentar la realidad del conquistador. Aquí el nimbo de la lejanía y el desconocimiento no distorsiona la mirada. Es un encuentro de ambas culturas analizado desde el punto de vista del

---

3 En *Out of the Fringe*, ed. Caridad Svich y María Teresa Marrero. Nueva York 2000, pp. 277-286.
4 Pedro R. Monge Rafuls fundó en Nueva York el OLLANTAY ART HERITAGE CENTER y la revista OLLANTAY a fin de crearles a los latinoamericanos en Estados Unidos, entre ellos al gran grupo de los exiliados, una base para publicar su cultura.

cubano del siglo XX exiliado en Estados Unidos. La actitud autocompla-
ciente de los europeos, cuya ignorancia desprecia los dones del Nuevo
Mundo, divierte a los americanos, que se consideran a sí mismos más in-
teligentes que los españoles: son ellos quienes aprenden su idioma, no a
la inversa. Estiman que su cultura es más rica; sus frutos - maíz, papa,
tomate, etcétera - desempeñan hoy un papel esencial en la dieta del Viejo
Mundo, mientras que su arte y sus tradiciones han sido reducidos a pu-
ros clichés folclóricos, por añadidura, aún provenientes de la época de la
colonia española. Colón ha traído obsequios personales para el rey, la
reina y el cardenal, que se muestran al final del primer acto:

> El rey viene vestido de charro mexicano, traje negro y revolver etc., sobre el
> sombrero de charro, lleva la corona. La reina, vestida de rumbera cubana. El
> cardenal viste con un "clergyman". (28)[5]

Monge Rafuls no pone sobre el tablado a unos temibles salvajes sino
a individuos orgullosos. No obstante, son parte del botín y desde la primera escena queda claro que los europeos consideran primitivo al Nuevo
Mundo y que no hay manera de convencerlos de lo contrario. Cuando
Colón habla de la otra cultura y de sus valores, se duermen y sólo des-
piertan al oír hablar de tesoros. Lo único que les interesa es la expansión
del poder español y las riquezas que esperan de ella:

> BARONESA Aquellas no son más que tierras de antropófagos.
> HETUEY Aprenderán mucho de nosotros.
> BARONESA *irónica, con un gesto de desprecio* ¿De Ustedes? (49)

Evitando todo pathos didáctico, el autor realza la comicidad del encuentro. Por su mentalidad los "americanos" son proyecciones del siglo
XX; la corte española es una caricatura.[6] Anacronismos y frecuentes salidas fuera del papel transmiten el mensaje del autor. Veamos esta escena:

> COLÓN En San Salvador la gente nos dijeron de otras tierras más hermosas, le-
>   janas y ricas.
> REY ¡Dólares!
> CARDENAL Con lo desvalorizado que tenéis el maravedí.

---

5 Las citas han sido sacadas del manuscrito inédito.
6 "Tiene una fuerte influencia de la TV angloamericana, pero, claro, mezclada con
   mi idiosincracia cubana, el choteo." (carta del autor 2000)

COLÓN Entonces decidí llevar a cabo un acto democrático. *por el Rey* No como
alguno que todos conocemos... y llamé a un consejo entre los miembros más
importantes de la tripulación.
PINZÓN I   Yo deseaba ir para Buenos Aires.
DOÑA G.   Pero si aun no habéis descubierto a la Argentina.
COLÓN Por eso mismo quise partir para Cuba. (21)

Mensaje que no es ninguna tardía rebelión contra el curso real de la historia sino un esfuerzo de comprensión que abre el texto a todo tipo de
inferencias sobre situaciones actuales.

En *Otra historia* (1996)[7] Monge Rafuls muestra cómo antiguos dioses
africanos - Changó, Ochún, etc. - perviven bajo ropaje cubano en pleno
Nuevo Mundo. José Luis, el personaje central, es un latino "típico" en
Nueva York. Tras una fachada de mujeriego oculta, sin embargo, su
amor homosexual por Marquito. La estructura dramática del texto está
determinada por rituales afrocubanos, pues José Luis y su novia - quién
cree que él la engaña con otra mujer - buscan consejo y ayuda en la santería.[8] La magia comienza desde que el espectador entra al teatro y es recibido por orishas[9] que ejecutan rituales de "despojo" [exorcismo]. Desgraciadamente, los protagonistas invocan deidades contrapuestas, y a
partir de ahí ya no se trata de un simple toque de magia y superstición:
ahora el conflicto se libra entre los propios dioses. Como en la tragedia
clásica, los humanos son víctimas impotentes del juego de los dioses. Sobre esta obra escribe Juan Carlos Martínez:[10]

No es la primera vez que el teatro cubano se ocupa de ello (homosexualidad)
pero nunca antes una tragedia de amor entre dos hombres había sido interpretada como un destino trazado por los orishas. Para entender la explosiva incertidumbre que este texto provoca en su lectura hay que decir que la religiosidad
afro-cubana es uno de los pilares socioculturales del acendrado machismo de la
sociedad cubana. Así, la mera asociación de homosexualidad y santería en un
mismo código de significados basta para provocar la polémica y el desasosiego.
(175)

José Luis no sólo nada entre dos aguas en la machista comunidad latina. Lucha también a brazo partido por mantener una imagen de sí (la

7 Una primera versión que desapareció hace tiempo se llama *Otra historia de un amor.*
8 Principal culto sincrético afrocubano.
9 Dioses.
10 Juan Carlos Martínez: "Memoria, paradoja, y otros juegos para desmantelar la
   homofobia", en *De las dos orillas: Teatro cubano* (Adler, Herr 1999), pp. 165-176.

del *latin lover*) en el contexto de su nueva patria. Aupando al plano de los dioses el conflicto entre ser y parecer, entre poder y querer, Monge Rafuls demuestra que sus personajes, aferrados a la tradición, carecen por completo de libre albedrío.[11]

En el monólogo *En este apartamento hay fuego todos los días*, Carmen se ve atrapada en un desgarrador conflicto cotidiano. Es cubana y vive sola en Nueva York. Su visión del mundo es una arbitraria mezcla de educación cubana para señoritas y clichés mediáticos estadounidenses. Es demasiado gorda, y buena parte del monólogo revela su total falta de perspectivas, atrapada como está entre sus planes dietéticos y su voraz apetito. Comprendiendo que su cuerpo no corresponde al ideal de belleza oficial, cultiva la virginidad como el tesoro especial que guarda para su héroe, quien será capaz de ver la maravillosa mujer detrás de su obesa figura. Se siente insegura entre la gente y únicamente a solas en su apartamento da riendas sueltas al gran fuego de su pasión (de ahí el título). Carente de experiencias propias, hasta sus fantasías sexuales siguen los clichés de la televisión. Pero sus sueños no deben transportarla a otro mundo. Para ella las imágenes prefabricadas son más bien una manera de orientarse en un mundo extraño.

Su frustración nace de su incapacidad para encontrar su lugar en el mundo, en el exilio. Come por pura frustración, para darle a su cuerpo lo que le falta a su alma: afecto. En su prólogo a esta obra, Héctor Luis Rivera interpreta tanto su obesidad como su amor a José, un negro, como un rechazo inconsciente a la norma.[12] Pero, cuando Carmen se percata de que José quiere casarse con la esbelta prima Fina, se refugia en un racismo pequeñoburgués: "...un negro en la familia no es algo deseable." (69). La tragicómica Carmen es una personificación de la más compulsiva de todas las normas, un símbolo de ese saco sin fondo que es lo "socialmente improcedente", que la lleva a engordar cada vez más y a encontrar pretextos para seguir tragando. (1995: 69). Al no lograr realizar sus sueño de amor - y libertad -, se encierra aún más en ese conflicto de ansiedad e

---

11 Respecto al tema homosexualidad en la comunidad latina en EE.UU. vea el excelente análisis de Bradley J. Nelson: "Pedro Monge Rafuls and the Mapping of (Postmodern) Subject in Latino Theater", en GESTOS 12, 24 (noviembre 1997), pp. 135-148.

12 Hector Luis Rivera: "Las vertientes de Carmita", en OLLANTAY III, 1 (1995), pp. 58-69.

intolerancia, de querer y no poder, que domina la vida de los exiliados en el mundo entero.[13]

La obra más enfática sobre este tema es *Trash*, el monólogo de un cubano "de color" encerrado en una prisión de Estados Unidos. José es un "marielito", un cubano que salió rumbo Estados Unidos por el puerto de Mariel con la gran oleada de refugiados que abandonó la Isla en 1980. Está pendiente de juicio por haber matado a un norteamericano blanco, un sacerdote. Oímos su versión de los hechos, vemos la situación con sus ojos. El blanco lo había forzado a prestarle servicios sexuales y luego, en vez de pagarle, quería exigirle aún más. Intentando defenderse, José había matado al hombre.

Monge Rafuls aborda aquí un tema espinoso. José no es ningún prostituido. Lo que le sucedió a él no puede ser descartado como un "riesgo del oficio". Si vendió su cuerpo, fue por exigencia del blanco:

> We were solicited for sex at the camp.[14] Outside people [...] You know that Cubans are known to offer big... pleasure. You know what I mean?

Él insiste en que no se ofreció, más bien tuvo que consentir a regañadientes porque necesitaba urgentemente el dinero.[15]

El suceso ocurrió en esa zona oscura que la sociedad pasa por alto en silencio y que sólo llama la atención en caso de desgracia o escándalo inminente. Aquí lo decisivo es que no salga a la palestra la deplorable conducta del sacerdote, ya que José es de color y para colmo cubano, peor aún, un marielito. Los marielitos están en una situación precaria en dos sentidos: son exiliados con una etiqueta negativa por haber emigrado en una ocasión en que junto con los refugiados fueron deportados delincuentes comunes cubanos. A los ojos de los norteamericanos, los marielitos son escoria humana. José: "Everybody in this country is afraid of Cuban boat people. They say that we kill everybody and rape all the women." (279)

La obra empieza con una escena donde José, con el torso desnudo, hace *sparring* con el aire en una celda. En la literatura esta imagen boxís-

---

13 En *Recordando a Mamá* (1990), Monge Rafuls muestra cómo la intolerancia de la generación exiliada no admite la asimilación e impone a sus descendientes castrantes sentimientos de culpa.

14 Campamento de recepción de refugiados.

15 "The body becomes the site of a struggle for self-determination to serve white America's economic priorities." (Peggy Phelan: *Unmarked: The Politics of Performance*. Londres 1993).

tica es símbolo de ira, pasión y también *machismo*. Así se le presenta al espectador la mirada del otro. José es extraordinariamente atractivo, joven, fuerte y negro. El ciudadano blanco proyecta sus deseos sexuales en el negro, a quien desea y pretende "utilizar" como objeto. Delante de él no tiene vergüenza porque el negro no está a su altura. Homi Bhabha describe esta ambivalencia de estereotipos en el trato con partneres desiguales como atracción sexual y a la vez rechazo que exige la humillación del otro para borrar por la fuerza la transgresión sexual que no encaja en su propio código de honor.[16] Lo prohibido es "transgredido" por la sumisión. El odio y el desprecio aumentan el placer y al mismo tiempo exoneran de toda responsabilidad, pues la posición social del blanco permite la explotación del negro. Él, el negro, es el culpable del pecado del blanco. En fin de cuentas, el negro no es más que pura basura: *trash*.

Trash es hasta el momento la única obra de Monge Rafuls escrita en inglés. Más que un signo de adaptación del autor a su público, la elección del idioma es aquí una decisión del personaje. José cuenta cómo desde llegó a Estados Unidos se puso estudiar, quería superarse en el *college*. En las primeras semanas decía sí a todo: "*It was my 'yes-period' of time.*" (281). Buscaba la libertad y la igualdad de derechos, lo aceptaba todo, se adaptaba... Pero tropieza con el racismo y la explotación.

Carmen habla sola, vive encerrada en su propio mundo porque no se siente a la altura del mundo ajeno. José habla con el público. Quiere ser libre y está dispuesto a poner de su parte. Los barrotes de su celda son una metáfora de los muchos prejuicios que encierran o marginan al extranjero.

Pese a la desesperada situación de su protagonista, Monge Rafuls no entierra la esperanza, más bien hace hincapié en que, cuando uno no puede controlar su vida, al menos puede contarla, expresar su propia verdad.[17] José cree en ese poder, que puede devolverle la dignidad. Eso lo distingue del animal, al que tanto se asemeja en su jaula.

Pero ¿cómo ve el autor el retorno del exiliado a la patria? *En Nadie se va del todo* (1991),[18] escrita después que el autor regresara a Cuba de visita por primera vez en 29 años, Lula visita con su hijo a sus suegros en Cuba al cabo de treinta años de exilio en Estados Unidos. Había huido

---

[16] Homi Bhabba: *The Location of Culture*. Londres, Nueva York 1997. Y véase Peggy Phelan: *The Politics of Performance*. Londres 1993.

[17] Robert Vorlicky: "The Value of Trash: A Solo Vision", en OLLANTAY III, 1 (1995), pp. 103-106.

[18] "Nadie se va del todo", en *Teatro: 5 autores cubanos*. New York 1995, pp. 107-158.

con su bebé después de la ejecución de su marido. La obra presenta una
forma caprichosa, embrollada: todas las escenas, independientemente del
lugar de la acción, se desarrollan en un sólo escenario: la sala de la familia en Cuba. E, independientemente del tiempo de la acción, las distintas
subtramas se superponen unas a otras. Lula se propone mostrarle a su
hijo la tumba del padre, la patria y los abuelos. Al igual que los pensa-
mientos, asociaciones, recuerdos, sueños que surgen durante los preparativos del viaje, se entremezclan también las a menudo muy breves escenas. Al final, tampoco queda claro si el viaje ha tenido realmente lugar.[19]

> La acción salta en el tiempo, para crear una sensación de accesibilidad. Tanto los
> recuerdos trágicos como el futuro incierto siempre están disponibles en una
> obra en que nada se va del todo. La experiencia es rescatable, el presente se nu-
> tre constantemente del pasado, e incluso se presenta estrechamente relacionado
> con acontecimientos ya sucedidos pero que aún guardan su vigencia. (Laureano
> Corces en Adler/Herr 1999: 61)

Como en todas sus obras, Monge Rafuls ofrece también aquí carac-
teres bien diferenciados. Los seis personajes principales representan por
parejas a la generación que conoció a Batista y vivió la Revolución, a los
cubanos del exilio y a la generación crecida con la Revolución. De esta
forma, no se produce un choque de expresiones apodícticas sino que
dentro de cada grupo se dan conflictos y situaciones allí donde - en opinión del autor - son necesarios y posibles. El viejo Antonio opone una
resistencia pasiva, colecciona "héroes de la Revolución" y los guarda en
una caja de cartón;[20] en cambio, su esposa Coral aboga por la tolerancia:
"Hay que olvidar... los cubanos siempre perdonamos ". Lula está llena
de odio contra todos los que ejecutaron a su marido y la obligaron abandonar a su patria, pero a la vez está ansiosa por regresar; Tony está abierto a todas las nuevas impresiones; Asunción repite como un papagayo
todas las consignas oficiales; Mime las analiza. Cuando al final Antonio
arroja a sus héroes a la calle, no hace más que asignarles su verdadera
importancia, que Coral resume con estas palabras: "al fin que eso son...
papeles" (158) Es decir que una reconciliación entre los cubanos solo es

---

[19] Metáfora "de una memoria colectiva que garantiza la continuidad histórica del
pueblo cubano, a contracorriente de pesares, desarraigos, exilios y revoluciones."
Juan Carlos Martínez: "El reencuentro, un tema dramático", en *Lo que no se ha dicho*, ed. Pedro Monge Rafuls. Nueva York 1994, p. 69.
[20] Véase Virgilio Piñera: *Una caja de zapatos vacía*. Miami 1986. La caja de cartón es
aquí también una metáfora de negación y resistencia.

posible cuando los iconos que distorsionan la visión de las cosas sean "lo que el viento se llevó".

Las obras aquí analizadas presentan un manejo del tiempo característico. En vez de tramas lineales, encontramos más bien desarrollos cíclicos, con un constante retorno al pasado. Los personajes de *Cristóbal Colón y otros locos* conocen el curso de la historia, andan por los siglos XV/XVI con las nociones y el vocabulario del siglo XX. En *Otra historia*, pasado arcaico y modernidad son casi idénticos: Tiempo y lugar son indiferentes para el destino de los personajes. En *Trash* el monólogo retrocede constantemente a la época anterior a la fuga de José a Estados Unidos. La escena final lo muestra semidesnudo en una jaula. Esta imagen nos dice que 500 años después de Colón la idea del "salvaje" sigue siendo prácticamente idéntica a la de la corte española - REINA: ¿Muerden? - Este salvaje sí ha mordido.

En *Nadie se va del todo* el pensamiento cíclico se pone de manifiesto en la simultaneidad formal:

> Al disponer un sólo plano escénico en que suceden al unísono acciones transcurridas en diversos momentos históricos, Monge Rafuls consigue evadir toda cronología y toda relación con sitios concretos que provoquen cualquier ilusión naturalista de realidad. Un lugar es todos los lugares y un tiempo es todos los tiempos. (Jorge Febles 1999: 89)

Monge Rafuls centra la mirada en la situación de los latinoamericanos en el exilio estadounidense y los muestra como prisioneros de los clichés de su propia tradición y de los prejuicios tradicionales de la sociedad norteamericana. Aunque hasta el presente *Cristóbal Colón y otros locos* es su única comedia auténtica, no se puede pasar por alto que el humor es elemento constante dentro de la obra del autor. La búsqueda de la comicidad en cada situación le da acceso a aquellos recursos íntimos capaces de proteger al ser humano contra la destrucción total. Desde su primera pieza, *Cristóbal Colón y otros locos*, establece la clara premisa que regirá toda su obra: lo que importa es la comprensión, todo lo demás es ridículo.

Traducción Jorge A. Pomar

Obras citadas

Adler, Heidrun; Herr, Adrián: *De las dos orillas: Teatro cubano.* Frankfurt/Main 1999.

Bhabha, Homi: *The Location of Culture.* Londres, Nueva York 1994.

Corces, Laureano: "Más allá de la isla: la identidad cubana en el teatro del exilio", en *De las dos orillas: Teatro cubano* (Adler/Herr 1999), pp. 59-64.

Febles, Jorge: "De la desazón de los 70 al prurito reconciliador de los 90: Revolución (¿y contrarevolución?) en cinco piezas del exilio cubano", en *De las dos orillas: Teatro cubano* (Adler/Herr 1999), pp. 77-96. pp.

González-Pérez, Armando: *Presencia negra: Teatro cubano de la diáspora. Antología crítica.* Madrid 1999.

Martínez, Juan Carlos: "El reencuentro, un tema dramático", en *Lo que no se ha dicho,* ed. por Pedro R. Monge Rafuls. Nueva York 1994, pp. 63-72.

Martínez, Juan Carlos: "Memoria, paradoja, y otros juegos para desmantelar la homofobia". (Adler, Herr 1999), pp. 165-176.

Monge Rafuls, Pedro R.: *Trash.* OLLANTAY III. 1 (winter/spring 1995), pp. 107-114.

-----: *En este apartamento hay fuego todos los días.* OLLANTAY III (winter/spring 1995), pp. 63-71.

-----: "Nadie se va del todo", en *teatro: 5 autores cubanos.* New York 1995, pp. 109-158.

Nelson, Bradley J.: "Pedro Monge Rafuls and the Mapping of the (Postmodern) Subject in Latino Theater", en GESTOS 12, 24 (nov. 1997), pp. 135-148.

Phelan, Peggy: *Unmarked: The Politics of Performance.* Londres 1993.

Rivera, Héctor Luis: "Las vertientes de Carmita", en OLLANTAY III, 1 (1995), pp. 58-69.

Svich, Caridad; Marrero, María Teresa, ed.: *Out of the Fringe.* Nueva York 2000. [*Trash* pp. 277-286.]

Vorlicky, Robert: "The Value of *Trash*: A Solo Vision", en OLLANTAY III, 1 (1995), pp. 103-106.

Heidrun Adler: *Politisches Theater in Lateinamerika.* Berlin 1982; *Theater in Lateinamerika. Ein Handbuch,* (ed.). Berlin 1991; *Theaterstücke aus Mexiko* (ed. con Víctor Hugo Rascón Banda). Berlin 1993; *Materialien zum Theater in Mexiko* (ed. con Kirsten Nigro). Berlin 1994; *Theaterstücke lateinamerikanischer Autorinnen* (ed. con Kati Röttger). Frankfurt/Main 1998; *Performance, Pathos, Política - de los Sexos* (ed. con Kati Röttger). Frankfurt/Main 1998; *Kubanische Theaterstücke* (ed. con Adrián Herr). Frankfurt/Main 1999; *De las dos orillas: Teatro cubano* (eds. con Adrián Herr). Frankfurt/Main 1999. *Theaterstücke aus Chile* (ed. con María de la Luz Hurtado). Frankfurt/Main 2000; *Resistencia y Poder: Teatro en Chile* (ed. con George Woodyard). Frankfurt/Main 2000. Ensayos sobre lírica, novela y teatro latinoamericanos.

Christilla Vasserot

José Triana: El teatro como patria

Analizar la obra de un artista según el tema del exilio, identificar en su recorrido eventuales rupturas y preguntarse si éstas coinciden con fracturas biográficas, implica cuestionar la noción misma de exilio. Desde el punto de vista espacial, éste es distancia entre un *aquí* y un *allá*, ambos espacios separados por kilómetros de tierra o mares. Dentro del discurso, el exilio es inversión: *aquí* se vuelve *allá*, y viceversa. Para el escritor que convierte la realidad en objeto poético, ya la aprehensión de dicha distancia real o inversión en el discurso comunicativo se hace problemática. Dejaremos de lado, en el marco de este estudio dedicado al dramaturgo cubano José Triana, las inevitables y dolorosas componentes íntimas del exilio: desarraigo, ausencia, pérdida de las referencias identitarias. Nos centraremos más bien en la construcción por el autor de una verdadera poética del exilio.

El teatro, más que cualquier otro género literario, parece necesitar de la inmersión en la realidad representada. En efecto, la palabra teatral, puesta en boca de los personajes, no es discurso distanciado (manejado por el narrador novelesco, por ejemplo) sino enunciación mimética.[1] Cabe entonces preguntarse si al cambiar las circunstancias de elaboración de la obra dramática, también se altera la forma en que el autor aprehende dichas circunstancias. ¿Es la realidad circundante la que condiciona la escritura, o la escritura la que forja la realidad? No nos referimos al trillado motivo de la acción del arte sobre la sociedad sino a lo que en definitiva es la literatura en sus distintas manifestaciones genéricas, en sus diversas corrientes: una transfiguración de la realidad. Lo que define la escritura de cada autor no es la *realidad* sino su peculiar modo de *transfigurarla*: una constante, susceptible de modificarse con la evolución personal del autor, tal vez influenciado, eso sí, por coyunturas externas. Pero el arte no queda supeditado a las circunstancias sino que las transforma en materia poética. Dedicaremos pues la primera parte de este ensayo al tratamiento reservado por José Triana a los referentes geográficos, cronológicos y culturales.

En su obra se pueden destacar tres grandes periodos, cronológicamente determinados por dos obras: existe, a nuestro modo de ver, un an-

---

[1] Imitación o *mímesis* tal como la define Aristóteles en su *Poética*.

tes y un después de *La noche de los asesinos*, así como un antes y un después de *Palabras comunes*. Ambas son obras de ruptura y transición a la
vez. Con *La noche de los asesinos* (1965) se da el paso de la integración del
autor en la vida cultural cubana al exilio interior.[2] *Palabras comunes* es
obra del exilio, a la vez interior y exterior: su redacción empezó en Cuba
en 1979, a un año de la salida de Cuba, y concluyó en París y Sitges en
1986.

Ha demostrado el crítico José Escarpanter el cambio de referente
temporal que se vislumbra a partir de *La noche de los asesinos*. Las obras
anteriores proponen como trasfondo de la acción una Cuba contemporánea, siendo 1929 el más remoto de los años referidos, con la obra *El Mayor General hablará de teogonía*. Las obras posteriores, sin embargo, son
más propensas a la inmersión en el pasado nacional: hablar de ayer, por
supuesto, es hablar de hoy, evitando tal vez las arremetidas de la censura. El escenario, en *Ceremonial de guerra*, figura entonces "un lugar en Cuba, en la manigua" durante la guerra de independencia, en 1895. La acción de *Revolico en el Campo de Marte* se sitúa en los primeros años del siglo XX. Y *Palabras comunes* abarca veinte años de la Historia cubana, entre 1894 y 1914. Consideremos ahora las obras escritas desde el exilio pa-
risino. Notamos en ellas una multiplicación de los espacios, desvincula-
dos de cualquier referente geográfico, y al mismo tiempo una reconciliación con el tiempo presente. Las didascalias de *Cruzando el puente* precisan: "Lugar: un escenario. Época: finales de los 80". *Ahí están los Tarahumaras* propone una versión onírica del universo de *La noche de los asesinos*:
"El escenario es un cementerio de muebles rotos, de objetos inservibles y
de fragmentos de monigotes o de monigotes inconclusos"[3], que recuer-
dan el sótano donde Lalo, Beba y Cuca realizaban sus juegos en medio
de "una mesa, tres sillas, alfombras raídas, cortinas sucias con grandes
parches de telas floreadas, floreros, una campanilla, un cuchillo y algunos objetos ya en desuso, arrinconados, junto a la escoba y el plumero."[4]
El espacio escénico es metafórico, la época es "actual", según las acota-

2 "El éxito internacional de *La noche de los asesinos* coincide con la clausura de la etapa de relativo aperturismo cultural permitida por la Revolución. A partir de 1967
los vientos de la reacción abaten el desarrollo cultural y de pronto el triunfador
Triana se ve sometido al más dramático ostracismo hasta que logra abandonar el
país en 1980." José Escarpanter: "El exilio en Matías Montes Huidobro y José Triana", en LINDEN LANE MAGAZINE IX, 4 (oct.-dic. 1990), p. 63.
3 José Triana: *Ahí están los Tarahumaras*, p. 22.
4 José Triana: *La noche de los asesinos*, p. 66.

ciones del autor. También lo es en *La Fiesta*: "Lugar: Un escenario, o una casa o un parque o el *mezzanine* de un hotel en Miami. Época actual."⁵ Indeterminación en cuanto al tipo de espacio representado, pero no imprecisión geográfica: aludir desde Francia a Miami es elegir el paradigma del exilio cubano, de la Cuba de afuera. En *El Último día del verano* se van borrando las referencias: "Escenario: una playa. Época: intemporal". Playas hay en Cuba, en Miami, en Francia. A lo largo de la obra de Triana se ejerce ese constante juego de distanciamiento y confusión, ora en el tiempo, ora en el espacio, que le permite al autor observar a la sociedad desde afuera y desde adentro simultáneamente, es decir, en permanente exilio. Para hablar de la Cuba de hoy, el autor coloca a sus personajes en una cuerda floja, en un espacio fronterizo, de inclusión y exclusión. Tampoco las obras de juventud escapan del fenómeno. La historia en *Medea en el espejo* y *El Parque de la Fraternidad* se desarrolla "hace algunos años": Érase una vez en Cuba... O en Grecia, o en un teatro...

Si ahora volvemos a analizar las obras escritas desde la isla, nos damos cuenta de que, a pesar de ser explícitamente Cuba el decorado privilegiado, éstas asumen una tensión ya no sólo espacial o temporal, sino cultural. *Revolico en el Campo de Marte* ya desde el título echa sus raíces en la capital cubana, aludiendo al célebre parque de La Habana Vieja. Al mismo tiempo, esa comedia de enredos escrita en versos rinde homenaje a las comedias del Siglo de Oro español. Los protagonistas de *Ceremonial de guerra* son los mambises de la guerra hispanocubana, pero la obra no carece de puntos de coincidencia con el *Filóctetes* de Sófocles.⁶ La cubanísima mulata María de *Medea en el espejo* ostenta una doble filiación. José Escarpanter ya subrayó el parentesco de la heroína con la tradición teatral vernácula cubana.⁷ Pero lo que le da a la obra su dimensión trágica es su vínculo con la *Medea* de Eurípides, la constante tensión entre ambos

---

5 José Triana: *La Fiesta*, p. 219.

6 El vínculo intertextual con el original griego se puede vislumbrar sobre todo en la estructura de la obra. El propio Triana subrayó esa intertextualidad en una entrevista concedida a José Escarpanter: "Imagen de una imagen: entrevista con José Triana ", in *Palabras más que comunes. Ensayos sobre el teatro de José Triana*, ed. Kirsten F. Nigro. Boulder 1994, p. 7.

7 "La obra se manifiesta como una renovación del tema de la relación tormentosa de una mulata con un blanco que la traiciona, muy frecuente en el teatro lírico ; recuérdense *Cecilia Valdés* de Cirilo Villaverde, musicalizada por Gonzalo Roig con texto de Sánchez Arcilla y Agustín Rodríguez, y *María la O* de Sánchez Galarraga con música de Ernesto Lecuona. ", José Escarpanter: "Elementos de la cultura afrocubana en el teatro de José Triana ", en *Palabras más que comunes*, p. 39.

referentes que bajo la pluma del crítico Rine Leal fue nombrada pasar
"de la chancleta al coturno".[8] Al fin y al cabo, para José Triana, escribir
es ir de lo propio a lo universal, o de lo universal a lo propio. La sociedad
no se observa desde adentro ni de frente, sino de soslayo. El artista no
practica su arte desde la postura de cualquier ciudadano ; se sitúa justo al
margen, en el exacto lugar que le permite formar parte del objeto representado y excluirse de él lo suficiente como para ejercer una mirada crítica, implacable en el caso de José Triana. En resumidas cuentas, el exilio
no constituye una simple circunstancia biográfica. Es una actitud creativa
y comprometida, practicada ya desde la residencia cubana del escritor.

Varias características de la dramaturgia de Triana pueden estudiarse
según la clave del exilio concebido como principio de observación de la
sociedad y creación artística. La mirada paratópica[9] del artista se traduce
en el plano escénico con una peculiar configuración del espacio, ya no
considerado como decorado o referente geográfico, sino como construcción mental, andamiaje metafórico sobre el cual se apoya la poética
del autor. "Me parece increíble que no te hayas puesto en tu lugar"[10], le
lanza Hilario García a Blanca Estela en *La Muerte del Ñeque*. El decorado
manifiesta en términos espaciales ese desplazamiento insoportable para
el cacique local, representante del poder abusivo: la escenografía representa la escalera que se halla delante de la casa de Hilario, es la frontera
entre el espacio de la autoridad (la casa) y el afuera liberador. "Ponerse
en su lugar" significa, a escala familiar/nacional, quedarse dentro de la
casa/ país: un espacio rechazado por los personajes en estado de rebelión, soportado por los personajes en estado de sumisión.

De igual manera, el sótano de *La noche de los asesinos* constituye, dentro de la casa regida por la autoridad paterna, un espacio de libertad y de
juego expresado en términos de teatro dentro del teatro, un espacio *un-
derground* dentro del espacio oficial, espacio al margen que simboliza la
oposición e interrelación entre el adentro y el afuera: Lalo, Beba y Cuca
se sitúan dentro y fuera de la familia, forman parte de ella al mismo

---

8 Rine Leal: *En Primera persona (1954-1966)*. La Habana 1967, p. 126.
9 Dominique Maingueneau: "Para escribir semejante libro, [...] hay que formar parte
   de ese mundo y no formar parte de él. Formar parte de él para conocerlo, no formar parte de él para pintarlo. Paratopía bien conocida del etnólogo, observador y
   participante", en *Le contexte de l'œuvre littéraire. Énonciation, écrivain, société*. Paris
   1993, p. 58. (La traducción es nuestra. La frase se aplica inicialmente al escritor
   francés Jean de La Bruyère.)
10 José Triana: *La Muerte del Ñeque*, p. 117.

tiempo que se excluyen durante su macabro juego de matar a los padres. El sótano es, a la vez, espacio claustrofóbico y de liberación. Liberación a través del juego de los niños, personajes recurrentes en las obras de Triana: inmersos en la sociedad pero al margen en la medida en que su vida no se halla cabalmente regida todavía por las leyes imperantes en el mundo de los adultos. También están, por ende, adentro y afuera a la vez. En *Palabras comunes,* el afuera representa el espacio del juego y del sueño. Es el Prado adonde Adriana va a juntarse con sus amigas, o el jardín al que Victoria, Alicia, Gracielita y Gastón, cuando niños, van a jugar y conversar fuera del alcance de sus padres. La asimilación del afuera a un espacio de liberación encuentra su expresión paroxística en *Revolico en el Campo de Marte.* El exterior es espacio de fiesta y carnaval. En él se niegan las leyes dictadas por la sociedad. Constituye, según la fórmula de Bakhtine,

> una huida provisoria fuera del modo de vida ordinario (es decir oficial). [...] A lo largo de la fiesta, uno sólo puede vivir conforme a sus propias leyes, es decir las leyes de la libertad.[11]

Tales constataciones con respecto a la concepción del espacio escénico en el teatro de José Triana revelan una predilección por aquellos lugares extracotidianos, marginales, regidos por leyes propias, en los que la sociedad topa con sus propias fronteras. Jardines, parques, solares habaneros, sótanos: espacios fronterizos, dentro de la sociedad y al margen de ella, espacios de exilio dentro del propio país.

> Siempre he pensado que debo expresar en mi teatro los problemas de aquellos hombres que, por alguna razón, dentro de la sociedad ocupan un lugar marginal, o describir con tal fuerza esa marginalidad que toque a todos los sectores de la sociedad.[12]

Esa declaración de José Triana, formulada en 1991, es de comparar con otra, de 1999: "Siempre fui y seré un exiliado."[13] Escribir al margen es escribir desde el exilio, independientemente de la situación geográfica

---

11 Mikhaïl Bakhtine: *L'œuvre de François Rabelais et la culture populaire au Moyen Âge et sous la Renaissance.* Paris 1988, p. 15-16 (La traducción es nuestra a partir de la versión francesa).

12 José Triana: "Entrevista con Christilla Vasserot", en LATR 29, 1 (otoño 1995), p. 119.

13 José Triana: "'Siempre fui y seré un exiliado.' Entrevista con Christilla Vasserot", en ENCUENTRO DE LA CULTURA CUBANA 4, 5 (primavera/verano 1997), p. 33-45.

del autor: una actitud iniciada en Cuba y prolongada en el destierro pari-
sino.

El exilio en José Triana no es ninguna fatalidad ni abandono. Es un
arte poética practicada desde Cuba y exacerbada fuera de la isla. No se
trata sólo de poner en escena personajes socialmente marginados, exiliados, sino de evocar las zonas de marginación o exilio que cada capa de la
sociedad encierra. La fiesta es un ejemplo de ello: un evento en que se
borran las fronteras entre lo socialmente admitido y rechazado, en que
cada personaje es objeto de distorsión, de grotesquización, a la vez falseado y revelado. La recurrencia del motivo de la fiesta garantiza una
continuidad en el teatro de Triana, a pesar de las tres etapas inicialmente
definidas. Es todavía latente en *La Muerte del Ñeque*: los personajes que
evolucionan sobre el escenario no dejan de recordar que cerca (fuera del
escenario) se está desarrollando una sesión espiritista. El espectador oye
los ecos de la ceremonia materializados al principio de la obra por los
Cantos del Orile y al final por „el toque de unas claves, luego las maracas
y el bongó en un ritmo violento".[14] Ahora bien, si tomamos en cuenta los
momentos en que la fiesta es objeto de representación escénica, se nos
imponen tres obras: *Revolico en el Campo de Marte, Palabras Comunes* y *La
Fiesta*, la primera escrita dentro de Cuba, la tercera fuera, en París. La segunda asume la transición de un continente a otro. La fiesta es una escena medular en *Palabras comunes* y en el conjunto del teatro de Triana:
ocupa la totalidad del tercer acto, se ubica exactamente a la mitad de esa
obra. La fiesta constituye pues una temática que mantiene una continuidad dentro de la producción teatral del autor. Cambia el lugar pero siguen las mismas obsesiones.

No es mero juego conceptual considerar el tema de la fiesta como
una manifestación del exilio en el teatro de José Triana. El encontrarse
fuera del país es una variante del hallarse *fuera de sí*. No son inocentes las
palabras que concluyen el tercer acto de *Palabras comunes*, puestas en boca de Victoria cuando ésta decide apartarse del grupo de los cantantes,
"aturdida, enajenada", "¿Adónde estoy?..." [15] El alcohol vale como dis-
fraz o careta, también como espejo. Victoria deja a los demás cantar a coro y se refugia en un exilio interior: el sueño-recuerdo que estructura la
obra entera.

Sin romper con el pacto realista, la dramaturgia de José Triana nos
enseña que la realidad no es la que se manifiesta a la vista de todos. La

---

[14] José Triana: *La Muerte del Ñeque*, p. 128.
[15] José Triana: *Palabras comunes*, didascalia, p. 199.

fiesta es un juego de máscaras tras el cual irrumpe la *verdad*. La frontera que separa lo real de lo imaginario, del sueño o del recuerdo se va borrando. Los personajes pasan de uno a otro "cruzando el puente". La realidad desaparece tras la mentira, se confunde con el sueño, con la locura o con los disfraces del carnaval de *Revolico en el Campo de Marte* o de *La Fiesta*. Al inicio de ésta, las "observaciones generales" precisan:

Pienso esta obra como un desenfadado intento de recrear *personajes y situaciones que en cierta manera están extrañamente vinculados a una parte de la realidad, pero que no es la realidad*, y que si tiene algún contacto con ella, es a través de un *espejo que se deforma* o que impone rostros *al revés* o de la *materia huidiza* que vemos con los ojos ciegos de los sueños.[16]

Con el exilio se borran, paradójicamente las fronteras. El teatro es el territorio en que el pasado se hace presente, en que lo ausente se hace presente. El *aquí* y el *allá* son intercambiables en esa escritura regida por el movimiento. Intentamos así demostrar que para José Triana el exilio no es una circunstancia impuesta a la escritura sino un principio asumido desde la escritura.

Priscilla Meléndez estudia en *La noche de los asesinos* ese

discurso en donde desaparecen las oposiciones de inclusión y exclusión, interioridad y exterioridad, razón y locura [...] para alcanzar la síntesis entre el mundo del sótano y el amenazante espacio exterior.[17]

La dramaturgia de José Triana es la expresión y el soporte de esa comunicación o "hibridez": intercambio de papeles, de lenguajes, mezcla de tiempos y espacios, por medio del juego-teatro.

La constante substitución de un objeto o de un significado por otro consiste en el intercambio de propiedades a partir de una semejanza, que según Paul de Man corresponde a la definición clásica de metáfora desde las teorías aristotélicas sobre la retórica hasta las de Roman Jakobson. (Meléndez 1989: 156)

---

16 José Triana: *La Fiesta*, p. 220. (Nosotros subrayamos.)

17 Priscilla Meléndez: "A puerta cerrada: Triana y el teatro fuera del teatro", en *En busca de una imagen. Ensayos críticos sobre Griselda Gambaro y José Triana*, ed. Diana Taylor. Ottawa 1989, p. 160.

En la obra, el lenguaje de los objetos evidencia el trastorno del orden (social o lingüístico). Funciona en realidad según los principios de la substitución y el desplazamiento: movimientos inducidos por la metáfora en el primer caso, por la metonimia en el segundo. La diferencia entre metonimia y metáfora a menudo se ve asimilada a la distinción entre novela y poesía, considerándose la metonimia como una relación del texto a su referente, como una representación de lo real. Sin embargo, conviene no limitarla a su función referencial: por el continuo desplazamiento que implica, "la metonimia aparece no como el principio organizador de la prosa, sino verdaderamente como el principio disgregador del universo del discurso".[18] Metáfora y metonimia estructuran la dramática de José Triana. "La sala no es la sala. La sala es la cocina. El cuarto no es el cuarto. El cuarto es el inodoro", canta Lalo desplazando los muebles y objetos, significando también la ruptura de la tradicional relación del signo a su referente. La metonimia es en Triana la figura retórica de la perspectiva soslayada, del exilio tal como lo hemos ido definiendo. Ese lenguaje verbal y espacial participa tanto como las idas y vueltas de los personajes entre sueño y realidad, pasado y presente, del "desplazamiento de la visión de un mundo homogéneo para destacar el concepto de otredad". (Meléndez 1989: 161) *Cruzando el puente* puede considerarse así una continuación de *La noche de los asesinos*. Heriberto, doble de Lalo ahora desvinculado de su entorno familiar/nacional, se ha de enfrentar con un juicio, real o imaginario, del cual intenta escapar desdoblándose, volviéndose "el otro", "cruzando el puente".

El espacio en que se desarrolla la obra representa ahora un verdadero escenario de teatro. Ha llegado a su más depurada expresión un recurso presente en toda la obra de Triana: la puesta en escena del teatro comúnmente denominada teatro dentro del teatro. Lalo era un niño que jugaba a ser actor, Heriberto, en *Cruzando el puente*, es un actor: se han borrado las circunstancias que lo han llevado al escenario, haciéndose hincapié en la dosis de esquizofrenia que esa situación supone. La mención del escenario como única referencia espacial no le merma cubanía a la obra. Por el contrario, Matías Montes Huidobro insiste en la recurrente utilización de la técnica del teatro dentro del teatro entre los dramaturgos cubanos, considerando ese recurso un rasgo genuinamente nacional:

su insistente utilización por los dramaturgos cubanos la vuelve motivo casi constante que quizás se deba, al menos parcialmente, a raíces más profundas.

[18] Jacqueline Risset, en *CRITIQUE* 332 (marzo 1974), p. 232.

No olvidemos que el espíritu cubano está lleno de un anhelo constante de dramatización [...]. En cualquier momento nos encontramos al cubano haciendo teatro. (1973: 19)

Por la vía del teatro vuelve José Triana a encontrarse con Cuba desde París, recreando una Cuba no sólo mimética sino delineada en sus rasgos esenciales. Algo similar ocurre en *La Fiesta*. La acción puede acontecer en Miami, nos indica el autor. Pero los personajes son sin duda cubanos, asociándose en ellos la teatralidad y la cubanía:

> JOHNNY [...] La fiesta la ha cuidado a las mil maravillas... El escenario, los reflectores, las invitaciones, los programas, los disfraces... Si Fulana viene con Mengano, Perencejo con Sutanejo, el otro con Mascual, la otra con Masquién... ¡ Del carajo, compadre ! Yo, que pensaba en el disfraz de Robin Hood..., ahora..., de eunuco...[19]

En el escenario ya no se representa una fábula (en el sentido aristotélico de la palabra) sino una obra de teatro. Los personajes han hallado en la teatralidad su cubanía. El espacio teatral establece un *puente* entre dos continentes, dos realidades, o la realidad y el sueño, la realidad y la locura. El escenario es espacio de juego: el de los niños, el de los actores, pero también el juego como articulación, movimiento de una bisagra cuando sobra espacio. En ese intersticio se introduce Triana para observar la sociedad cubana. Sus personajes se mueven en un espacio de fronteras indefinidas, dentro de un permanente abrir y cerrar de puertas. "Cierra esa puerta"[20], gritaba Lalo al inicio de *La noche de los asesinos*. Heriberto así concluye *Cruzando el puente*:

> Usted tiene una puerta. Otra aquí. Otra un poco más acá. Otra un poquito más allá. Y una, ahí, intermedia... Todas esas puertas dan a un mismo laberinto.[21]

El laberinto aquí no es espacio de perdición sino de libertad, de movilidad, es decir juego, teatro. Éste permite pasar las fronteras que la realidad impone: "¡Esto me parece un sueño!... En otras palabras..."[22] En otras palabras, tomar el camino del exilio es romper con lo estático. El

---

19 José Triana: *La Fiesta*, p. 221.
20 José Triana: *La noche de los asesinos*, p. 67.
21 José Triana: *Cruzando el puente*, p. 75.
22 José Triana: *La Fiesta*, p. 221. Esas palabras inaugurales de la obra, puestas en boca de Johnny, son una verdadera declaración de principios.

exilio en José Triana, más que una residencia, es una poética, una actitud que le llevó a elegir su verdadera patria: el teatro.

Obras citadas

Bakhtine, Mikhaïl: *L'œuvre de François Rabelais et la culture populaire au Moyen Âge et sous la Renaissance.* Paris 1988.

Escarpanter, José: „Imagen de una imagen: entrevista con José Triana ", en *Palabras más que comunes. Ensayos sobre el teatro de José Triana,* ed. Kirsten F. Nigro. Boulder 1994.

-----: "El exilio en Matías Montes Huidobro y José Triana", en LINDEN LANE MAGAZINE IX 4 (oct./dic. 1990), p. 61s.

Leal, Rine: *En Primera persona (1954-1966).* La Habana 1967.

Meléndez, Priscilla: "A puerta cerrada: Triana y el teatro fuera del teatro", en *En busca de una imagen. Ensayos críticos sobre Griselda Gambaro y José Triana,* ed. Diana Taylor. Ottawa 1989.

Montes Huidobro, Matías: *Persona, vida y máscara en el teatro cubano.* Miami 1973.

Triana, José: *El Parque de la Fraternidad.* La Habana 1962. [*Medea en el espejo, El Mayor General hablará de teogonía, El parque de la fraternidad*]

-----: *Teatro.* Madrid 1991. [*La noche de los asesinos, Medea en el espejo, Palabras comunes*]

-----: *La Muerte del Ñeque.* La Habana 1964.

-----: *Ceremonial de guerra.* Honolulu 1990.

-----: *Cruzando el puente.* Valencia 1992; tambien en LATR 26, 2 (spring 1993), pp. 59-83.

-----: *El Último día del verano,* obra inédita.

-----: "Ahí están los Tarahumaras", en ENCUENTRO DE LA CULTURA CUBANA 4, 5 (primavera/verano 1997), pp. 21-31.

-----: "La Fiesta", en *Teatro: 5 autores cubanos,* ed. R. Leal. New York 1995, pp. 217-277.

-----: "Revolico en el Campo de Marte", en GESTOS 19 (abril 1995).

Christilla Vasserot: Profesora en la Universidad de Paris III - Sorbonne Nouvelle. **Publicaciones:** *Théâtres cubains, (Anthologie), Les Cahiers,* n° 1. Maison Antoine Vitez-Centre International de la Traduction Théâtrale, Montpellier 1995. Varios artículos sobre literatura y teatro cubano, entre los cuales: "Cuba: chassez le théâtre... il revient au galop", en *Coups de théâtre* 2 (1995), p. 61-89; "José Triana", en *La Licorne - Ecrivains Présents / A quoi jouez-vous ? .* Université de Poitiers, Faculté des Lettres et des Langues, nov. 1995, p. 131-134; "*Electra Garrigó,* de Virgilio Piñera: una obra fundadora del teatro cubano", en *Unión,* La Habana, mayo 1997; "Siempre fui y seré un exiliado", entrevista con José Triana, en *Encuentro de la cultura cubana* 4/5 (primavera/verano 1997), p. 33-45.

Iani Moreno

El exilio fronterizo

There is no stronger bond between Mexico and the United States today than the living and
organic union of the two cultures which exist in the borderlands.
The process by which this union has been affected can never be reversed
for it is a product of the similarity, the oneness, of the environment.
Carey McWilliams: North from Mexico 66.

Más de 150 años han pasado desde la firma del tratado de Guadalupe Hidalgo que les ha causado cambios profundos a los ciudadanos de
ambos lados de la franja fronteriza entre México y EEUU. Los residentes
de este voluminoso terreno pasaron a ser de la noche a la mañana hacia
el norte ciudadanos estadounidenses y hacia el sur ciudadanos mexicanos. Este evento los obligó desde ese entonces a vivir prácticamente en
un estado de perpetuo exilio, donde no son parte de la esfera
hegemónica cultural y política de Washington D.C. o México D.F. Los
territorios fronterizos del norte mexicano y los del suroeste estadounidense geográfica, histórica, económica y culturalmente tienen más
en común consigo mismos que con el resto de sus países. Al analizar el
trabajo teatral de los dramaturgos fronterizos más importantes de los
últimos quince años es posible observar la forma en la cual ellos
presentan este exilio en sus obras. Estos escritores (mexicanos y
mexicano americanos) presentan en sus dramas un espacio nuevo desde
donde describen este territorio. Este plano les permite mostrar su
sensación de no pertenecer totalmente a sus países de nacimiento y de
redefinir estos espacios fronterizos como su único/ país/tierra de origen.

La frontera México-EE.UU. es un territorio que abarca un área de
1,936 millas de largo y 20 de ancho. Se extiende desde el océano pacífico
comenzando por las ciudades de San Diego/Tijuana hasta llegar al golfo
de México a las ciudades de Brownsville/Matamoros. Para algunos hay
cuatro fronteras diferentes dentro de esta frontera: Tijuana-San Diego-
Los Ángeles, Sonora-Arizona, Juárez-El Paso, Región baja del valle del
río Grande-Tamaulipas. (Vila 2000: 6-7) Los tratados de Guadalupe Hidalgo (2 de febrero de 1848) y el tratado de la Mesilla o Compra de
Gadsden (1853) dieron fin a la guerra entre México y EE.UU. en la cual
México le cedió a su país vecino y vencedor un 55% de su territorio en lo
que hoy son los estados de California, Arizona, Nuevo México, Texas,
parte de Colorado, Nevada y Utah. Por su parte bajo los términos del

Tratado de Guadalupe Hidalgo, EE.UU. se comprometió a pagarle a México la cantidad de $15 millones, de proteger la propiedad de todo ciudadano mexicano que decidiera quedarse en territorios ahora parte de la nueva frontera, de vigilar el área fronteriza que ahora sería establecida en el río Grande, de respetar el idioma y las costumbres de las poblaciones hispanohablantes, etc. Las disposiciones no fueron cumplidas por EE.UU.

Esta arbitraria línea fronteriza ha hecho que las personas que originariamente habitaban el área, en contra de su voluntad, se dividieran y subsecuentemente se sintieran foráneas en sus propios países. Esta franja simboliza una pérdida, porque en este territorio es difícil distinguir si los ciudadanos de ambos lados sienten que están en su patria o en el exilio. (Brady 2000: 183) La realidad fronteriza es dupla/híbrida y los nativos de esta área utilizan tres idiomas, castellano, inglés y spanglish[1] para describirla. "Language is a constructor of what we think of as reality." (Kaminsky 1999: XII) Entonces el exilio que las personas de la frontera México-EE.UU. experimentan es dentro de sus propios países donde ellos se sienten marginados. Es un exilio donde las personas ansían el poder ser parte de una comunidad imaginaria (que ya cesó de existir desde 1848), donde el suroeste de EE.UU. y los estados del norte de México forman una unidad cultural diferente, una tercera nación.

En el estudio *Letters of Transit: Reflections on Exile, Identity, Language, and Loss* (1999) André Aciman describe la sicología de las personas exiliadas explicando que cuando ellos ven un lugar están viendo – o buscando - al mismo tiempo otro por detrás. Lo que le hace concluir que los exiliados realizan una retrospección compulsiva de forma instintiva: "With their memories perpetually on overload, exiles see double, feel double, are double" (1999: 13) Esta definición de Aciman se asemeja a la de *Nepantla*,[2] La palabra viene del náhuatl y describe el estado de

---

[1] Muchas personas prefieren usar el término caló (argot callejero mezcla del español y el inglés).

[2] "...Nepantla, finally, and as the history of emergence indicates, links the geohistorical with the epistemic with the subjective, knowledge with ethnicity, sexuality, gender, and nationality in power relations. The ‚in-between' inscribed in Nepantla is not a happy place in the middle, but refers to a general question of knowledge and power. The kind of power relations inscribed in Nepantla are the power relations sealing together modernity and what its inherent to it, namely, coloniality." Walter D. Mignolo: "Introduction: From Cross-Genealogies and Subaltern Knowledges to Nepantla", en NEPANTLA: VIEWS FROM THE SOUTH 1, 1 (Spring 2000), pp. 1-8.

encontrarse "entre culturas" que fue experimentado por los aztecas durante la conquista española. Nepantla. es ese lugar a la mitad del camino, y puede ser utilizado para describir una geografía como la fronteriza (Mora 1993: 5), o ese constante estado mental de sentirse en vilo entre dos culturas. (Anzaldúa 1987: 78)

Los escritores de esta franja presentan en sus obras un nuevo espacio, la frontera, porque estas personas viven "entre culturas" o sea en Nepantla. (Rosaldo 1987: 197; Taylor 1994: 15) Al otro lado describen cómo los moradores de la misma deben de cruzar constantemente fronteras y con ese vaivén construyen nuevos centros culturales, políticos y económicos que desafían a los centros nacionales que siempre han dominado la identidad y la cultura de sus países. Por lo tanto, los individuos se localizan dentro de una zona de peligrosos cruces que estos escritores de los dos lados de la franja fronteriza intentan describir y definir como una "nueva nación".

Con el propósito de dar una voz a sus pobladores se originó la asociación civil TEATRO DEL NORTE, que tiene como metas la organización de coloquios de literatura dramática, y la edición de textos críticos y de creación dramática. La asociación ya organizó tres coloquios sobre la South Border/Frontera Norte en 1997, 1998 y 1999 y publicó el primer volumen de la colección *Teatro del Norte: Antología* (1998). En ella se presentaron por primera vez en conjunto las obras de cinco de los dramaturgos más conocidos de esta área de la frontera norte: Manuel Talavera Trejo (Chihuahua), Enrique Mijares (Durango), Hernán Galindo (Nuevo León), Medardo Treviño (Tamaulipas) y Hugo Salcedo (Tijuana, B.C.).[3] En su teatro, se pueden advertir por lo menos cinco temáticas claras: mitos sobre la fundación de esta área geográfica, héroes de la cultura popular, influencias de Juan Rulfo y Luisa Josefina Hernández, tragedias y teatro multimedia esquizofrénico fronterizo.

Los mitos sobre la fundación de la frontera norte se encuentran en obras como *Bárbara Gandiaga: Crimen y condena en la misión de Santo Tomás* (1995) de Salcedo y *Ampárame Amparo* (1998) de Treviño. La primera obra está basada en una historia real y la segunda en el mito de "la llorona norteña" que busca a sus hijos.

Bárbara Gandiaga es una obra histórica que recrea el ambiente que se vivía en el estado de Baja California en los siglos XVIII y XIX en un lugar

---

3 De los cinco dramaturgos de TEATRO DEL NORTE Hugo Salcedo es el único que no es oriundo del norte de México.

que era dominado por los frailes de las diferentes misiones.[4] La versión oficial de los hechos se enfoca en el violento asesinato en 1803 de Eulaldo Surroca, fraile dominico de la Misión de Santo Tomás, perpetrado por Bárbara Gandiaga. (Salcedo, Telón 55) Doña Bárbara fue la heroína que supo rebelarse en contra de las autoridades opresoras de su época y cuya imagen Salcedo rescata para que sirva de símbolo a los nuevos pueblos oprimidos de México. En el último parlamento de la obra una vieja equipara la lucha de Bárbara con la que en el presente realiza el subcomandante Marcos en Chiapas:

> VIEJA [...] ¡Y que más da llamarse Bárbara o simplemente Marcos! Aquella mujer fui yo o mi hija o mi hermana o todas juntas a la vez pero siempre alguien que actuaba en el tiempo. (63-64)

Por su lado, *Ampárame Amparo* es una obra llena de sentimientos primitivos como venganza, violencia, sufrimiento, sangre y lujuria. En la pieza, el mar y el desierto del norte nutren a los personajes encabezados por la protagonista Amparo. Ella vive una vida llena de tragedias y no es capaz de llorar ni tan siquiera una lágrima por sus propios hijos. Al morir, espera poder llorar por todo el sufrimiento y la pérdida de la gente del norte, recorrer durante las noches todos los ranchos vecinos y dejar que sus aullidos se escuchen desde Vallehermoso hasta Río Bravo.

La Bufadora (1995) de Salcedo y *Los niños de sal* (1994) de Galindo son buenos ejemplos de piezas donde la frontera entre la vida y la muerte es tenue o casi no existe. En *La Bufadora* Salcedo hace mover a sus personajes en un punto marino de gran belleza y fuerza natural en Ensenada, B.C. En la obra una mujer y un hombre se reúnen después de sus muertes en el mismo lugar donde se dice que ella había asesinado un día a su hijo. Los personajes se encuentran ubicados en un espacio donde

> el tiempo y la acción están voluntariamente dislocados para convertir la cita puntual de un hombre y una mujer en el eterno desencuentro de una pareja de fantasmas... (Mijares 1999: 89).

En *La Bufadora* estos dos individuos pueden finalmente conseguir la paz espiritual y reconocer el gran misterio del universo dentro de sí mismos al descubrir que después de sus muertes la fuerza del amor verdadero los continuará reuniendo juntos.

---

[4] Las misiones, jesuitas, franciscanas y dominicas, en Baja California cerraron casi la puerta a la colonización civil.

Niños de sal es otra obra llena de melancolía, está ubicada en un punto marino desconocido de la frontera. Salcedo opina que, con los veinte cuadros que forman la pieza, Galindo compone: "un mural de dimensiones y tonalidades magníficas; una suerte de 'Luvina' rulfiana..." (1999: 47) En ella, los recuerdos de Raúl no lo dejan vivir en paz y lo han hecho convertirse en una figura de sal que se ha ido deformando con el tiempo. Por toda la obra se alternan las conversaciones entre Raúl y su amigo Jonás, uno vivo y el otro muerto, con la mayor naturalidad. Aunque Raúl ansía regresar a México sabe bien que la vida allí es muy dura y concluye: "Es hora de que me vaya a México; esta playa... está llena de fantasmas." (22) Trata de romper las cadenas que lo tienen anclado al pasado, pero sus gruesas capas de sal no le dejan partir y termina petrificándose como una estatua de sal. El embrujamiento de esta área le impide al protagonista reanudar su vida y le obliga permanecer en un estado de Nepantla entre la vida y la muerte.

La aspereza y violencia de la frontera son analizadas en *El viaje de los cantores* (1989) de Salcedo y *Los granos de oro y el resto del tesoro* (1996) de Talavera Trejo. En *El viaje de los cantores* 18 hombres mexicanos mueren asfixiados en un vagón de tren herméticamente cerrado tratando de ingresar ilegalmente a EE.UU. En la última escena de la obra el sacerdote y el coro de mujeres del pueblo dicen que sus muertes van a trascender y cobrar un significado mayor porque ellos simbolizan a los héroes que México pierde cada día.

Para el crítico Peter Beardsell el "cruzar" o el "viajar hacia el otro lado" se puede percibir como una metáfora de la necesidad psicológica de conocerse a sí mismo que es a la vez individual y universal. (1996: 81) El lenguaje poético de la obra incrementa la angustia y tragedia explicando desde muchos puntos de vista el por qué tantos realizan este viaje cada día.

Por su parte, *Los granos de oro y el resto del tesoro* cuenta otro incidente atroz donde dos ladrones (Fermín y el Sapotoro) le roban a una viejita "los granos de oro". Después de torturarla Fermín termina matándola. Luego su conciencia no lo deja vivir. A la cárcel llegan los fantasmas de sus víctimas para amenazarlo. Esta pieza presenta una crítica fuerte a la triste situación a la que se ha llegado en muchos puntos urbanos del país.

Selena: La Reina del Tex-Mex (1999) de Salcedo y la trilogía *¿Herraduras al centauro?* (1997) de Mijares presentan a héroes de la cultura popular norteña y chicana. Salcedo usa por primera vez como protagonista en sus obras a un personaje chicano, la joven cantante

Selena Pérez Quintanilla.[5] En la obra, Selena, logra su "cross over
dream" y es aclamada por su gente, pero lo consigue irónicamente
solamente después de su muerte. Al igual que los personajes de estas
obras, los hispanos de EE. UU. y los que viven en las áreas fronterizas
son obligados a cruzar continuamente fronteras geográficas, políticas y
culturales. Salcedo crea en esta obra visiones alternativas que permiten
observar estos mundos fronterizos. En el caso de Selena, su música evoca
las complejidades de la identidad mexicoamericana. Los ritmos de la
música crean una realidad fronteriza auténtica utilizando lo que José
Saldívar define como "a counterpoetics of aesthetics resistance and
cultural critique." (1997: 58) Históricamente, estos diferentes tipos de
música, el conjunto, los corridos y la orquesta tejana, han sido claros
símbolos de las diferencias culturales de la gente de origen mexicano y
norteña de ambos lados de la frontera.

El "cross over", en la situación de Selena, significó cruzar el espacio
metafórico hacia lo dominante pero sin olvidar a su gente y sus raíces. En
la obra el padre de Selena, Abraham Quintanilla, describe en términos
muy religiosos la misión de él y su hija:

> ABRAHAM *entra sigiloso* Pero como Abraham, soy temeroso de Dios y no he re-
> tenido su voluntad ni la de mi hija, la que más quiero. Porque obedezco y
> porque quiero ser el padre de una muchedumbre de naciones frescas, nacio-
> nes que dejen evolucionar libremente su lenguaje para que canten sus cantos
> con un compás distinto, un ritmo de frontera. Dios todopoderoso me dijo:
> ,Vete de tu país y de tus parientes y de la casa de tu padre al país que yo te
> mostraré', y entonces fue cuando viajamos hacia el norte, cruzando el desier-
> to igual que el padre Abraham lo hizo: de Canaán a Betel. De Betel a Egipto.
> Así también nosotros: De Linares a Lake Jackson, y de allí a Corpus Christi.
> (144)

En esta cita de la obra se habla de la mítica fundación de un nuevo
territorio.[6] Los chicanos y los norteños son el pueblo escogido.

---

5 Selena Pérez Quintanilla (1971-1995) era una famosa cantante tex-mex que fue asesinada en la cúspide de su éxito profesional por la presidenta de su club de admi-
   radoras (Yolanda Saldívar). Selena preparaba un album para lograr su "cross
   over" al mercado anglo de EE.UU.
6 Parece que Salcedo se refiere a la región mítica de Aztlán. Dice Stavans que de los
   latinos que tienen sangre mestiza y que viven en EE.UU. seis de cada diez "creen
   tener derechos ancestrales a la posesión de la tierra que queda al norte de la frontera. Nuestra vuelta a la perdida Canaán, la tierra prometida que mana leche y
   miel, en oleadas sucesivas de inmigración como espaldas mojadas y como empre-

Las obras de Enrique Mijares muestran también características propias de la cultura popular. En las tres obras de la trilogía *¿Herraduras al centauro?*, *Perro del mal, vivo o muerto* y *Manos impunes*, Villa/Arango se fabrica y presenta una imagen que es copia de las cualidades de los héroes de los mitos clásicos pero adaptada a su situación específica del norte de México y la Revolución Mexicana. Es importante recalcar que las cualidades de la "imagen" de este héroe/bandido son bastante negativas, hay en ellas falsificación, aspereza, substitución y mucha vulgaridad. Todos los detalles más típicos de su vida son totalmente calculados como lo son su manera de vestirse, hablar y actuar. [7]

En cierta escena de gran violencia de *Perro del mal*, Doroteo Arango es súbitamente interrumpido por un director "con acento gringo" que "imparte órdenes al staff":

> DIRECTOR ¡Cooorte! ¡Faltan miradas de fiera! ¡Pelo crespo como un león! ¡Ojos sanguinolentos!
> [...]
> *Jalándose los cabellos.* ¡Corte, corte! *gritando hacia donde Doroteo salió* ¡Despacio, señor Arango, despacio por favor! ¡La cámara no puede captar así rápido a la fiera! ¡Mejor sentado aquí, por favor! (28-29)

Es irónico que en esta escena sea un director de Hollywood el que está manipulando la historia de Arango para fabricar al "Mexican Robin Hood." El mismo director también decide filmar la escena dos veces y con finales totalmente diferentes con el propósito de encontrar la que cause más impacto, sugiriéndose con esto que Pancho Villa y la Revolución Mexicana les sirvieron a sus vecinos del norte como entretenimiento. Dice Claire Fox que desde el punto de vista de EE.UU. la Revolución era simplemente un drama y los soldados luchando en ella meros actores (1999: 83-89).

Además de los escritores del TEATRO DEL NORTE, otros dramaturgos escriben sobre su experiencia de haber crecido entre culturas. Este es el caso del artista de arte performance, poeta y dramaturgo Gerardo Nava-

---

sarios de ingreso medio, debe mirarse como el cierre de un ciclo histórico." (1999: 22)

[7] Pancho Villa adquirió una reputación heroica/diabólica tanto en México como en EE.UU. Es bien sabido que muchas de sus luchas fueron coreografiadas para las cámaras y que Villa firmó un contrato exclusivo con la Mutual Film Corporation por $ 25,000.00 que le permitía filmarlo mientras luchaba. Para más información ver el libro de Claire F. Fox: *The Fence and the River: Culture and Politics at the U.S.-Mexican Border*. Minneapolis 1999.

rro (Tijuana/San Diego), el cual presenta en *Hotel de Cristal* (1997) y
Schizoethnic (1996) el confuso estado de Nepantla. En estas obras sus personajes son individuos esquizofrénicos que aman y odian su situación de
vivir en una zona de frontera. A diferencia de los escritores anteriores,
que escriben sus obras totalmente en español (con algunas frases en
inglés), Navarro escribe en español, inglés y spanglish.

Hotel de Cristal[8] está escrita en spanglish y presenta a dos personajes,
el Gringo (un mexicano americano) y el Morro (un tijuanense) dialogán-
do en un lugar sórdido donde reinan la violencia, las drogas, y el odio y
los orines. En un momento inesperado el Morro decide sacrificar al
Gringo en una terrible ceremonia caníbal por estar cansado de tener que
soportar el aire de superioridad del Gringo. La originalísima *Schizoethnic*
escrita en inglés, muestra gran experimentación teatral. En ella un único
actor debe dividirse en dos y hacer el papel de Víctor (un mexicano) y
William (un anglo). Su mente, cultura, idioma y hasta su forma de vestirse y moverse están divididas. Mijares concluye que la obra de Navarro:

> ...encarna la reflexión de quienes, como él, se mueven en el caos, de Los Ánge-
> les a Ensenada, de Mexicali a San Isidro, a San Diego, a Tijuana, a San Francisco
> [...] es quizá el texto donde mejor se expresa la preocupación dominante de este
> dramaturgo de la caosofía fronteriza. (1999: 103-104)

Navarro en sus obras exhorta a otras personas, que como él viven en
Nepantla, a buscar su propia voz en estos dos mundos que están en
choque constante.

Semejante al Teatro del Norte, las obras de los dramaturgos
chicanos han sido montadas por compañías teatrales por todo EE. UU.
Escritoras chicanas como Cherríe Moraga, Josefina López y Edit
Villarreal han cobrado gran fama por explorar en sus obras temas sobre
la adaptación de los chicanos a la vida en EE.UU., el papel de la mujer y
el hombre en estas comunidades y la recuperación de su cultura ancestral. El escenario de sus obras es casi siempre la ciudad de Los Ángeles
(nuevo centro de la inmigración en EE.UU)[9] y el idioma en que ellos se

---

8 *Hotel de Cristal* es una obra en un acto producto del PRIMER TALLER DE DRAMATURGIA
   TEATRAL del estado de Baja California que fue auspiciado por CAEN (Centro de
   Artes Escénicas del Noroeste) en 1996.
9 El tercer mundo no termina en las ciudades fronterizas al sur del río Grande y Los
   Ángeles también forma parte de esta frontera porque es técnicamente la segunda
   capital de México con una población mayor que la de las ciudades de Guadalajara
   y Monterrey juntas. Para mayor información ver el libro de Ilán Stavans: *La condi-*

expresan es el inglés acompañado de palabras en español (muchas de estas piezas incluyen glosarios). Otros escritores y grupos chicanos como CULTURE CLASH, LATINS ANONYMOUS y Carlos Morton, prefieren presentar estos mismos temas por medio de la comedia y la sátira política. Dice el crítico chicano Jorge Huerta que aunque los chicanos tienen sus raíces en México, sus obras se enfocan en la diáspora de los mexicanos que emigraron a EE.UU. A su manera de ver, el suyo no es tanto un teatro de exilio sino más bien de restablecimiento y negociación de cómo sobrevivir en una sociedad hostil. (1994: 39) Yo opino que estos escritores en sus obras incluyen ambos sentimientos de exilio y diáspora.

En las piezas escritas por chicanas, se presentan mujeres méxico-americanas de varias generaciones en espacios considerados "femeninos" como la casa, la cocina, las fábricas de prendas femeninas, etc. Los personajes femeninos son perseverantes y luchan por poder librarse del yugo de la sociedad machista en que viven. Son estudiantes universitarias, amas de casa, empresarias, artistas y militantes políticas. En cambio, los personajes masculinos tienen características débiles y/o negativas: *Shadow of a Man* (1992) de Moraga, es quizás el mejor ejemplo. De los tres personajes masculinos de la pieza solamente uno, Manuel, tiene un papel de importancia, pero trágicamente termina suicidándose. Ellas, en cambio, se encuentran en diferentes etapas de adaptación a la vida de EE.UU. Unas son ciudadanas de EE.UU. desde hace varias generaciones como Hortensia y su familia en *Shadow of a Man*, Marta Feliz y su abuela en *My Visits with MGM (My Grandmother Marta)* (1992) de Villarreal. Otras son trabajadoras ilegales o nuevas residentes legales como en las dos obras de López[10] *Simply María or the American Dream* (1991) y *Real Women Have Curves* (1988).

También se observan aquí las diferentes líneas fronterizas que se deben cruzar cada día. En *Simply María* hay una escena donde se muestra a Ricardo, el padre de María, cruzando la frontera ilegalmente. En esta misma escena la Estatua de la Libertad recibe de brazos abiertos a inmigrantes procedentes de Europa mientras que captura a los de descendencia mexicana. En *My Visits with MGM*, Juan, el abuelo de Marta Feliz, un chicano agente del INS (Immigration and Naturalization Ser-

---

ción *Hispánica: Reflexiones sobre cultura e identidad en los Estados Unidos.* México 1999.

[10] Josefina López es la dramaturga latina a quien le montan más obras en EE.UU. porque sus obras no atacan del todo a la estructura del poder de los EE.UU.

vice), reflexiona sobre la arbitraria línea que mantiene a gente de su misma raza separada:

> You know what? There's no difference between an apple from this side of the border and an apple from the other side of the border. And anyone who's afraid of Mexican bugs better forget it. And you know why? Because the pinche bugs all came over here BEFORE there was a border. (162)

Estas escenas sirven para reafirmar las ideas expresadas por Carey McWilliams sobre la inmigración. Él dice que la mayoría de estadounidenses creen que para los europeos la inmigración significaba una separación, un cruce, una transición abrupta. Pero los inmigrantes mexicanos raramente se han aventurado más allá del círculo de influencias hispano fronterizo del suroeste. Han sido atraídos a la frontera México-EE.UU. por un sentimiento de continuidad de un medio ambiente que les es familiar. Por las razones expuestas los mexicanos nunca han emigrado al suroeste de EE.UU., simplemente han regresado. (1990: 62)

En las obras escritas por chicanas, los personajes más viejos o los inmigrantes más recientes intentan preservar su idioma y cultura sin ceder fácilmente a las nuevas influencias de los anglos. Vienen a vivir a EE.UU., pero sienten que aún están en el exilio. La tía Florinda de la obra *My Visits with MGM* se vuelve fanática religiosa y enloquece después de pasar por la traumática experiencia de cruzar la frontera y tener que vivir en una nueva cultura. Las trabajadoras de la costurería de Estela en *Real Women have Curves* corren a sacar su tarjeta verde y se esconden cada vez que hay un carro del INS cerca. Dudan que este documento las pueda diferenciar de otros de su mismo país que son indocumentados.

Por otro lado, los personajes femeninos más jóvenes y nacidos en EE.UU. desde ya hace varias generaciones dicen que el mantener su cultura, dignidad y libertad es un asunto personal que cada chicano debe poder resolver por si mismo. Por eso la protagonista María de *Simply María* concluye que debe dejar la casa de sus padres para realizarse como persona según explica en una carta que les deja:

MARÍA "Dear mamá and papá. Last night I heard everything. Now I know that your idea of life is not for me - so I am leaving. I want to create a world of my own. One that combines the best of me. I won't forget the values of my roots, but I want to get the best from this land of opportunities. I am going to college and I will struggle to do something of my life. You taught me everything I needed to know. Goodbye."

GIRL 1 Los quiero mucho. Nunca los olvidaré.

GIRL 2 México is in my blood...

GIRL 3   And America is in my heart.
MARÍA   „Adiós." *Fade out.* (141)

Las protagonistas para saber quienes son deben tener la libertad de salir de sus mundos y enfrentarse a la sociedad dominante. Solamente entonces y con esta nueva perspectiva podrán reincorporarse a sus comunidades chicanas esparcidas por EE.UU.

Lo burlesco, satírico y caricaturesco está presente en otras obras escritas por grupos de creación colectiva comò CULTURE CLASH[11] y LATINS ANONYMOUS o de dramaturgos como Carlos Morton[12]. Sus obras usan temas que les interesan a las comunidades chicanas y latinas porque no hay un intento de separar a los diferentes grupos de descendencia hispana de EE.UU. sino de unirlos. Ellos juegan con los estereotipos para desenmascarar a la maquinaria hegemónica angloamericana que los ha usado por tanto tiempo para apaciguar a este grupo minoritario sin representarlos. Esta gama de estereotipos negativos en contra de los chicanos y latinos es extensa: El mexicano/latino tonto, perezoso, ilegal, violento, salvaje, apasionado y de raza inferior con su sombrero y el cactus, las mujeres sensuales y los hombres machistas. En fin, en las piezas *The Mission* (1990) y *A Bowl of Beings* (1992) de CULTURE CLASH; en *Latins Anonymous* (1996) y *The La La Awards* (1996) de LATIN ANONYMOUS; en *Rancho Hollywood: Sueño de California* (1999) y *Johnny Tenorio* de Morton se puede observar una extensa combinación de personajes estereotipados encabezados por "el peón huevón," "Frito Bandido," "Zorro Porro," Cantínflas, "Bato Loco" y "Wetback". En este caso, la comedia satírica puede, por debajo de la risa, acarrear con golpes punzantes y rápidos este mensaje. Pero muchos critican este método porque creen que solamente sirve para perpetuar ideas que ya se tienen de los chicanos y los latinos en la versión oficial del país.

La historia de los chicanos es otro de los temas abordados por Carlos Morton y CULTURE CLASH. En *Rancho Hollywood, The Mission* y *Bowl of Beings* sus autores tratan de presentar un punto de vista revisionista sobre la conquista española y subsecuente colonización estadounidense de los territorios que fueron parte de México. Estos autores desenmascaran los mitos románticos y bucólicos que los nuevos coloni-

---

11 Fundado en 1984, CULTURE CLASH tiene como premisa mostrar a culturas en transición que se encuentran en oposición, y al mostrarse esta resistencia esperan poder acercarlas. Sus comedias satíricas transforman el estilo Vaudeville en un arma política.
12 Con Luis Valdés son los autores chicanos más montados en EE.UU.

zadores de esta área crearon (los frailes y sus misiones franciscanas, las damas y caballeros españoles) después de 1848 para legitimar su adquisición de estas tierras.

En estas obras se presenta una región, la frontera México-EE.UU., en la que cada día toma lugar una lucha simultánea entre su asimilación por la cultura prevaleciente de los EE.UU. y la retención de sus voces autóctonas fronterizas. Las obras norteñas establecen a nuevos héroes y mitos de la fundación de la frontera norte y muestran lo mágico y embrujador de esta región, además de reflejar el sufrimiento de la vida en la frontera. Otras piezas presentan los cruces fronterizos vistos desde muchos puntos de vista y gradualmente la división misma del individuo bajo muchas realidades.

A su vez, dándose cuenta que su trabajo como dramaturgo es presentar las voces de esta minoría olvidada por el cine, la radio, los periódicos y las revistas estadounidenses, el dramaturgo chicano contemporáneo presenta su visión de este maravilloso territorio denominado South Border.

El exilio histórico, geográfico y social que se ha recorrido en estas páginas por los territorios de la franja fronteriza entre México y EE.UU. ha servido para reconocer que los dramaturgos de la frontera norte/ South Border, crean un territorio discursivo independiente y original que con el nombre de Nepantla encontró una definición vigente.

Obras citadas
Aciman, André, ed.: *Letters of Transit: Reflections on Exile, Identity, Language, and Loss.* New York 1999.
Aguirre Bernal, Celso: *Breve historia del estado de Baja California.* Mexicali [¿1996?]
Anzaldúa, Gloria: *Borderlands/Lafrontera: The New Mestiza.* San Francisco 1987.
Beardsell, Peter: "Crossing the Border in Three Plays by Hugo Salcedo", en LATR 29, 2 (Spring 1996), pp. 71-84.
Brady, Mary Pat: "The Fungibility of Borders", en NEPANTLA: VIEWS FROM SOUTH 1,1 (Spring 2000), pp. 171-90.
Fox, Claire F: *The Fence and the River: Culture and Politics at the U.S.-Mexico Border.* Minneapolis 1999.
Galindo, Hernán: "Los niños de sal", en *Teatro del Norte: Antología.* Tijuana 1998.
Gómez Peña, Guillermo: "The Multicultural Paradigm: An Open Letter to the National Arts Community", en *Negotiating Performance* (Taylor, Villegas 1994), pp. 17-29.
Hernández, Mark A.: Entrevista telefónica. 6 de agosto, 2000.

Huerta, Jorge: "Looking for the magic: Chicanos in the mainstream", en *Negotiating Performance* (Taylor, Villegas 1994), pp. 37-48.

Kaminsky, Amy: *After Exile: Writing the Latin American Diaspora*. 1999.

Leschin, Luisa, Franco, Cris, et al.: *Latins Anonymous: Two Plays*. Houston 1996.

Liera-Schwichtenberg, Ramona: "Crossing Over: Selena's Tejano Music and the Discourse of Borderlands", en *Mapping the Beat: Popular Music and Contemporary Theory*. Malden 1998, pp. 205-218.

Lloyd, David: "The Recovery of Kitsch." Online. Internet. 5. 11. 1999.

López, Josefina: *Real Women Have Curves*. Woodstock 1996.

-----: "Simply María or the American Dream", en *Shattering the Myth: Plays by Hispanic Women*, ed. Linda Feyder. Houston 1992

Martínez, Oscar J., ed.: *U.S.-Mexico Borderlands: Historical and Contemporary Perspectives*. Wilmington 1996.

McWilliams, Carey: *North from Mexico: The Spanish-Speaking People of the United States*. New York 1990.

Mignolo, Walter D.: "Introduction: From Cross-Genealogies and Subaltern Knowledges to Nepantla", en NEPANTLA: VIEWS FROM THE SOUTH 1, 1 (Spring 2000), pp. 1-8.

Mijares, Enrique: *¿Herraduras al centáuro?* Monterrey 1997.

-----: "Manos impunes", en *Teatro del Norte: Antología*. Tijuana 1998.

-----: *La realidad virtual del teatro mexicano*. México 1999.

Milleret, Margo: "Girls Growing Up, Cultural Norms Breaking Down in Two Plays by Josefina López", en GESTOS 13, 26 (noviembre 1998), pp. 109-125.

Montoya, Richard; Salinas, Ric; Sigüenza, Herbert: *Culture Clash: Life, Death and Revolutionary Comedy*. New York: Theatre Communications Group, 1998.

Mora, Pat: *Nepantla: Essays from the Land in the Middle*. Albuquerque 1993.

Moraga, Cherríe: "Shadow of a Man", en *Shattering the Myth: Plays by Hispanic Women*, ed. Linda Feyder. Houston 1992.

Morton, Carlos: *Rancho Hollywood y otras obras de teatro chicano*. Houston 1999 (Introducción Víctor Hugo Rascón Banda).

Navarro, Gerardo: "Hotel de Cristal", en *Vicios privados: Antología*. Tijuana 1997.

-----: *Schizoethnic*. 1996, ined.

Rosaldo, Renato: *Culture and Truth: The Remaking of Social Analysis*. Boston 1989.

Salcedo, Hugo: "La bufadora", en YUBAI 4, 16 (oct.-dic. 1996), pp. 18-27.

-----: „Dramaturgia en el norte de México", en TIERRA ADENTRO 97 (abril-mayo 1999), pp. 45-48.

-----: "Selena: La Reina del Tex-Mex", en *Teatro de frontera 2*. Durango 1999, pp. 123-153.

-----: *El viaje de los cantores*. México 1990.

Saldívar, José David: *Border Matters: Remapping American Cultural Studies*. Berkeley 1997.

Stavans, Ilán: *La condición hispánica: Reflexiones sobre cultura e identidad en los Estados Unidos*. México 1999.

Taylor, Diana; Villegas, Juan: *Negotiating Performance: Gender, Sexuality and Theatricality in Latin/o America*. Durham 1994.

Treviño, Medardo: *Teatro*. Durango, México 2000.

Vila, Pablo: *Crossing Borders, Reinforcing Borders: Social Categories, Metaphors, and Narrative Identities on the U.S.-Mexico Frontier*. Austin 2000.
Villarreal, Edit: "My Visits with MGM (My Grandmother Marta)", en *Shattering the Myth: Plays by Hispanic Women.*, ed. Linda Feyder. Houston 1992.

Iani Moreno: Doctorado de la Universidad de Kansas, profesora en la universidad Salve Regina de Newport, USA; especializada en teatro latinoamericano.
Publicaciones: Ensayos sobre teatro latinoamericano: Sabina Berman, Maruxa Vilalta y otros autores.

Uta Atzpodien

El espejo trizado:
Las figuraciones como pasos fronterizos
del diálogo cultural[1]

Si se entiende la cultura como un entramado cambiante de manifestaciones sociales, hay que admitir que la complejidad e interdependencia de los fenómenos sociales y estéticos generales se repercuten también en los procesos individuales y colectivos de la génesis de la identidad. La metáfora del "espejo trizado"[2] dice mucho acerca de este concepto de cultura, puesto que, por una parte, refleja la necesidad de autocomprensión y, por otra, la falta de uniformidad de la mirada refractada. Desde los años 50 los *cultural studies*[3] abordan esta pluralidad y la interdependencia entre cultura y sociedad, oponiéndose a los conceptos tradicionales de cultura, que buscan una homogeneización hacia adentro al tiempo que se delimitan hacia fuera. Su visión de la cultura incluye las complejas estructuras de poder que la determinan y exige una contextualización a tono con el carácter abierto y procesal del fenómeno cultural.

Tal enfoque parece ser especialmente importante para las constelaciones interculturales y el diálogo entre distintas culturas. Sólo hoy, gracias a los flujos migratorios en el mundo globalizado, el debate sobre el choque intercultural ha pasado a ocupar el centro del interés público. Sin embargo, la importancia de la temática se remonta cuando menos al colonialismo.

Las siguientes reflexiones sobre el concepto de "figuración" se proponen contribuir a la percepción de la cultura como un sistema en perpetua transformación. En la medida en que parten del carácter de construc-

---

1   Esta ponencia fue leída en el Simposio "[FIGURATION]. Ästhetik und Struktur" del Colegio de Graduados "Theater als Paradigma der Moderne" (Mainz, 26.-28. 4. 1999) y publicada en *Figuration. Beiträge zum Wandel der Betrachtung ästhetischer Gefüge*, eds. Bettina Brandl-Risi; Wolf-Dieter Ernst; Meike Wagner. Serie: *Intervisionen: Texte zu Theater und den anderen Künsten*, vol. 2. Ed. Christopher Balme; Markus Moninger. München 2000.

2   El sociólogo chileno José Joaquín Brunner emplea esta metáfora en su definición de cultura y la asocia al proceso de formación de la identidad, que a su vez remite a Lacan y Bacon. Véase José Joaquín Brunner: *Un espejo trizado. Ensayos sobre cultura y políticas culturales*. Santiago de Chile 1988, p. 15 y sigs.

3   Véase Karl H. Hörning; Rainer Winter (eds.): *Widerspenstige Kulturen. Cultural Studies als Herausforderung*. Franfurt/Main 1999.

to de la cultura, reflejan también los aspectos teatrales del diálogo intra- e
intercultural. En este contexto el concepto de figuración parece presentarse como un método dinámico que, por un lado, se define por su carácter procesal y, por el otro, por su indisoluble relación con la figura.
Si se intenta deslindar ambos conceptos, entonces la figuración tematiza el cambio constante, mientras que, con sus claras formas y sus límites, la figura representa un producto, una toma momentánea y un caso
especial de figuración. Por figuración se entiende el proceso de formación de la figura, el proceso de transformación o traducción. Si la figura
se define por sus límites, la figuración lo hace por la permanente transgresión de fronteras, por la combinación transfronteriza.
Al subrayar la figuración - según esta lectura - la constante negociación entre fronteras y pasos fronterizos, se desmarca del fenómeno de la
hibridez,[4] que - constantemente discutido por las teorías culturales - alu-
de a la combinación de elementos heterogéneos, centrando la atención no
tanto en los límites como en la coexistencia y combinación de elementos
desiguales. No obstante, ambos conceptos coinciden en diversos aspectos. Además, del ya establecido concepto de hibridez pueden derivarse
reflexiones sobre la "figuración cultural". Ambos, figuración e hibridez
(o "cultura híbrida"), son menos interpretables como un nuevo paradigma de la cultura moderna, caracterizada por la migración y la globaliza-
ción, que como un análisis de la cultura en general.[5]
Como noción originalmente biológica, la palabra "híbrido" designaba comunmente un bastardo, un producto surgido de la combinación de
progenitores con diferentes rasgos hereditarios. Pero el concepto de hibridez aparece también como figura de argumentación de corte racista en
el debate sobre la esclavitud, en la tipología y en textos antisemitas y na-
cionalsocialistas. Sin embargo, en los años 80 la palabra hibridez fue re-
valorizada y pasó a ser un concepto clave de la teoría de la cultura basado fundamentalmente en la teoría de la novela de Mijaíl Bachtin[6], con-

---

4 Para el análisis de la heterogeneidad de los fenómenos culturales existen varios
   conceptos más que ponen el énfasis en distintos aspectos. Por ejemplo: sincretismo, fusión, multiculturalismo, mestizaje, criollización. Véase, entre otras fuentes,
   Christopher Balme: *Theater im postkolonialen Zeitalter. Studien zum Theatersynkretismus im englischsprachigen Raum.* Tübingen 1995, p. 16 y sigs.
5 Véase Hans-Ulrich Reck: *Entgrenzung und Vermischung: Hybridkultur als Kunst der
   Philosophie*, en *Hybridkultur. Medien, Netze, Künste*, eds. Irmela Schneider; Christian
   W. Thomsen. Köln 1997, pp. 91-117.
6 Véase Irmela Schneider: "Von der Vielsprachigkeit zur 'Kunst der Hybridation'.
   Diskurse des Hybriden", en *Hybridkulturen* (Schneider, Thomsen 1997), p. 20 sigs.

cretamente en su concepto de la hibridez orgánica e intencional, histórica y artística de los fenómenos lingüísticos, de la polifonía dinámica del discurso literario. En las teorías culturales se han destacado especialmente por su instrumentación de este concepto y sus aspectos de confrontación dialógica el indio (residente en Inglaterra y Estados Unidos) Homi Bhabha[7] y el argentino (residente en México) Néstor García Canclini.[8] Sin pretender abundar aquí en los detalles y diferencias entre estos pensadores, digamos que para ambos hibridez equivale a un tratamiento de la pluralidad, heterogeneidad y contradicciones de procesos y problemáticas, de situaciones de "tanto lo uno como lo otro", que se contrapone a los métodos esencialistas modernos.

Marcada desde el llamado descubrimiento por las más diversas culturas, tradiciones y épocas, América Latina parece ser un subcontinente paradigmático de la comprensión de la cultura como hibridez y figuración a la vez. Lo cual se pone de manifiesto tanto en su diversidad histórica como en su compleja estructura sociocultural.

En *Culturas Híbridas*, su obra más conocida, Néstor García Canclini califica a esta peculiaridad de América Latina como "heterogeneidad multitemporal" (1989:15) que engendra una nueva conciencia de la identidad caracterizada por saltos y grietas. Esta conciencia se manifiesta igualmente en la ya mencionada metáfora del "espejo trizado", que el sociólogo chileno José Joaquín Brunner (1988: 15) ha escogido como imagen del autodescubrimiento cultural y que remite especialmente a la ubicación de América Latina al margen de la senda europea, a su modernidad periférica.[9] La pluralidad y heterogeneidad de América Latina se refleja en las formas de expresión híbridas de su cultura y se presenta como contexto ideal para reflexionar sobre la noción "figuración.

Partiendo de los "pasos fronterirzos del diálogo cultural", se rebasan a continuación las fronteras de América Latina, aun cuando la cultura latinoamericana siga siendo relevante. Correspondiendo plenamente a lo

---

7 Véase Homi Bhabha: *The Location of Culture*. London/New York 1994.

8 Véase Nestor García Canclini: *Culturas híbridas*. México 1989.

9 Desde los años 80 las teorías culturales latinoamericanas vienen ocupándose del concepto de modernidad, de la revaloración de la "modernidad periférica". La primera vez que tropecé con esta discusión latinoamericana y con *El espejo trizado*, de Brunner, fue a través de los filólogos berlineses Hermann Herlinghaus y Monika Walter: "Lateinamerikanische Peripherie - diesseits und jenseits der Moderne", en *Ränder der Moderne. Repräsentation und Alterität im (post)kolonialen Diskurs*, ed. Robert Weimann. Frankfurt/Main 1997, pp. 242-300.

que García Canclíni denomina "ciencias nómadas" (1989: 15), también el
tipo de análisis es de orientación transfronteriza, puesto que al analizar
el performance combina interdisciplinariamente el enfoque estético con
el sociológico y el teórico-cultural.

El artista y escritor interdisciplinario mexicano-estadounidense Guillermo Gómez-Peña se desenvuelve en los campos del performance, el
periodismo, el video, la radio y la instalación. Él se define a sí mismo
como un *border-artist*,[10] un artista de fronteras y un transgresor de fronteras, tomando como superficie de fricción de su labor artística no sólo la
frontera mexicano-estadounidense sino, en un sentido más amplio, el encuentro y el diálogo entre culturas. Sus textos y performances son famo-
sos en los medios artísticos internacionales - sobre todo los estadounidenses - e incluso han sido objeto de investigación.[11]

En 1992 Guillermo Gómez-Peña concibió, en colaboración con la
performancista y escritora Coco Fusco, el performance *Two undiscovered
amerindians visit Spain* para las festividades madrileñas conmemorativas
del 500 aniversario del descubrimiento de América. La "exposición" de
los aborígenes presuntamente no descubiertos - no anunciada predominantemente como un performance - fue presentada más tarde en distintas localidades, por lo general en museos de Washington, Minneapolis,
Nueva York, Chicago, Sydney, Londres y Buenos Aires. El viaje fue documentado por el video *A Couple in the Cage. A Gautinaui Odyssy* de Coco
Fusco y Paula Heredia.[12]

A continuación, mostraremos cómo este *performance en jaula* aborda
los aspectos teatrales del encuentro colonial e intenta parodiar los estereotipos del pensamiento occidental. ¿En qué medida, al problematizar el
carácter de constructo de las fronteras en el tratamiento de lo culturalmente diferente, el performance se refiere al concepto de "figuración"?

---

[10] Guillermo Gómez-Peña: "A Binational Performance Pilgrimage", en *Warrior for
Gringostroika*. Minnesota 1993, p. 25.

[11] Véase, entre otras fuentes, Diana Taylor: "A Savage Performance. Guillermo Gómez-Peña and Coco Fusco's *Couple in the Cage*", en THE DRAMA REVIEW 42, 2, 158
(verano de 1998), pp. 160-175. Hermann Herlinghaus: "Epilog: Is 'Border' Ordinary?", en *Heterotopien der Identität. Literatur in interamerikanischen Kontaktzonen*,
ed. Hermann Herrlinghaus; Utz Riese. Heidelberg 1999, pp. 277-282.

[12] Mis reflexiones sobre el performance se basan, entre otras cosas, en el video de
Fusco y Heredia, así como en el sugestivo texto de Coco Fusco: "The Other History
of Intercultural Performance", en THE DRAMA REVIEW 38, 1, 141 (primavera 1994),
pp. 143-167.

En el siguiente cuadro biográfico de Guillermo Gómez-Peña y en algunos de sus trabajos y figuras (personajes)[13] artísticas híbridas de los años 80 ocupan el centro del análisis los pasos fronterizos de su arte intercultural y su relevancia para el estudio de la figuración.

Prisionero de la propia imagen especular

La exhibición de culturas extrañas va mucho más allá de los 150 años de historia de las exposiciones mundiales, que siempre han hecho de las muestras nacionales, de la otredad y el exotismo, sus principales atracciones. De esta forma era posible trazar claras fronteras entre "lo propio" y "lo ajeno". Desde el punto de vista actual estas prácticas expositivas de "lo otro" se revelan siempre también como expresión autosuficiente de una pretendida superioridad cultural a la que se han suscrito los intereses de poder, el colonialismo, el imperialismo y el racismo. ¿Un triunfo de la civilización sobre pueblos salvajes o menos civilizados? A su regreso de sus viajes de descubrimiento ya Colón presentó "muestras" indígenas vivas a la casa real española.

A modo de acción de protesta contra los festejos por el 500 aniversario del llamado descubrimiento de América, Coco Fusco y Guillermo Gómez-Peña presentaron el performance *Two undiscovered amerindians visit Spain*. En su texto *The Other History of Intercultural Performance*, Coco Fusco da una explicación del concepto y el trasfondo del performance:

> Nuestro plan era vivir en una jaula de oro durante tres días, presentándonos como amerindios de una isla en el Golfo de México que de algún modo no había sido inadvertida por los europeos hace cinco siglos. Bautizamos a nuestro país natal con el nombre de Guatinau y a nosotros mismos con el gentilicio de guatinauis. Realizábamos nuestras 'tareas tradicionales', que iban desde coser muñecas vuduistas y levantar pesos hasta ver televisión y trabajar con una computadora portátil. Una caja de donativos colocada delante de la jaula indicaba que a cambio de una pequeña contribución yo bailaría (al son de un rap), Guillermo contaría auténticas leyendas amerindias (en un lenguaje ininteligible) y posaríamos con los visitantes ante las polaroides. Dos 'guardas de zoológico' estarían a la mano para hablar con los visitantes (puesto que nosotros no los entendíamos), conducirnos al retrete con cuerdas al cuello y alimentarnos con bocadillos y frutas. En el Museo Whitney de Nueva York añadíamos sexo al espectáculo, ofreciendo palpar auténticos genitales masculinos guatinauis por 5 dóla-

---

[13] En el texto original se juega con la contraposición de Figuration/Figur; en español Figur es personaje.

res. En un panel didáctico había una cronología con los hitos de la historia de los pueblos expositores no europeos. En un segundo panel se podía ver una simulación de un artículo de la Enciclopedia Británica con un falso mapa del Golfo de México en el que figuraba nuestra isla.[14]

Según la impresionante descripción de Fusco, la exposición de los guatinauis estaba conscientemente marcada por la coexistencia de símbolos representativos de estereotipos del "salvaje" (como pintura corporal y muñecos vuduistas) y objetos de la civilización occidental (televisor, aparatosas grabadoras portátiles y laptops). Los paneles didácticos con descripciones de la etnia guatinaui supuestamente extraídas de la *Enciclopedia Británica*, el mapa con la (inventada) isla de Guatinau en el Golfo de México, los comentarios de los guías de museo y el lugar de la representación, debían sugerir al público un contexto auténtico.

Esta situación expositiva se evidencia también en el filme de Fusco y Heredia. La cinta comenta el viaje recogiendo comentarios de espectadores en distintos lugares e incluyendo en la documentación secuencias fílmicas que supuestamente se desarrollan en el monitor de televisión instalado en la jaula. En esto también el filme se diferencia del performance, puesto que convierte a los espectadores con sus comentarios predominantemente ingenuos en los verdaderos protagonistas. Por ejemplo, un hombre se muestra impresionado por la fascinación que despierta el televisor en el guatinaui masculino y está convencido de que el indio no conoce el aparato. En cambio, el performance relacionado con la presencia física pone el énfasis en la ejecución del acto y en la "creación de un efímero suceso único"[15] que provoca la reacción del público aún por producirse. Con este performance que busca la interacción, los artistas miran en cierta forma retrospectivamente al punto cero de las relaciones interculturales. Un punto cero que, sin embargo, ha perdurado hasta fines del siglo pasado y comienzos del actual. En su ya mencionado artículo Coco Fusco incluyó esta exposición performativa del otro (1994: 146-147). Aunque ciertamente el performance no puede interpretarse como una crítica a la etnografía y la etnología contemporáneas[16], no por ello

---

[14] Fusco (1994), p. 145.

[15] Véase Elisabeth Jappe: *Performance - Ritual - Prozess: Handbuch der Aktionskunst in Europa*. München/New York 1993, p. 10.

[16] Véase Barbara Kirshenblatt-Gimblett: "The Ethnographic Burlesque", en THE DRAMA REVIEW 42, 2, 158 (verano de 1998), pp. 175-180.

deja de poner en tela de juicio sus prácticas históricas, como por ejemplo el falseamiento de la etnicidad expuesta.

Sin embargo, lo asombroso es que, a juicio de los artistas y contra sus expectativas, durante la gira de su performance disfrazado de exposición la mitad de los espectadores *no* haya puesto en duda la autenticidad de los aborígenes no descubiertos. Esta inconmovible creencia del público - a pesar de la ya destacada combinación híbrido-absurda de lo exótico con objetos de la vida cotidiana en la civilización occidental - parece revelar hasta qué punto se mantienen en pie las fantasías coloniales. Según Fusco, la acción debía estimular el pensamiento de los espectadores, quienes por el contrario hicieron casi automáticamente de la jaula una superficie de proyección de su propio sub(in)consciente colonial. Entre los numerosos ejemplos de reacciones de espectadores, Fusco destaca también la de artistas, intelectuales y burócratas de la cultura que consideraban incorrecto que no se informase suficientemente al público sobre las verdaderas circunstancias del espectáculo artístico, tildándolo de *reverse ethnography* [etnografía invertida] (1994: 143). Vale decir asimismo que algunos de los espectadores informados encontraron particularmente graciosa la humillación de los actores expuestos, devenidos objetos.[17]

La jaula simboliza los estrechos límites de la estereotipada visión occidental del "otro" exótico, expone los supuestos objetos de museo descontextualizados y los ridiculiza, asumiendo por ende la estrategia del mundo occidental, que desde el colonialismo asocia poder y dominio con trazado de fronteras. Edward Said, uno de los fundadores de la teoría postcolonial, describió acertadamente este fenómeno en su obra *Orientalism*, donde compara el discurso occidental sobre el Oriente con un escenario y equipara la representación del culturalmente otro, o sea, su estereotipación, con personajes teatrales.

> The idea of representation is a theatrical one: the Orient is the stage on which the whole East is confined. On this stage will appear figures whose role it is to represent the larger whole from which they emanate. The Orient then seems to be, not an unlimited extension beyond the familiar European world, but rather a closed field, a theatrical stage affixed to Europe.[18]

---

[17] Véase la descripción detallada que hace Fusco de las reacciones de los espectadores, en Fusco (1994), pp. 143-167.

[18] Véase Edward W. Said: *Orientalism*. New York 1978, p. 63.

Al calcar, e incluso recalcar, en forma chocante las fronteras histórico-culturales, el performance *Two amerindians visit...* pone al descubierto el carácter de constructo de estas imágenes del otro, la artificialidad de las proyecciones occidentales. Con ello trata de conseguir aquello que Said - definiendo las figuras [imágenes] del otro como "enormes esencializaciones caricaturescas"[19] - exige al abogar por una comprensión del carácter de constructo de la historia, el mundo y la identidad. (1993: 325)

En el tratamiento de las imágenes del otro creadas por los discursos de poder occidentales, el performance practica la "figuración" *cultural* y tematiza el cruce de fronteras, dado que juega con las expectativas del público, que espera ver muestras auténticas de otra cultura. Juega igualmente con la contradicción - inherente al teatro y al performance - entre lo real y lo referencial, entre presencia y representación, así como también con la contradicción entre acción política y creación estética. Devuelve al público una imagen especular distorsionada o fragmentaria, invierte los papeles, lo cual se hace particularmente evidente en el video, donde, más que los actores, es el público quien hace las veces de objeto del performance. Con la magnificación, distorsión y fetichización, el viaje performativo de los "dos amerindios no descubiertos" revela líneas fronterizas, las parodia y brinda al público la posibilidad de reconocer hasta qué punto él mismo se halla atrapado en los reflejos especulares de sus propias expectativas, fantasías y ambiciones.

El otro existe dentro de nosotros[20]

Nacido en Ciudad México en 1955 y residente en Estados Unidos desde 1978, Guillermo Gómez-Peña describe su fijación con los pasos fronterizos, por un lado, como resultado de su socialización en una metrópolis latinoamericana como Ciudad México y, por otro, como la impronta de las experiencias de un inmigrante latinoamericano en Estados Unidos. Como ya hemos mostrado al principio, la realidad latinoamericana - extrema sobre todo en las grandes ciudades - está marcada por la heterogeneidad, por un sincretismo entre culturas amerindias, europeas y africanas, por tradiciones preindustriales y tecnologías ultramodernas, por una amalgama de alta cultura, cultura popular y cultura de masas.

---

[19] Edward W. Said: "Figures, Configurations, Transfigurations", en *New Historical Literary Study: Essays on Reproducing Texts, Representing History*, eds. Jeffrey N. Cox, Larry-J. Reynolds. Princeton 1993, p. 320.

[20] Gómez-Peña (1993), p. 19.

En su artículo *A binational performance pilgrimage*, Guillermo Gómez-Peña relaciona este fenómeno latinoamericano específicamente con Ciudad México y lo describe en los términos siguientes:

> From Aztec to post-punk all styles, eras and cultural expressions are intertwined in this mega-pastiche called "el D.F."(Mexico City), and those of us who grew up in such a context developed a vernacular postmodern sensibility with cross-cultural fusion at its core. Through the prism of this sensibility, past and present, pop culture and high culture, politics and aesthetics, rural and urban realities, pre-columbian rite and catholicism are preceived as either logical dualities belonging to the same time and place, or as overlapping realities. (1993: 18)

Esta - según Guillermo Gómez-Peña - sensibilidad típicamente latinoamericana para el pensamiento transfronterizo es transmutada por el artista en impulso hacia la confrontación con su situación personal, con la identidad individual y colectiva del "culturalmente otro" en ese país multinacional que es Estados Unidos. Su "desterritorialización" inicial (1993: 20) como inmigrante sin patria ya-no-mexicano, aún-no-chicano y menos-aún-estadounidense se convierte en una „reterritorialización" (1993: 24), en una apropiación de Estados Unidos como país multinacional y multilingüístico, en reconocimiento y rejuego con su identidad caleidoscópica: mexicano, postmexicano, chicano, chicalango (medio chicano y medio chilango), latinoamericano, transestadounidense, estadounidense y sudaca. Su trabajo busca la sensibilización con el pensamiento transfronterizo, el intersticio o *the space beyond* [el espacio más allá], tal como lo expresa en *the location of culture* el teórico postcolonial Homi Bhabha, influenciado por el trabajo de Guillermo Gómez-Peña:

> The intervening space ‚beyond' becomes a space of intervention.(...) The borderline work of culture demands an encounter with ‚newness' that is not part of the continuum of past and present. It creates a sense of the new as an insurgent act of cultural translation. (1994: 7)

Para Guillermo Gómez-Peña, el performance se ofrece implícitamente como una forma artística que le permite combinar no sólo las más diversas formas de expresión sino también el arte con la realidad cotidiana y la acción política y hacer del género una estrategia de comunicación social.

I crisscross from the past to the present, from the fictional to the biographical.

I fuse prose and poetry, sound and text, art and literature, political activism and art experimentation. (1993: 16)

Al cruzar de México a Estados Unidos en 1978, la frontera se transforma para él en una "herida inflamada". (1993: 23)

> I'm a child of broder crisis
> A product of a cultural cesarean
> I was born between epochs & cultures
> Born from an infected wound
> A howling wound
> A flaming wound
> For I am part of a new mankind
> The Fourth World, the migrant kind
> los transterrados y descoyuntados
> los que partimos y nunca llegamos[21]

Durante muchos años esta frontera binacional real entre México y Estados Unidos, el paso fronterizo real, ocupa el centro de sus performances y acciones políticas. La región fronteriza como "megacontexto de sincretismo y fusión cultural" (1993: 24) Gómez-Peña la utiliza en numerosos proyectos binacionales: trabajos periodísticos y reuniones de artistas e intelectuales de ambos lados de la frontera en forma de un programa radiofónico bilingüe.

Con la fundación oficial del BORDER ARTS WORKSHOP/EL TALLER DE ARTE FRONTERIZO 1985 en San Diego/Tijuana, Gómez-Peña reúne a su alrededor a artistas e intelectuales de ambos lados de la frontera y declara programáticamente "laboratorio intelectual" a la región fronteriza. El grupo discute violaciones de los derechos humanos por parte de la policía de fronteras, imágenes racistas de los mexicanos en los medios de difusión estadounidenses y la política exterior de Estados Unidos con el sur. Con diversos performances o acciones - como por ejemplo una peregrinación con megáfono en zigzag a través de la frontera - intentan funcionalizar localidades políticamente sensibles. Paradigmáticas del trabajo de Guillermo Gómez-Peña son sus figuras (personajes) híbridas. En el performance *El Border Brujo*, del año 1988, aparecen quince personajes diferentes que hablan distintos idiomas: español, inglés, espanglés (*spanglish*) y dialectos. Gómez-Peña adorna a sus personajes híbridos con tra-

---

21 El texto proviene de una de las numerosas voces y figuras del performance *Border Brujo*. Véase Gómez-Peña (1993), p. 78.

jes (camisas de collares aztecas, pantalones cortos de boxeo, chaquetas de piel de leopardo, máscaras de luchadores, penachos indios, etc.) y accesorios (collares de huesos, pollos, ornamentos punk, grabadoras portátiles, látigos, etc.). Acompaña su entrada en escena con fragmentos musicales (cantos gregorianos, música de corridas de toros, cumbias, blues y demás). Se vale de símbolos estereotipados que combina en personajes híbridos aparentemente incongruentes. Otros personajes suyos armados como rompecabezas de identidad son el *Warrior for Gringostroika* (un híbrido de mariachi, *low rider* y pinchadiscos), *El Aztec High-Tech*, el *Mexterminator* o *El Cyber Vato*.

Gomez-Peña combina igualmente elementos contradictorios en sus juegos y creaciones lingüísticas, como por ejemplo en su glosario de *borderismos*:[22]

Aztec High-Tech, el: Artista secreto del performance, pinchadiscos apocalíptico y vendedor intercultural. Adopta también los nombres de Supermojado, The Warrior of Gringostroika y Gran Vato Charro-llero.
Gringostroika: Un movimiento popular continental que aboga por una total transformación económica y cultural del anarcocapitalismo estadounidense.
Pollos colgados, los: En los años 30 era usual que los guardafronteras tejanos (Texas rangers) colgaran a los trabajadores emigrantes, a quienes hasta hoy se les sigue llamando "pollos". Pero se acepta de buen grado cualquier otra interpretación - política, metafísica, erótica o artística - de los pollos colgados en el escenario.

Con sus humorísticos personajes artísticos - no evidentes para todos los espectadores - y la escenificación estética de sus experiencias interculturales, Guillermo Gómez-Peña pretende contrarrestar clichés sociales. La cultura fronteriza es para él un *process of negotiation towards utopia* [proceso de negociación hacia la utopía].[23]

En el curso de la confrontación intra- e intercultural parece importante el momento de la negociación o - tal vez mejor - del diálogo, que desempeña un papel tanto en la hibridez como en la figuración. Homi Bhabha describe semejante negociación o regateo en los siguientes términos:

What is at issue is the performative nature of differential identities: the regula-

---

22 Argot fronterizo. Véase el programa del performance *Borderama* del año 1995.
23 Guillermo Gómez-Peña: "The Multicultural Paradigm. An Open Letter to the National Arts Committee. 1989." (1993: 47).

tion and negotiation of those spaces that are continually, *contingently*, 'opening out', remaking the bounderies, exposing the limits of any claim to a singular or autonomous sign of social difference - be it class, gender or rass. Such assignations of social differences - where difference is neither One nor the Other but *something else besides, in-between* - find their agency in a form of the 'future' where the past is not originary, where the present is not simply transitory. (1994: 219)

Los pasos fronterizos de Guillermo Gómez-Peña, sus personajes híbridos y sobre todo la hasta ahora poco destacada interactividad con el público, son tales formas de diálogo o regateo.

We must realize that all cultures and identities are open systems in constant process of transformation, redefinition and recontextualization. What we need is dialogue, not protection. In fact, the only way to regenerate identity and culture is through ongoing dialogue with the other. (1993: 48)

En uno de los proyectos más recientes (años 90) de Gómez-Peña, hacen su aparición los *ethno-cyborgs* o *mexterminators*[24], personajes artísticos en constante metamorfosis presentados por él y sus colegas del performance. Estos personajes se crean a partir de cuestionarios etnográficos publicados en Internet, que son evaluados y luego "puestos en práctica" por los actores. Poner en práctica conlleva en este caso vestuario, selección musical, manejo del decorado y de objetos. Pero sobre todo implica el tipo de actos ritualizados encarnados por los actores y la forma en que estos interactúan con el público. Los cuestionarios previamente evaluados buscaban imágenes del otro de los estadounidenses, la percepción y proyección de la otredad cultural.

Según la descripción del artista, la "antromorfización estilizada de los propios demonios postcoloniales y alucinaciones racistas ha engendrado un fantasma intercultural" caracterizado por una "dialéctica perversa de la violencia intercultural y de la concupiscencia interracial". (2000: 93)

Los personajes creados por nosotros eran representaciones estilizadas de una inexistente, fantasmagórica identidad chicano-mexicana, proyecciones de los monstruos psicológicos y culturales propios de las personas, un ejército de

---

[24] Gómez-Peña aplica este nombre al "robot asesino sobrehumano de las películas de Schwarzenegger". Véase Gómez-Peña: "Ethno-Kyborgs und genetisch geschaffene Mexikaner (Neue Experimente in der "Ethno-Techno" Kunst)", en *FAMO (FRANKIJA & MASKA)* 1, I (2000), p. 52.

Frankensteines mexicanos que se rebelaban contra sus demiurgos anglosajones. (ibíd.)

Al describir los trabajos de Guillermo Gómez-Peña y sus personajes híbridos, se recurre de manera plenamente consciente al concepto de figura. Porque - aunque híbridas o heterogéneas - se trata precisamente de figuras, de las cuales la "figuración" no puede prescindir en absoluto. Pero los performances mismos tematizan y evocan la "figuración", ya que ésta pone de manifiesto el carácter de constructo de los personajes en su heterogeidad. En fin, los performances practican la figuración y se la exigen también al espectador.

Por tanto, figuración equivale también a reflexión sobre el proceso de producción, a surgimiento de rompecabezas de identidad individuales y colectivos, a juego de posibilidades. Pero la figuración parece revelar algo igualmente acerca de lo no explícito en ese constructo artístico que es el personaje. En tanto que proceso de selección, pone en evidencia la omisión y reclama tanto los contextos culturales como una historiación, el más allá de las fronteras a menudo necesarias para la percepción. Sin pretender contraponer ambos conceptos, digamos que la hibridez subraya lo heterogéneo, el encadenamiento de lo desigual y discontinuo y - quizás por su origen biológico - incluye un trasunto "orgánico". Mientras que el concepto de la figuración enfatiza el carácter procesal del constructo y la permanente transgresión de fronteras.

Las reflexiones sobre la figuración - indisolublemente vinculada a la figura - revelan sobre todo la casi imposibilidad de separar el estudio del teatro y el performance de un análisis teórico-cultural, de una contextualización e historiación.

La mirada en el espejo, engendradora de identidad, está también ligada a la representación, la apropiación y la traducción, conceptos que podrían ser abordados dentro de este contexto. Ninguno de ellos puede prescindir de figuras o límites perceptivos. Pero todos remiten - al igual que el teatro/performance y la cultura - a un proceso creativo y performativo, a la figuración. Sin embargo, la ventaja de una mirada en el espejo excéntrica, periférica, parece residir en su capacidad para realzar los saltos y grietas largo tiempo disimulados en los discursos del poder.

Traducción Jorge A. Pomar

168

Uta Atzpodien

Obras citadas

Balme, Christopher: *Theater im postkolonialen Zeitalter. Studien zum Theatersynkretismus im englischsprachigen Raum*. Tübingen 1995.

Bhabha, Homi: *The Location of Culture*. London/New York, 1994.

Brunner, José Joaquín: *Un espejo trizado. Ensayos sobre cultura y políticas culturales*. Santiago de Chile 1988.

Fusco, Coco: "The Other History of Intercultural Performance", en THE DRAMA REVIEW 38, 1 (T141, primavera 1994), pp. 143-167.

García Canclini, Néstor: *Culturas Híbridas*. México 1989.

Gómez-Peña, Guillermo: "A Binational Performance Pilgrimage", ibíd. *Warrior for Gringostroika*. Minnesota 1993.

-----: "The multicultural paradigm. An open letter to the national arts community. 1989", en *Negotiating Performance*, eds. Diana Taylor; Kuan Villegas. Durham 1994, pp. 17-29.

-----: "Ethno-Kyborgs und genetisch geschaffene Mexikaner (Neue Experimente in der "Ethno-Techno" Kunst)", en *FAMO (FRANKIJA &MASKA)* 1, I. Zagreb/Liubliana, 2000.

Herlinghaus, Hermann: "Epilog: Is 'Border' Ordinary?", en *Heterotopien der Identität. Literatur in interamerikanischen Kontaktzonen*, eds. Hermann Herrlinghaus; Utz Riese. Heidelberg 1999.

-----: Walter, Monika: "Lateinamerikanische Peripherie - diesseits und jenseits der Moderne", en *Ränder der Moderne. Repräsentation und Alterität im (post)kolonialen Diskurs*, ed. Weimann, Robert. Frankfurt/M. 1997, pp. 242-300.

Hörning, Karl H.; Winter, Rainer (eds.): *Widerspenstige Kulturen. Cultural Studies als Herausforderung*. Frankfurt/Main, 1999.

Jappe, Elisabeth: *Performance -Ritual - Prozeß: Handbuch der Aktionskunst in Europa*. München/New York, 1993.

Kirshenblatt-Gimblett, Barbara: "The Ethnographic Burlesque", en THE DRAMA REVIEW 42,2 (T 158, verano de 1998), pp. 175-180.

Reck, Hans-Ulrich: "Entgrenzung und Vermischung: Hybridkultur als Kunst der Philosophie", en *Hybridkultur. Medien, Netze, Künste*, eds. Irmela Schneider; Christian W. Thomsen. Köln 1997, pp. 91-117.

Said, Edward W.: *Orientalism*. Nueva York 1978.

-----: "Figures, Configurations, Transfigurations", en *New Historical Literary Study: Essays on Reproducing Texts, Representing History*, eds. Jeffrey N. Cox; Larry-J. Reynolds. Princeton 1993.

Schneider, Irmela: "Von der Vielsprachigkeit zur 'Kunst der Hybridation'. Diskurse des Hybriden", en *Hybridkulturen* (Schneider, Thomsen 1997).

Taylor, Diana: "A Savage Performance. Guillermo Gómez-Peña and Coco Fusco's *Couple in the Cage*", en THE DRAMA REVIEW 42, 2 (T 158, Sommer 1998), pp. 160-175.

Uta Atzpodien (1968): estudio de literatura comparativa, politología, hispanística y ciencias dramáticas en la Universidad Johannes-Gutenberg en Mainz; trabajo de dramaturgia y asistencia de dirección en Brasil, Chile y Alemania.
Publicaciones: numerosos artículos sobre el teatro brasileño, Brecht, Barba, Müller.

Jens Häseler

¿Voces extrañas en el éter?
Dramas radiofónicos de autores chilenos en la RDA

El drama radiofónico, que aprovecha las ventajas del medio radial y no pretende ser un teatro reducido a las dimensiones del escenario a la italiana o mera literatura leída, es capaz de crear mundos fantásticos a base de voces, ruidos y, ocasionalmente, algo de música. Los elementos portadores de la acción son las voces, ya sea en forma de monólogo o de diálogo, y los ruidos semánticamente cargados. Despojados de toda apariencia corporal visible, los personajes adquieren una mayor expresividad como voces. A diferencia del lector, el oyente de un drama radiofónico no puede sustraerse al ritmo de la acción introduciendo pausas a voluntad. Tiene la impresión de estar obligado a acompañar o seguir a los personajes durante todo el tiempo que dure la pieza teatral, que por término medio es de una hora. Esta intensa participación acústica impuesta por el medio tiene consecuencias dramatúrgicas. Obliga a la concentración y exige de los autores la construcción de un arco de tensión continuo. La ausencia de la dimensión visual del acontecer dramático puede ser aprovechada por los autores para reforzar la tensión.

Los autores chilenos refugiados en la RDA a raíz del golpe militar contra el Gobierno de la Unidad Popular de Allende se valían de géneros artísticos y literarios muy diversos para abordar los cambios políticos y sociales introducidos por el golpe, protestar, adoptar una postura y procesar las traumáticas experiencias existenciales asociadas a estos acontecimientos. En los primeros años posteriores al "golpe" la dimensión política de la literatura – denuncia de los crímenes cometidos por los militares, movilización de la opinión pública y apoyo a la lucha contra la dictadura – ocupaba el primer plano. Posteriormente, al debilitarse la esperanza de un pronto retorno, se fue añadiendo el tratamiento de las experiencias personales en la patria y en el país receptor. El vínculo con el acontecer cotidiano se iba debilitando a la par que aumentaba el afán literario. Mientras que en los primeros tiempos del exilio menudeaban los relatos, poemas y obras de teatro de carácter documental, testimonial, más adelante se ensancha el espectro de géneros literarios empleados. Junto a novelas y películas, aparece un género como el teatro radiofónico con sus propias posibilidades de expresión.

A continuación, analizaremos textos radiofónicos de Carlos Cerda y Omar Saavedra Santis, dos autores chilenos residentes en la RDA que desde comienzos de los años 80 descubrieron en el teatro radiofónico un

nuevo género dramático, asumiendo con ello una tradición literaria que
no se ha perfilado de la misma forma ni en España ni en América Latina.[1] A diferencia de los documentales (features) radiales, que remiten a
acontecimientos y situaciones reales, estos dramas radiofónicos se clasifi-
can como literatura de ficción y abordan temas muy diversos en múltiples "formas narrativas".

Al principio, Carlos Cerda (1942-2001) y Omar Saavedra Santis (nac.
1944) escribieron juntos dos piezas radiofónicas: *Eine Uhr im Regen* [*Un
reloj bajo la lluvia*] (1981) y *Eine Tulpe, ein Stein, ein Schwert* [*Un tulipán,
una piedra, una espada*] (1982). Ambos autores se apoyaban en experiencias literarias que ya habían hecho antes con cuentos y obras de teatro.
Además, el ejemplo de su compatriota Antonio Skármeta, exiliado en
Berlín Occidental, les había llamado la atención sobre las posibilidades
de la dramaturgia radiofónica. Desde entonces, el trabajo para la radio se
convirtió para Carlos Cerda y Omar Saavedra Santis en uno más entre
otros campos literarios intensamente cultivados. Pero, en contraste con
sus trabajos en prosa,[2] hasta ahora sus dramas radiofónicos no han encontrado la merecida atención de la crítica.[3]

Eine Uhr im Regen es un drama policíaco preñado de asociaciones
cuyo argumento devela algunos aspectos de la arbitrariedad y la opresión en una dictadura militar que, como en Chile, puso fin a la reforma
agraria y a las conquistas democráticas. María intenta liquidar con un
matarratas a una supuesta amante de su prometido, pero envenena a tres
escolares inocentes. En el curso de las pesquisas realizadas paralela-
mente por la policía y un reportero radial, una misteriosa pista conduce a
un peón rural que poco antes había tratado de vender el reloj y el anillo
del prometido, un preso político recientemente "puesto en libertad". Finalmente, para librarse él mismo de la sospecha de asesinato y complicidad, el peón lleva al reportero y al comisario a un paraje apartado del
Río Blanco donde había encontrado los cadáveres de presos políticos
"puestos en libertad" y, bajo la lluvia, el reloj de marras. Mientras María
es sometida a juicio, queda completamente en suspenso la cuestión de si
alguna vez se abrirá una investigación sobre este atroz asesinato. Para el
reportero y el comisario se abre un conflicto de conciencia cuya solución

---

1   Nuestro análisis se basa en los textos y no en las producciones, cuyo estudio sería
de indudable interés desde la perspectiva de la historia de la radio.
2   Martina Polster: *Chilenische Exilliteratur in der DDR* [*Literatura del exilio chilena en la
RDA*] (trabajo de máster, Humboldt-Universität, 1996). Marburg, 2001, ofrece un
panorama y resume los trabajos publicados hasta la fecha.
3   En el trabajo de Marina Polster sólo hay una breve referencia a esta actividad como prueba de esta diversidad de géneros, loc. cit., pp. 61-62.

queda pendiente. El relato policíaco, en el fondo banal, adquiere una carga social polarizadora cuando el oyente se entera de cómo los antes expropiados latifundistas gobiernan la aldea a su retorno y los deudos de los "desaparecidos" son víctimas de interminables artimañas. Lo difícil es determinar a quién tal vez hace tiempo que ya se le paró el reloj bajo la lluvia o se le parará en un futuro lejano. De manera que ambos autores debutan en la radio con un enigmático y bien diseñado drama policíaco de fuerte trasfondo político.

En *Eine Tulpe, ein Stein, ein Schwert* se reconocen rasgos esenciales que, pese a todas las diferencias, pueden considerarse igualmente característicos de las demás piezas radiofónicas. Los personajes y la acción se ubican en Chile. Son indicativos de la dimensión dramática, humana, de las consecuencias del golpe de estado de 1973, si bien el tema de la obra va mucho más allá de esta ubicación histórica concreta. Los personajes principales son un profesor de música jubilado, Exequiel Soto, y varios de sus antiguos alumnos. En el Santiago del año 1982, Soto se dispone a emprender el largamente ansiado viaje a Europa. En el aeropuerto tropieza con su antiguo alumno Farias, quien intenta exiliarse en México para escapar de la persecución política de que es objeto en Chile. Ante los ojos del profesor, Farias es arrestado y sacado del aeropuerto. En el último minuto el profesor renuncia a su viaje para poder avisar a la familia de Farias. Buscando a los parientes del secuestrado, encuentra a otros tres antiguos alumnos suyos. El abogado Benzi, en quien había depositado sus mayores esperanzas, resulta ser un frío arribista que trata de impedir una denuncia valiéndose de subterfugios. A diferencia de Salcedo, quien se abre camino en la vida con los más variados y arriesgados negocios y sueña con hacerse agente de conciertos y traer a Chile a Plácido Domingo. Desde las entusiastas clases de Soto, es presa de una fuerte pasión por la música que le da fuerzas y una cierta facilidad para, con suerte y sentido del humor, imponerse en las más absurdas situaciones. Acoge a Soto en su pensión y lo acompaña en la búsqueda. Además, lo pone en contacto con otro condiscípulo: Pérez, un talentoso ex estudiante de filosofía que, como tantos otros jóvenes, tuvo que abandonar la carrera para ganarse la vida como gerente de un restaurante de pescado. Para el profesor, estas vacaciones interrumpidas son un viaje al pasado, un encuentro con el destino de sus alumnos, de cuya vida sin duda había esperado más. Son también un reencuentro con su propia historia reflejada en el espejo de los recuerdos de los demás. La historia de su pasión por la música, de su entusiasmo por Beethoven, que había conservado durante treinta años de magisterio y logrado transmitir a sus alumnos. La renuncia a su gira - un paquete turístico de grandes turoperadores con visitas a centros culturales europeos, souvenirs típicos del país, *un*

tulipán, una piedra, una espada, incluidos - lo lleva de vuelta a su propio
pasado, a revivir aquel desenfadado entusiasmo por el concierto para
violín de Beethoven, cuyo virtuosismo, y sin duda también su humanismo, planteaban un desafío que él no se había sentido capaz de enfrentar
como músico joven. Más fuerte que su desesperación ante el secuestro de
Farias, el oportunismo de individuos como el abogado Benzi y las frus-
tradas vidas de muchos jóvenes, es este hondo y contagioso entusiasmo
por Beethoven, cuyo eco resuena en todos los momentos decisivos de la
acción. En este drama radiofónico, planteado como una tensa búsqueda
de la familia del desaparecido Farias, el profundo humanismo de la música como elemento central de la biografía del profesor y lazo de unión
con sus alumnos es la premisa de la resistencia contra la indiferencia y la
persecución.

    Es indudable que el trasfondo político de ambos dramas despertaba
en los oyentes asociaciones con numerosas obras documentales sobre la
situación en Chile durante los años precedentes. La radio de la RDA había transmitido en la misma serie versiones dramatizadas de relatos de
testigos oculares que abordaban el acontecer reciente.[4] Con una pieza
como *Eine Tulpe, ein Stein, ein Schwert* y - aunque de otra manera - con el
anterior policíaco radiofónico *Eine Uhr im Regen,* vinieron a sumarse
obras de ficción de autores que por su incisivo estilo se distinguían sobe-
ranamente de aquél compromiso por la causa chilena.

    Dos años más tarde la radio de la RDA transmitió un drama radi o-
fónico de Carlos Cerda titulado *Die Zwillinge von Calanda, oder Über einige
Gesetzmäßigkeiten bei der Entwicklung politischer Phänomene* [*Los gemelos de
Calanda, o Sobre algunas regularidades en el desarrollo de fenómenos políticos*].
La acción de esta pieza se sitúa en un "país imaginario de América Latina". La ubicación de los hechos y la caracterización de los personajes se
apoya de antemano en la tipificación. No se puede negar que determinadas asociaciones con su propia patria desempeñaron un papel esencial
para el autor. Ahora bien, en la ficción todo se basa en la generalización y
el reforzamiento parabólico del mensaje. El subtítulo, que recuerda obras
marxistas, apunta al tema de las leyes históricas y establece un contraste
ligeramente absurdo, irónico, con la ficción radiofónica, que trabaja con
personajes concretos y diálogos situativos. En la obra teatral misma, partiendo de una situación inicial aparentemente realista, el autor desarrolla
una reduplicación distanciante de los personajes que convierte la pieza
en una parábola. El esquema de la acción remeda la crónica de un re-

---

4 Vívidamente descrito por Waltraud Jähnichen en "Dem Furchtbaren mit Hoffnung begegnen. Chile im Hörspiel der DDR"[Afrontar el horror con esperanza.
   Chile en el teatro radiofónico de la RDA], en *DDR-Literatur `84 im Gespräch*. Berlín
   1985, pp. 89-108.

portero extranjero que investiga las violaciones de los derechos humanos bajo una dictadura militar. El protagonista Garces, un exiliado de Calanda que escribe para un diario londinense, regresa a su patria con un permiso especial para esclarecer las circunstancias de la desaparición de su padre, un periodista que había criticado al régimen. Garces se aloja en el único hotel reservado para extranjeros, sin huéspedes desde hace años. El tiempo parece haberse detenido, y el radioyente se siente transportado a un ambiente similar a los minuciosamente descritos por Gabriel García Márquez en *Cien años de soledad*. La vida en este hotel desierto - sin comidas ni bebidas para el huésped, con un aparato de aire acondicionado que chirría despóticas canciones de agitación, amén del encierro provocado por el estado de excepción "normal" - es como un breve retrato de la vida bajo una dictadura. El acompañante e interlocutor del periodista es un funcionario gubernamental llamado Robles, quien le entrega los documentos "oficiales" sobre el caso del padre del periodista, desaparecido o supuestamente de viaje en el país vecino. Pero, en conversación con Garces, el acompañante deja entrever un distanciamiento de principios con respecto a este tipo de documentación política. Este contacto oral desencadena un inesperado giro de la acción. Con curiosidad profesional, el periodista sigue y refuerza la actitud distanciada de su "acompañante" con el fin de conocer mejor la vida en Calanda. Robles se refugia cada vez más en una especie de embrollada reserva y se esfuerza por ocultar un furúnculo que le crece rápidamente en el cuello hasta tomar la forma de un huevo. En uno de los encuentros subsiguientes, el periodista nota que a Robles le ha salido una "segunda cabeza" que éste debe ocultar especialmente ante los compatriotas que lo espían. "[...] Ya no es un huevo. Se ha convertido en una cabeza. Tengo dos cabezas, Garces. Soy un fenómeno. [...]."[5] (155) Sintiéndose obligado a dar una explicación, le muestra a Garces material "oficial" sobre esta peculiar enfermedad contagiosa en Calanda:

> ROBLES [...] observe estas fotos. Interesante, ¿verdad? Somos fenómenos con un alto sentido de la moral. Y fenómenos transitorios. Dentro de un par de días mi segunda cabeza habrá desaparecido sin dejar huellas de su efímera existencia. [...] (155)

Atormentado, Robles sigue explicando la naturaleza del doble que está brotando de él: "Entiende y piensa. Eso es lo peor." (155) Pero, mientras al oyente se le hace cada vez más obvio que aquí, como en los

---

5   Cita tomada de *Kein Wort von Einsamkeit. Hörspiele.* Berlín 1986, pp. 139-167. Todas las citas son (re-)traducidas de las versiones alemanas de las piezas, que son las únicas accesibles, hasta el momento.

cuentos de Julio Cortázar, elementos irracionales provocan un efecto de distanciamiento al matizar grotescamente realidades aparentemente normales, Garces no entiende la causa y el alcance del desdoblamiento de la personalidad de su contraparte. Robles jadea constantemente: "... es extremadamente agotador. Él piensa lo que yo no quiero pensar. Y lo peor de todo es cuando le da por hablar."

Garces y Robles siguen discutiendo el problema en términos médicos durante dos secuencias más. ¿Cuál es la evolución de esta "enfermedad" y cómo curarla? Para Garces está claro que se halla frente a un fenómeno de valor periodístico: una epidemia desconocida hasta la fecha. Al cabo de unos días, Robles se ve obligado a ser aún más explícito con su interlocutor para que éste no lo traicione con el personal del hotel:

> La segunda cabeza no involuciona. Todo lo contrario. Se desarrolla. Ya escuchó Usted su primera palabra: "Hermano." Desde la primera noche habló en forma perfecta. Me echó la culpa, me acusó.

Durante una horrible pesadilla, su "hermano" se separa de Robles, o sea, es "parido". Incluso ahora Robles sigue tratando de ocultar su comprometedora existencia. La persuasión, constata desesperado, no le ha servido de nada:

> Lo he intentado en todos los tonos, pero ÉL es increíblemente terco. Absolutamente inaccesible, con ideas fijas. ¡Un moralista! Tales tipos son un peligro público: si se le deja en la calle, se vuelve terrorista. Se lo aseguro. (159)

La argumentación de los interlocutores se ha desplazado del plano de la medicina al de la práctica política, sin romper la tensión con el enjuiciamiento moral ya accesible al radioyente. El periodista reconoce su propio tema en el informe sobre el desdoblamiento de la población de Calanda, cuyos síntomas ya es capaz de percibir también entre los empleados del hotel María y Nicomedes, así como en muchas otras personas. Entretanto, Robles "resuelve" su problema matando a su "hermano", al no poder convencerlo de que se marche al exilio. Este crimen lo obliga a esconderse. Libre ya de sus deberes "oficiales", asume la personalidad de su hermano. Éste es el primer giro sorpresivo de la acción después de la parabólica reduplicación de Robles. El desdoblamiento físico de la conciencia del héroe principal se transmuta en un cambio de mentalidad miméticamente comprensible. El segundo giro sorpresivo de la acción conduce a un comentario textual autorreflexivo en el que se funden personajes e instancia narrativa: Garces se percata de que, por consideraciones de política exterior, su redacción londinense no está dispuesta a aceptar descripciones críticas de Calanda y, por tanto, él debe abandonar la profesión de periodista. Así que no le queda otra cosa que elaborar esta historia de *Die Zwillinge von Calanda* en forma de drama radiofónico. La proyectada elaboración periodístico-documental de estos acontecimientos ha llegado a su límite. Sólo una presentación en forma de ficción literaria puede aún reflejarlos, captar su verdad superior. Al final, ambos personajes se unen a los "hermanos" y "hermanas", que se manifiestan ilegalmente en la ciudad.

Mientras que en *Eine Tulpe, ein Stein, ein Schwert* la ubicación concreta de la acción en el Chile del año 1982 aporta puntos de partida para la confrontación con la dictadura militar surgida del golpe de 1973, el autor de *Die Zwillinge von Calanda* se esfuerza por hacer una descripción fuertemente generalizada del dilema de la adaptación y la conciencia despierta bajo una dictadura. Los rasgos de atraso y aislamiento de Calanda - el tiempo se ha detenido, el país parece haber sido olvidado por el mundo civilizado, el problema de los "desaparecidos" y la aparente ubicación en América Latina - señalan peculiaridades comunes a las dictaduras militares del subcontinente en los años 70 y 80. No obstante, la descripción tipificante, parabólica, con resonancias de textos de Orwell, sugiere una posibilidad de interpretación ulterior que abarca todas las dictaduras en general. Al público radioyente de la RDA le ofrecía una clara posibilidad de comparación con cierta cerrazón, con el dogmatismo ideológico y la doble moral que eran el asidero de la crítica al estalinismo. Bajo la máscara de una crítica "exótica" a las dictaduras militares de América Latina, se transparentaba una crítica general enfilada contra los sistemas políticos totalitarios y la complicidad de la política exterior del mundo occidental.

Sustancialmente más diferenciada desde el punto de vista psicológico, el drama radiofónico de Omar Saavedra Santis *Der Konsul und die Terroristin* [*El cónsul y la terrorista*], producido por la germanooccidental Südwestfunk de Baden Baden en 1988, aborda una temática similar de manera lacónica y dramáticamente desconcertante. Un fracasado y envejecido diplomático de carrera sueco es presa de la desesperación en medio de la aridez de su cargo consular en un país sudamericano cuya dictadura militar siembra pánico y terror desde hace diez años y sume a los diplomáticos en un penoso aislamiento social. Diplomáticamente correcto, el protagonista Sven Jacobsonn trata de mantenerse "neutral" a pesar de ser testigo presencial de la brutal persecución política. Cada vez le es más difícil ahogar en el coñac típico del país su desesperación personal y su impotencia ante la omnipresente persecución. Tras enterarse por boca de su secretaria nativa Sonia del destino del "desaparecido" Pablo Acevedo, hijo de una amiga de ella, soñando, delirando o en la realidad - alternativas que se dejan conscientemente abiertas gracias al juego con las posibilidades "exclusivamente" acústicas de la radiofonía -, concibe la idea de, con la ayuda de la madre de Pablo, simular su propia captura como rehén para forzar la liberación del "desaparecido". Las escenas del secuestro del diplomático y las negociaciones con los militares cobran una gran fuerza de sugestión merced a una descripción pormenorizada y rica en diálogos. Parece plausible que en determinadas situaciones la violencia "simulada" sea un medio legítimo de resistencia contra un poder arbitrario que no respeta ninguna ley humana. Ya sea que estas escenas hayan sido puro sueño, delirio o "realidad", o que en un arranque de desesperación el diplomático se haya herido con su arma de servicio, el caso es que su salida del letargo, su trasgresión de convenciones diplomáticas y su evidente solidaridad (espiritual) con las víctimas son muy bien acogidas por Sonia en representación de los nativos.

Ambas líneas de trabajo artístico continúan desarrollándose en los años 80: la inserción del acontecer dramático en la experiencia de la historia de Chile y de América Latina y el tratamiento de problemas morales más generales, que parecen explicarse como reflejo de las experiencias de vida en el exilio europeo (especialmente en la RDA).

Al igual que *Die Zwillinge von Calanda*, la obra *Spiel gegen die Zeit* [*Juego contra el tiempo*], de Carlos Cerda, es una producción de 1982. Pero se diferencia de los dramas radiofónicos antes mencionados por la expresa elaboración de experiencias de vida en el exilio berlinés. Es un encajonamiento autobiográficamente matizado de escenas enmarcadas en tres planos. Alberto, un chileno exiliado en Berlín Oriental sigue por televisión el Campeonato Mundial de Fútbol. De esta manera se siente vinculado/solidario a su padre en Chile ya que está seguro que éste también está siguiendo el partido de fútbol. La transmisión televisiva, las interrupciones por llamadas telefónicas y la visita de Carmen, su ex esposa, quien desea regresar a Santiago con el hijo de ambos, entran en tensión narrativa con el recién iniciado relato breve del chileno, que trata de sus anteriores visitas con el padre a un modesto estadio de fútbol en Santiago y su posterior compromiso político común con la Unidad Popular, su prisión en el Estadio Nacional y la salida del país por mediación de la Embajada de Finlandia. En la estructura dramático-radiofónica, la descripción del comentarista deportivo, las conversaciones de los chilenos en el apartamento de Berlín y las voces de los personajes se mezclan en el relato. En forma más condensada de lo que permitiría un relato en prosa, el drama radiofónico logra darle participación al radioyente en los planos de la acción y el recuerdo del protagonista, obligándolo a compartir sus dudas y esperanzas. Aquí, la confrontación con el pasado, con la lucha política en Chile y con los sucesos que forzaron a tanta gente al exilio, se combina íntimamente con la reflexión sobre la vida en Alemania, sobre las relaciones humanas más recientes. *Spiel gegen die Zeit* es un doble juego con la vida en dos mundos separados y al mismo tiempo inseparables. El tiempo ganado y las posibilidades en un mundo son una pérdida del tiempo en el otro. Alberto se pregunta a sí mismo y a Carmen

> ¿Qué es un país extranjero? ¿Y qué es una patria? ¿No es una patria la tierra propia que hacemos humanamente habitable? Pero ¿lo sigue siendo cuando nos lo impiden?[6]

A casi diez años de la producción de este drama radiofónico, Carlos Cerda acomete una versión en prosa - el cuento titulado "Ferrobádminton" - en *Escrito con L*[7], una antología publicada poco antes de su muerte. La versión radiofónica aparece como una forma previa de este texto literario, ajustada a las necesidades específicas de la radio.

Kein Reisender ohne Gepäck [*Ningún viajero sin equipaje*], de Carlos Cerda[8], y *Fall im Morgengrauen* [*Caída al amanecer*], de Omar Saavedra Santis (ambas obras de 1988), ponen una especie de punto final a la labor dramático-radiofónica de ambos autores en el exilio de la RDA. Ambas piezas abordan, aunque bajo una generalización artísticamente muy diferente, el tema de la memoria y la responsabilidad del individuo con el prójimo.

Kein Reisender ohne Gepäck, somete al héroe principal a un tentador descenso al más allá en el curso del cual debe responder a problemas de conciencia y tiene la oportunidad de saldar o negar sus culpas con diversos allegados. La acción se plantea como un absurdo concurso radial cuyo premio es un viaje extraordinario, un viaje que se describe como un descenso al infierno del olvido: un "Orfeo en el averno" a la inversa. Los desesperados gritos de su abandonada esposa, de sus seres queridos y de su hijo familiarizan a los radioyentes con las zonas reprimidas, oscuras, de su biografía de adaptado. El protagonista, en el fondo un pusilánime, pensaba poder emprender este viaje sin equipaje sin el sacrificio de su adaptación a las convenciones sociales y a las compulsiones de la vida bajo una dictadura que recuerda la situación chilena. El precio es el olvido y la condena. El socorrido motivo del descenso al infierno ayuda a Carlos Cerda a elaborar una historia escrita con facilidad y fascinación, con un fuerte ímpetu crítico-social. Como ya había hecho en *Die Zwillinge von Calanda*, el autor recurre preferentemente a elementos narrativos

---

6 Cita tomada del manuscrito de la emisión, p. 16.
7 Santiago de Chile, 2001, pp. 23-37.
8 Carlos Cerda se había repatriado a fines de 1985, cuando ya se percibían claras señales de un retorno a la democracia en Chile.

fantásticos para realzar la discrepancia entre moral y conducta cotidiana. Demuestra su cercanía no sólo a la tradición teatral de Jean Cocteau o Fernando Arrabal sino también a la literatura fantástica del Cono Sur, donde destacan nombres como Jorge Luis Borges, Julio Cortázar y José Donoso.

Con *Fall im Morgengrauen*, Omar Saavedra Santis - quien además ha publicado un considerable número de novelas y continúa trabajando con regularidad para el cine y la televisión - ha escrito un drama radiofónico de dos personajes en el que, apoyándose en una constelación básica fantásticamente distanciada, desarrolla, con fuerte dosis de humor, un diálogo que aborda seriamente el tema de la culpa, la responsabilidad y el poder. A primera mañana, un limpiador de ventanas, policía en Chile hasta septiembre de 1973 y luego víctima de torturas, se encuentra, frente al piso número 19 de un edificio, con Don Angelo, un representante del poder celestial resuelto a desertar. El ángel pregunta por el respeto terrenal a los poderosos y se ve confirmado en su escepticismo con respecto a sus propios superiores jerárquicos. Al atemorizado limpiador de ventanas le explica sin ambages:

> ANGELO Ya no somos los de antes. Hace tiempo que dejamos de serlo. Nuestra labor se ha hecho más modesta. La verdad es que ya no hacemos absolutamente nada. Ni a favor ni en contra de nadie. Hasta los especialistas tienen problemas de interpretación con nosotros.
> MORAGA Increíble...
> ANGELO Nos limitamos a influir en ustedes más por su educación que por fuerza. (6)

Inconforme con esta pasividad de sus jefes supremos, el ángel desea abandonar el cielo para, de manera totalmente desinteresada, provocar una revolución celestial. Como un camarada, el limpiador de ventanas intenta levantarle el ánimo, le brinda su desayuno y logra "tranquilizarlo" en cuanto al derecho a la existencia de los celestiales:

> ANGELO: ...¿Qué sucedería si ustedes perdieran el miedo?
> MORAGA Seríamos inmortales, Don Angelo. Pero ésa es una utopía demasiado lejana como para que valga la pena romperse la cabeza con ella. Este continente y este país no sólo producen cobre, cacao, estaño, café, y música sino ante todo miedo y ataúdes. Y mientras sea así, seguiremos creyendo en ustedes con más o menos confianza. Soñando con la justa paz del cielo. Sin olvidar desde luego, que la guerra aquí abajo continúa y sólo nosotros podemos ganarla o perderla. (19)

Pese a quejas similares acerca de la desaparición del amor entre los humanos, en este tema Don Angelo y el limpiador de ventanas hablan cada uno por su lado: "Angelo: Un daño irreparable en la ecología de los sentimientos, querido. El amor al prójimo ya casi pertenece al pasado." (21) Moraga concuerda con él, pero opina que el amor al prójimo es considerablemente más interesante y trata de convencer al ángel de los placeres de la existencia terrenal. Varios ejemplos convincentes de actitudes corajudas ante la vida asumidas por habitantes de la Tierra contribuyen a que a la postre Don Angelo se sienta fortalecido en su misión y, probablemente debido a un cambio de motivación, decida "caer" al mundo de los seres humanos.

Difícilmente vuelva a aparecer en el panorama radiofónico alemán un drama tan humorístico y a la vez serio sobre política, moral y esperanza humana. El diálogo entre los dos objetores tiene lugar en las alturas, entre el cielo y la tierra. No obstante, por la amplia discusión sobre los secretos de ambas esferas, recuerda la larga tradición literaria de los diálogos entre difuntos en el más allá. A diferencia de aquellos diálogos de índole más bien filosófico-contemplativa, esta pieza radiofónica deriva su especial tensión de la acción enmarcada, de la proyectada, aplazada y finalmente decidida "caída" del ángel. Éste da al radioyente un amplio espectro de posibilidades de interpretación que constituyen la riqueza y profundidad del debate político, moral y filosófico entre ambos personajes, tan semejantes y a la vez tan distintos. Es inevitable la analogía con la encarnación de Cristo y la promesa cristiana de la redención. Ironizándose a sí mismo, Don Angelo señala varias veces la misión celestial y su entretanto variada y contradictoria interpretación en la Tierra. Una segunda posibilidad de interpretación, a menudo irónicamente abierta, es la de los movimientos políticos que prometen la redención en la medida en que pretenden suplantar toda esperanza humana. En la forma clásica de la Ilustración, a tales pretensiones se opone el sentido práctico del limpiador de ventanas, que habla de la felicidad de la vida sencilla, del precio de los frijoles y del amor terrenal. Don Angelo se deja contagiar por este *bon sens* [sentido común] al extremo de que, al preguntarle el limpiador de ventanas en qué tipo de gente se transformará después de su "caída" ("¿en un hombre honesto o en un hijo de puta?"), responde: "Por mis hechos me conoceréis!" (28) Una conclusión que obviamente no por casualidad recuerda el *Cultivons notre jardin* ["Cultivemos nuestro jardín"] en *Cándido*.

Carlos Cerda y Omar Saavedra Santis empezaron a emplear la radiofonía de ficción en los años 80 como una forma de expresión artística más entre otros géneros. Exploraron sus posibilidades creativas y las aprovecharon en múltiples formas. La gama de formas va desde el drama policíaco hasta el diálogo "filosófico". Se pueden rastrear en detalle

influencias literarias de la tradición teatral europea y latinoamericana. En
el caso de Carlos Cerda, a ratos se percibe nítidamente la influencia de la
literatura fantástica sudamericana. En la mayoría de los textos la ubicación de la acción remite a Chile y aborda de manera indirecta y "sin énfasis" la situación en la patria después de la asonada militar del 11 de
septiembre de 1973. Sin embargo, los verdaderos temas de las obras no
se dejan reducir al contexto histórico-político indicado por la locación.
Son muy diversos y giran alrededor de los difíciles interrogantes acerca
de la responsabilidad del individuo, el valor de la moral, la conciencia y
la memoria en sociedades represivas. Mediante una elaboración sobera-
na, artística, alcanzan un alto grado de generalización y con toda proba-
bilidad son igualmente aplicables a contextos europeos. Las semejanzas
estructurales en el conflicto entre poder e individuo hacen que algunas
de ellas sean también "interpretables" como crítica a rasgos estalinistas
de sociedades socialistas o, como en *Fall im Morgengrauen*, como respuesta escéptica a toda clase de ideologías redentoras.

Aunque al principio tal vez percibidas como voces foráneas, exóticas
del remoto Chile, indudablemente los radioyentes alemanes[9] no tardaron
en comprender con claridad que el teatro radiofónico de autores chilenos
expresaba también sus mismas esperanzas, dudas y anhelos. "Algo extraño y sin embargo tan cerca", podría ser la conclusión de un primer
balance breve del teatro radiofónico de autores chilenos en la RDA.

Traducción Jorge A. Pomar

Obras citadas

Sibylle Bolik: *Das Hörspiel in der DDR*. Frankfurt/Main 1994.
Waltraud Jähnichen: "Dem Furchtbaren mit Hoffnung begegnen. Chile im Hörspiel
    der DDR", en *DDR-Literatur `84 im Gespräch*. Berlín 1985, pp. 89-108.
Martina Polster: *Chilenische Exilliteratur in der DDR* (trabajo de máster, Humboldt-
    Universität, 1996). Marburg 2001.

---

[9] La mayoría de los dramas radiofónicos aquí mencionados se produjeron o trans-
    mitieron también en la RFA, especialmente en la emisora Südwestfunk Baden-
    Baden. Por cierto que este toma y daca no era tampoco nada fuera de lo común pa-
    ra autores de la RDA. Una investigación más exhaustiva del teatro radiofónico
    chileno en Alemania debería incluir las diferencias entre producciones debido al
    material acústico y ante todo tener en cuenta las contribuciones radiofónicas de
    autores residentes en la RFA como Antonio Skármeta y Luis Sepúlveda, lo cual no
    es posible en este breve panorama.

Textos radiofónicos
1981 Carlos Cerda/Omar Saavedra Santis: *Eine Uhr im Regen* [Dramaturgia: Hans Bräunlich]. [cita del Archivo de la Radio Alemana en Potsdam-Babelsberg (RDA), patrimonio literario de la radio, signatura: B 009-00-04/1256]
1982 Carlos Cerda: *Spiel gegen die Zeit*. Primera emisión del 17-02-1983, emisora Berliner Rundfunk, duración: 45:40, dramaturgia: Hans Bräunlich, dirección: Fritz Göhler, sonido: Peter Kainz. [cita del Archivo de la Radio Alemana en Potsdam-Babelsberg (RDA), patrimonio literario de la radio, signatura: B 009-00-04/1319]
1982 Carlos Cerda/Omar Saavedra Santis: *Eine Tulpe, ein Stein, ein Schwert*, en *Dame vor Spiegel: Hörspiele*, Berlin, Henschel Verlag, 1984 (diálogo), pp. 165-199. [Primera emisión 07-09-1982 Radio DDR I, duración 54:09, dramaturgia: Hans Bräunlich, dirección: Fritz Göhler, sonido: Getraude Paaschke.]
Premio de la crítica en 1983 (dirección).
1984 Carlos Cerda: "Die Zwillinge von Calanda, oder Über einige Gesetzmäßigkeiten bei der Entwicklung politischer Phänomene", en *Kein Wort von Einsamkeit. Hörspiele*. Berlín, Henschel-Verlag, 1986 (diálogo), pp. 139-167. [Primera emisión 30-06-1984, Stimme der DDR, duración: 54:15, dramaturgia: Hans Bräunlich, sonido: Jürgen Meinel, dirección: Fritz Göhler, música: Jürgen Ecke.]
Premio de la crítica en 1985 (para el autor).
1988 Carlos Cerda: "Kein Reisender ohne Gepäck", en *Steig der Stadt aufs Dach. Hörspiele*. Berlin, Henschel-Verlag, 1990 (diálogo), pp. 39-68. [Primera emisión 09-07-1988, Stimme der DDR, duración: 54:42, dramaturgia: Hans Bräunlich, sonido: Günther Wärk, dirección: Fritz Göhler, música: Jürgen Ecke.]
Premio de la crítica en 1989 (para el autor y para el director).
1988 Omar Saavedra Santis: *Der Konsul und die Terroristin*. [*El consul y la terrorista*] [Südwestfunk Baden-Baden, dramaturgia: Dieter Hirschberg, montaje teatral por el teatro narrativo en el Manufakturtheater, (Berlín Occidental)]
1988 Omar Saavedra Santis: *Fall im Morgengrauen*. [primera emisión: 24-06-1989, Stimme der DDR, duración: 51:15, dramaturgia: Hans Bräunlich, dirección: Fritz Göhler, sonido: Hans Blache.] [cita del Archivo de la Radio Alemana en Potsdam-Babelsberg (RDA), patrimonio literario de la radio, signatura: B 009-00-04/1660]

Jens Häseler (1958) 1991 doctorado de la Martin-Luther-Universität Halle-Wittenberg. Lector en la Universidad de Potsdam de literaturas española, francesa y latinoamericana. Colaborador en el centro de investigación Europäische Aufklärung, Potsdam.
Publicaciones: „Carlos Fuentes Geschichtsbücher", en *Lateinamerikanische Literaturen im 20. Jahrhundert. Autoren - Werke - Strömungen*, ed. Christoph Links. Frankfurt/Main 1992, pp. 150-166; *Ein Wanderer zwischen den Welten. Charles Etienne Jordan (1700-1745)*. Sigmaringen 1993; *La correspondance passive de Formey: Briasson et Trublet (1739-1770)*, eds. M. Fontius, R. Geißler, J. Häseler. Paris, Genf 1996; „Der Ort der Geheimliteratur in der Frühaufklärung", en *Die Philosophie und die Belles-Lettres*, eds. M. Fontius, Werner Schneiders. Berlin 1997, pp. 137-150; *La vie intellectuelle aux Refuges protestants. Actes de la Table Ronde de Münster 1995*, eds. Antony McKenna y Jens Häseler, Paris 1999; „Das Ende der französischen Präsenz in Preußen. Rückblicke",

en *Französische Kultur - Aufklärung in Preußen*. Actas del Internationale Fachtagung 20./21. septiembre 1996 Potsdam, eds. Martin Fontius, Jean Mondot. Berlin 2001, pp. 219-226.

"Conócete a ti mismo" es nuestro imperativo filosófico más antiguo;
su acatamiento no carece de peligro, de ahí que sea sumamente difícil,
y por eso nos refugiamos tan apresuradamente en la ignorancia de quién somos
y de lo que somos, cuando practicamos nuestros juegos de amor y de poder.
Para el conjunto de tics, costumbres, reglas y determinaciones, virtudes e ilusiones
que nos permiten vivir en esta pesadilla sensible que llamamos civilización,
el conocimiento de sí mismo es un riesgo.
G.Tabori

Del exilio a la provincia 14
Alexander Stillmark habla con Carlos Medina[1]

MEDINA   De vez en cuando, aún me preguntan "¿por qué se vino a vivir
por aquel entonces a la RDA?"
Por dos razones: Una de orden político, pues quería ver con mis
propios ojos el socialismo real, existente. Nosotros también hablábamos de socialismo, en Chile, durante la época de Allende y
soñábamos con construir una sociedad con una forma de vida más
justa, digna y democrática. La otra fue por un interés artístico, como
era conocer y estudiar el teatro de Bertolt Brecht. Si bien había leído
algunas de sus piezas de teatro, desconocía sus ideas, teorías y
propuestas, como él las llamara.
Esas fueron las razones, poderosas para mí, y que me ayudaron
desde un comienzo a superar las dudas y los obtáculos, ya fueran de
orden geográfico, climático, idiomático, político o artístico, que se
me presentaron en el camino. Lo importante era aprender. Hay un
dicho que dice: "Cuándo tu sabes lo que quieres, vete allí donde tu
crees que lo lograrás." Por eso entonces la RDA. No era nada fácil
lograrlo, justo después del golpe militar en Chile, ni menos en
grupo.
STILLMARK   ¿En grupo?
MEDINA   Me refiero a algunos de los integrantes de nuestra compañía
en Chile, el TEATRO NUEVO POPULAR.
STILLMARK   ¿Había algún parentesco entre el TEATRO NUEVO POPULAR y
la NUEVA CANCIÓN CHILENA?
MEDINA   Sí, claro que sí, teníamos un objetivo político común, y en lo
artístico buscábamos nuevas formas y contenidos. En aquel tiempo
hubo una gran apertura, sobre todo con el triunfo de la UNIDAD
POPULAR y con Salvador Allende a la cabeza. Queríamos hacer las
cosas de manera diferente, transformar la realidad, sintiéndonos

---

1   Berlín, primavera 2001.

partícipes de un proceso de cambios y los artistas participamos, con los medios del arte, en la construcción de un sueño que consideramos justo y noble, cada uno en su frente y de acuerdo a sus capacidades.

STILLMARK   ¿En qué escuela de teatro estudiaste?

MEDINA   En la escuela de teatro de la UNIVERSIDAD DE CHILE, en Santiago, donde termine mis estudios en 1969, graduándome como actor. En 1970 fui contratado, como actor, en el teatro universitario (TUC) de la ciudad de Concepción.

STILLMARK   ¿Cómo se dieron las cosas allí?

MEDINA   Era un momento de gran efervescencia política. La vida estaba afuera, en las calles, en las plazas. Pero nosotros quedamos encerrados dentro de nuestras cuatro paredes.

El director general del teatro era en aquel entonces Atahualpa del Chioppo, y nos dice: "¿Qué estamos haciendo aquí adentro del teatro? ¡Si todo está pasando allá afuera, en las calles!" Y salimos a las plazas, fuimos a los barrios pobres, a las fábricas, al campo, a presentar.

STILLMARK   A Atahualpa del Chioppo solo le conozco como leyenda, por ser el gran renovador del teatro Uruguayo y fundador del grupo EL GALPÓN.

MEDINA   Le dio al teatro en toda Latinoamérica un impulso renovador. No es casualidad que llegara a Chile en ese momento de cambios. Tenia ya 75 años, pero era un hombre joven de espíritu, de gran sabiduría y generosidad.

Fue el primero que me dio la oportunidad de dirigir. Queríamos poner en escena *Los papeles del infierno*, de Enrique Buenaventura, una trilogía del autor colombiano. En la distribución de las responsabilidades, quedaba libre una pieza pequeña, escrita como poema, nadie se interesaba. Me puse a pensar, sin intención de dirigirla, le propuse a Atahualpa una idea y él me dijo: "Me parece bien, hazlo." Y esa fue mi primera experiencia como director, sin querer queriendo, descubrí que, aparte de actuar, me interesaba la dirección. Y eso se lo debo a Atahualpa del Chioppo. Él poseía esa capacidad que no todos tienen, de dejar hacer a los otros. Él era el director del proyecto general y nos dejaba hacer a nosotros. Lo mismo escuché de Benno Besson de mucha gente que trabajó con él en la VOLKSBÜHNE.

STILLMARK   ¿Cómo lo hicieron, cuándo fueron directamente a la realidad?

MEDINA   Cuando llegábamos a un lugar donde íbamos a presentar, lo primero que hacíamos era un sondeo del terreno, hablábamos con la gente sobre los problemas y dificultades que tenían, y cuáles eran sus puntos de vista. Luego el elenco se reunía y nos poníamos de acuerdo en un tema, e improvisábamos, en un escenario también improvisado y finalmente conversábamos con el público.

Fue una experiencia fantástica, no sólo como teatrista, sino que además fue una escuela de vida. Así eran los tiempos, era sencillamente... ¡indispensable!

STILLMARK ¿Dentro del discurso político, se ocupaban Uds. Principalmente de temas sociales?

MEDINA Todo lo que exigiera el momento... Nos llamábamos TEATRO NUEVO POPULAR. Buscábamos nuevos contenidos, nuevas formas y nuevos recursos. Ya nos habíamos percatado que la relación entre escenario y espectador no funcionaba como antes. Ahora había un coro, una masa activa, contestataria.

STILLMARK ¿Tenían puestas obras fijas?

MEDINA Sí también, y eran modificadas de acuerdo a las circunstancias, así fuimos desarrollando una manera de trabajar que nos permitía modificar y cambiar los montajes. Por ejemplo, llevamos a escena una pieza, que fue premiada en un concurso de teatro de nuevos autores, cuyo título era *La maldición de la palabra,* de Manuel Garrido, que mostraba las dificultades de los campesinos para organizarse y su incapacidad para expresarse.

STILLMARK No tenían un lenguaje propio.

MEDINA Eran incapaces de articular sus propias ideas o puntos de vista o defenderlas frente al patrón, cayendo en hermético silencio, ante el virtuosismo de palabras del señor latifundista. El romper este mutismo era un acto de liberación muy fuerte. La última escena mostraba cuando los campesinos se enfrentaban con el patrón para informarle que se habían afiliado al sindicato. - La ley estipulaba que los campesinos debían comunicarle al patrón semejante decisión y justificarla. - Después de un larguísimo silencio, en que sólo el patrón era el que hablaba y hablaba, uno de los campesinos, despegando la mirada del suelo y alzando su cabeza, rompía con ese silencio ancestral, lo que provocaba la misma reacción en los espectadores, en su mayoría campesinos, tanto que era difícil continuar con la representación.

STILLMARK Tú también vistes esa situación en la RDA. Has visto a los colegas alemanes en sus teatros quedarse callados ante el jefe.

MEDINA Se quedaban mudos, no porque no tuvieran una opinión, sino porque sí, tenían una. Esto fue uno de los problemas más difíciles, para mí, que venía de una experiencia política intensa, en que la libertad de pensamiento era una de las banderas importantes del proceso revolucionario. Llegar a un país socialista y ver que no existía la libertad de opinión, y la gente lo toleraba... y lo más doloroso era la autocensura; ellos mismos se ponían la mordaza. El miedo era demasiado grande. Miedo al sistema totalitario. Se me viene a la memoria un pensamiento de Jean-Paul Sartre que dice: "Libertad es lo que tu haces, de lo que a tí te han hecho."

STILLMARK   ¿Comparable situación en el TACHELES[2] respecto al trabajo libre...?

MEDINA   Sí.

STILLMARK   ¿Podrías decir que existe algún vínculo? ¿Los primeros años de la UNIDAD POPULAR y los primeros tiempos del TACHELES?

MEDINA   Sí, por supuesto. Adquirí mi experiencia en teatro, mi preparación como actor, en un teatro de la ciudad. Después me fui a una especie de colectivo y esos tres años de experiencia me dejaron muy marcado. Y cuando me vine aquí a Rostock tenía siempre el deseo de trabajar así. Cada quien tiene su función y cada quien no sólo puede intervenir en la conversación sino también participar. Y eso no era posible debido a la división del trabajo que hay en el teatro de la RDA. Estoy de acuerdo con la división del trabajo en el socialismo, es necesaria...

STILLMARK   Esa no fue invención del socialismo, se trata del sistema teatral alemán.

MEDINA   Sí. Cuando más tarde tuve oportunidad de trabajar en el extranjero, acepté colaborar con grupos en los cuales tenía la esperanza de encontrar eso. Por ejemplo, el colectivo NEUE SZENE en Bélgica era un grupo así, surgido en los años 60. Trabajaban en una carpa en la cual los actores tenían también otras funciones, utilería, levantar la carpa, desmontarla, el transporte o las luces... Ahí volví a encontrarlo.

STILLMARK   Reencontraste tus raíces.

MEDINA   Exacto. Y en el TACHELES era similar. Una temporada maravillosa. Supe cada día por qué me había levantado.

STILLMARK   Estuviste en muchos países en el exilio. ¿Te sentías aislado?

MEDINA   No, aislado no. Todo teatro tiene aproximadamente el mismo olor. Y cuando subes a escena, te sientes siempre igual, en casa.

STILLMARK   Sea Rostock o Bruselas, Berlín o Santiago, en el teatro estás siempre en casa. Y lo extraño está afuera.

MEDINA   Sí, eso era siempre muy bonito. Uno tenía un punto de referencia. Ahí está el teatro, ahí me encuentro a salvo.

STILLMARK   ¿Nunca has renunciado al estilo de trabajo que practicabas con el TEATRO NUEVO POPULAR? Es decir, cuando llegas a un lugar,

---

2 Casa de Cultura en Berlín oriental.

das la vuelta a ver que hay, charlas con la gente, para ver cómo se entienden, qué conflictos tienen y en qué consiste el drama del lugar, y es entonces que echas la fantasía a volar. ¿Nunca comienzas con un concepto fijo?

MEDINA   Sí... y no...

STILLMARK   Estás preparado, pero no con un concepto fijo.

MEDINA   En esa rica experiencia en Chile, descubrí que la realidad es lo importante y después vienen el realismo y todos los otros "ismos". Bertolt Brecht exigía un conocimiento exacto de la realidad. El arte no se debe copiar; lo que hay que copiar es la vida. Con los medios del arte, se entiende. Una propuesta va a ser siempre modificada durante el proceso de trabajo.

Alguien dijo: "Lo que veo es hermoso, lo que comprendo es más hermoso, pero más hermoso es aquello que aún no he comprendido." Me acuerdo, en este preciso instante, cuando Gabriel García Márquez recibió el Premio Nobel, dijo: "Pero, si yo no he inventado nada, todo está ahí."

STILLMARK   Brecht lo estudiaste en el REGIES-INSTITUT. ¿Cuándo entraste en el BERLINER ENSEMBLE?

MEDINA   Tuve la suerte de trabajar como asistente en la puesta del *Corolian* y después del *Galileo Galilei*. Mi examen profesional fue una escenificación en el BERLINER ENSEMBLE.

STILLMARK   Esa fue *La excepción y la regla*.

MEDINA   Sí. Fue planeada para niños de escuela y gustó mucho. por ese entonces, Manfred Wekwerth me dio una idea genial. "Gente joven como tú, como Bunge, como Brück y Axel Richter deben trabajar con Conny Zschiedrich en el escenario de pruebas. Quiero que ustedes, ahí, no sólo actúen una obra específica sino que traten temas específicos." Maravilloso. Ese era justo el teatro en el que siempre había querido trabajar. Mi sueño.

STILLMARK   Después pusiste *El Principito* en la sala principal.

MEDINA   Sí. Y más tarde puse *Días de la Comuna*.

STILLMARK   ¿Y trabajaste igual que en Chile o había cambiado eso?

MEDINA   Bueno, el trabajo colectivo había influido mucho en mí.

STILLMARK   ¿Como describirías tú a un buen actor?

MEDINA   Déjame contestar así: cuando estaba en el BERLINER ENSEMBLE o DEUTSCHES THEATER solía decirle a los actores: "No necesitas demostrarme que eres bueno o que eres talentoso. Eso ya lo sé. Lo que me interesa saber es, ¿para qué eres bueno? es decir, que te empeñes en utilizar tu talento al servicio de la historia que vamos a contar." Un actor debe dejar de lado su egocentrismo y estar dispuesto a subordinarse a las exigencias y desafíos que le plantea la puesta en el papel que tiene que jugar. Para esto necesita mucho coraje, sensibilidad, decisión y ser muy curioso, no sólo de su papel o de la pieza, sino que además de sí mismo, para así poder acercarse a sus "límites" y lograr veracidad y autenticidad, de sus recursos expresivos, evitando caer en una superficialidad o manerismo, que lo llevan a perder su tiempo y el de los demás.

Creo que un actor tiene que tener una inquietud (inconformidad) espiritual, muchas veces inconsciente, algo que lo motive a contar esa historia. Esto es una fuerza, que lo lleve a superar los miedos y acercarse a los límites, incluso los propios.

Quisiera contestar con lo que formulara Jean Genet: "La esencia del teatro es un encuentro. Aquel que emprende un acto de sacrificio y revelación, tiene que entrar en contacto consigo mismo. Esto significa una confrontación profunda, disciplinada, precisa, total – no sólo una confrontación con sus ideas o puntos de vista, sus emociones, su cuerpo, sino que con todo su ser, sus instintos y el subconsciente." Es decir una total armonía entre lo corporal, lo emocional y lo espiritual, para lograr que estas fuerzas lo capaciten a una disposición de acción y reacción en el juego.

STILLMARK   ¿Pudiste tú determinar cuál es la diferencia entre la perspectiva alemana y la latinoamericana frente a la realidad? ¿Sigues mirando todo de una manera distinta?

MEDINA   Bueno, el exiliado de cualquier forma tiene otra perspectiva.

STILLMARK   Pero tú provienes de un círculo cultural específico.

MEDINA   Me olvidé del mundo invisible. De eso me di cuenta en Chile. Aquí es importante lo que veo, lo que toco, con lo que pueda yo enfrentarme... Y allá lo invisible es muy fuerte. Respecto al teatro y al arte, la mirada o la impresión son decisivas. Rápidamente a nosotros los chilenos nos sale un sentimiento de las entrañas. Eso se me había olvidado por completo.

A mí lo otro me había fascinado: el pensamiento, la claridad de la lógica. Yo quería aprenderlo y quería mostrárselo a los actores. Ustedes utilizan la palabra "schau-spielen" (jugar en escena) para actuar. Pero en realidad están trabajando. Nosotros "trabajamos" en el teatro, mientras estamos jugando. Esta es la diferencia.

Aquí leen el texto junto con el dramaturgo. Allá no. Lo intenté y se quedaron dormidos. Después tomé doce capítulos divididos en tres grupos. Debían leerlos y prepararse para la técnica. Fue muy agotador. Y yo les decía siempre: "Si tienes ideas claras, también puedes expresarte con claridad." Para mí, la búsqueda racional es un proceso maravilloso. Esa es mi naturaleza, pero también lo es el actuar intuitivo.

La forma de encarar la realidad es muy emocional. Esto no es ni bueno ni malo. Sería ideal un equilibrio entre ambas. Emocionado, no puedes ver claramente. Yo admiro el trabajo racional que hacen ustedes. Me da placer.

STILLMARK   Brecht hacía su teatro con actores que tenían mucha vitalidad.

MEDINA   A mí siempre me inspiró más poder trabajar con alguien que planteaba preguntas. Que se plantea las mismas preguntas que yo. De ahí nace un placer. La verdad, buscar la verdad. El teatro es un placer, pero es un trabajo arduo. Y el placer crece en la medida en que se superan las dificultades.

STILLMARK   Cuando colocas el término inconformidad junto al de inteligencia, ¿pertenece el término "verdad" a ellos?

MEDINA   Existen siempre los diversos puntos de vista. Y la inconformidad crece justo cuando no se deja que existan esos otros puntos de vista. Uno se siente limitado. En el hacer, en el pensar, en el sentir. Un punto importante que me movió a poner *El Principito* en 1981 fue encontrar una y otra vez personas que no tuvieron la oportunidad de conocer el mundo. Y pensé que quería mostrar, con esa pieza, que el *Principito*, después de haber ido a dar la vuelta al mundo, regresó a su planeta minúsculo porque se había dado cuenta de que ahí se encontraba su responsabilidad. La responsabilidad por esa pequeña flor.

STILLMARK   El pensamiento de un director chileno, quien regresa a Chile como *Principito*; pero simultáneamente abordas una de las peores heridas de la RDA, la imposibilidad de conocer el mundo. Es decir, había dos cosas que te movían.

MEDINA   Sí, mi propia responsabilidad. Cada emigrante tiene que ver con este remordimiento por haberse ido. Eso me acompañó siempre. Y a menudo me preguntaban: "¿Qué hace usted aquí? ¿Por qué no está usted en Chile?"

Me fui. Ese fue un paso difícil. Pero no sé qué es más fácil, irse o quedarse. Muchos de mis amigos se quedaron. Yo me fui. Para mí estaba sobreentendido. Me quería expresar desde el otro lado, desde la emigración. Conocí gente que en su propia patria vivía como emigrada. Pero ahí el tema era más bien la humanidad.

Yo siempre quise trabajar con gente joven, quería saber lo que pensaban. Su sensación del tiempo. Tenía en los bachilleratos un grupo de cien personas para un proyecto coral, la base era *Sueño de una Noche de Verano*. Fue un proyecto gigantesco en el BÜRGERPARK. Después me puse como meta hacer teatro sólo con gente joven que tu-

viera ganas de actuar, sencillamente. Querían hacer *El buen hombre de Sezuan, El Principito* y *El Señor de las Moscas.*
STILLMARK   ¿Y salió de ellos?
MEDINA   Sí, y también propuestas mías. Casi un año entero duró un proyecto así. Organizamos conferencias con temas especializados. Eso sólo podía hacerse por las noches, después de la escuela. Al principio tres veces por semana y en la fase final, cinco veces por semana.
Este trabajo es memoria. Lo que todavía me ocupa es el término Patria. Alguien dijo que está ahí donde uno no tiene que hacerse preguntas. Es cierto. Cuando estaba aquí, empecé con las preguntas ¿de dónde vienes? ¿qué has hecho? Esto me ocupó durante los años en mi trabajo. ¿Y qué es ahora la patria? Cada quien la define de manera distinta. Ayer te dije que estaba asociada con el teatro. La patria y vivir en un lugar son dos cosas distintas.
En 1983 nos dieron la amnistía, como grupo. De pronto estaban nuestros nombres en la lista. Y viajamos rápidamente a Chile. Con Teresa teníamos el proyecto de montar *Antígona y Medea.* Los textos son tan actuales. Antígona pugna por su derecho a sepultar al hermano caído en una batalla defendiendo a la patria. Cualquiera en Chile lo hubiese comprendido. Pero no era posible.
Después del atentado fallido contra Pinochet, la represión se volvió más dura. Y no habíamos pensado en nuestros niños. Nosotros conocíamos Chile, ellos no. Constantemente los controles, el miedo por ellos. Frecuentemente desaparecía la gente...
STILLMARK   Uno de los técnicos del GOETHE INSTITUT me lo contó, todos tenían miedo, porque cualquier soldado les podía matar.
MEDINA   Cada vez que alguien se despedía se decían: "¡Cuídate bien!" Era una frase de ley: "¡Cuídate bien!"
Los jóvenes vivían emociones muy fuertes. Lloraban fácilmente cada vez que les preguntaba. Por todo se iban en escalada. Pero cuando uno iba más profundo, de pronto eran estériles, es más, demasiado rápido.
STILLMARK   Una vez estuve conversando con estudiantes en Santiago, también repatriados, y uno dijo que sin sus amigos de la infancia no hubiera podido pisar el suelo de nuevo. Los actores con los cuales preparé el *Convenio* de Müller se llamaban "hijos de la dictadura". Cuando les pregunté en qué reconocen a los repatriados, me dijeron: "Han visto más que nosotros y hablan peor español". Y con eso estaban excluidos.
MEDINA   El idioma está cambiando. Por ejemplo, la palabra compañero estaba cargada de emociones para nosotros. Hablaba de algo en co-

mún. Ahora perteneces al pasado si la usas. A veces me siento como un tío romántico. No entiendo mucho del nuevo lenguaje. Tampoco entiendo lo gracioso de los chistes.

STILLMARK   Como en la RDA. Siempre eres el que no entiende los chistes.

MEDINA   Sí, como en la RDA.

STILLMARK   Hablemos ahora de tus planes. Mencionaste la provincia 14. ¿Qué es eso?

MEDINA   Chile, a lo largo de su geografía, está estructurado en 13 Provincias, la 14°, entonces, somos todos los chilenos que vivimos fuera del país y que somos cerca de un millón. Y el año próximo podremos votar por primera vez desde hace tantos años.

La idea es, por una parte, que votar es un derecho legítimo de los chilenos. Por otra debe posibilitarse que desarrollen proyectos culturales concretos para Chile.

STILLMARK   Es decir, un recuperar la creatividad, la experiencia, el apoyo material etc.

MEDINA   Exacto. Yo tengo veintiseis años de experiencia en el teatro europeo, he aprendido muchísimo en el exilio. Ahora quisiera utilizarlo para establecer un vínculo teatral entre Santiago y Berlín. Un puente teatral. El objetivo es el intercambio de ideas, técnicas, experiencias, utilizando no sólo las diferencias idiomáticas, culturales, artísticas, sino que también las igualdades, las similitudes en el desarrollo histórico de nuestros países, las herencias culturales etc. El arte como instrumento de entendimiento, discusión y acercamiento de dos culturas, de dos tradiciones teatrales.

STILLMARK   El proyecto ya adquirió forma.

MEDINA   Sí, en el montaje del texto de William Golding, *El Señor de las Moscas*, con la UNIVERSIDAD DE CHILE y el IKARON-THEATER[3] de Berlín. Realizamos la puesta en escena y el estreno en Santiago de Chile, luego llevamos todo el elenco para aquí. Seis meses estuvieron aquí, en Berlín y en Bremen. Un plazo de tiempo tan largo te da otra mirada para la realidad. Valoras mejor lo propio, si conoces lo otro.

STILLMARK   ¿Y cuál es el próximo montaje?

MEDINA   *Exotopia* o *Vivir la diferencia en la igualdad*, el título y subtítulo de la próxima puesta. Es la continuación y desarrollo de la experiencia que hicimos con *El señor de las moscas*. Queremos continuar allí donde terminamos con la experiencia anterior, teniendo

---

3   El IKARON-THEATER existe hace 10 anõs como teatro independiente. Dispone de dos salas de ensayo y una sala grande para 120 personas.

como tema central el problema de la violencia. ¿Cómo es la relación
entre miedo y violencia? ¿Cuáles son los motivos y las razones del
porqué y cómo surge la violencia y cómo se manifiesta? No sólo
externamente, sino también al interior del individuo. Aquella
"guerra interior", esa que va por dentro de cada uno de nosotros, es
lo que nos interesa investigar, es ese desequilibrio entre el mundo
interior y la dominación del mundo exterior.
Como dijera Leo Tolstoi: "Cada uno piensa cambiar el mundo, pero
nadie piensa cambiarse a sí mismo".

STILLMARK   *Exotopia.* ¿Qué significa?

MEDINA   "Exotopia" unifica dos conceptos; Éxodo y Utopía. En esta
gran diáspora que existe hoy en día, somos iguales como seres
humanos y a la vez muy diferentes, en cuanto a raza, religión, sexo,
manera de ser, etc. La utopía entonces consiste en que seamos
capaces de convivir utilizando estas diferencias.
Chile y Alemania: ambos países han pasado por la experiencia de la
violencia dictatorial y del terror estatal en su historia reciente. En
ambos países la reflexión sobre el pasado con vistas a su posible
superación implica un proceso sumamente doloroso que se desarrolla lentamente, lo que lleva a la pérdida de confianza, a la resig-
nación y a la falta de identificación, y es la causa de la negación del
pasado, del olvido y la marginación colectivos.
El silencio no es sólo el silencio de los autores de los crímenes, el
miedo, la vergüenza, las complicidades y los sentimientos de culpa
impiden el diálogo, el esclarecimiento de los hechos y el desarrollo
de una conciencia. Con frecuencia, los afectados no advierten la
conexión entre la violencia, el silencio y la individualización, es más,
inconscientemente hacen todo lo posible para no volver a tener que
confrontarse con los dolores padecidos. Si se parte del supuesto de
que el silencio tiene como consecuencia el miedo y el aislamiento,
hay que temer que el fenómeno del olvido voluntario del pasado
provoque una repetición de la violencia.

STILLMARK   ¿Cómo trabajan?

MEDINA   En la puesta en escena de *Exotopie* la participación del público
en la discusión sobre el tema es un elemento esencial. El teatro crea
un espacio en el que se rompe el silencio. Las víctimas y los autores
de los crímenes tienen la oportunidad de ser escuchados. La idea y
la meta es ofrecer un espectáculo completo sirviéndose por igual de
texto, movimiento, danza, ritual y música, para crear un lenguaje
artístico comprensible para cualquier espectador.

STILLMARK   Tú mencionaste hace un momento el concepto de conciencia.

MEDINA   No es en absoluto nuestra intención presentar a los personajes como víctimas y productos de su entorno, sean estos los que sean, sino como personas responsables de sus actos y su situación, pero sin descuidar los conflictos sociales, políticos e históricos. Para cambiar algo, es importante averiguar cómo pueden los hombres tomar consciencia de su situación y de su conducta anquilosada. Pues se trata de evitar que una adhesión obstinada a ciertas pautas de comportamiento en la lucha por la supervivencia pueda desembocar en la autodestrucción. Por eso es esencial poner de manifiesto contradicciones y, al mismo tiempo, descubrir posibilidades de cambio. La vida en el exilio, el trato con extraños, no debe llevar al retraimiento, sino al conocimiento de la propia identidad y a la asunción de la responsabilidad personal. No tratar ningún problema sería mentir; exponer únicamente problemas sería autocomplacencia.

Bertolt Brecht exige un conocimiento preciso de la realidad del pasado y del presente. Es lo que él llama "historizar". Hay que trabajar con el material literario de distintos autores que se hayan ocupado anteriormente de un tema en ensayos, narraciones, novelas o piezas de teatro. "Biografía y arte están relacionados". Él recurre a los legados escritos o de palabra de los afectados; esto es necesario para la elaboración del texto y para poder entender a los personajes e identificarse con ellos, pero también para que los actores participantes tengan una idea más clara de lo que están haciendo.

En el proyecto que nos ocupa, se recogen experiencias personales de los actores, que, debido a su juventud – los alemanes -, no han experimentado la violencia directa y brutal, pero que – en el caso de los chilenos – han nacido y vivido bajo un régimen de terror. Este proceso va acompañado de improvisaciones que dan rienda suelta a ese copioso material biográfico y lo canalizan en una forma artística dramáticamente estructurada

STILLMARK   ¿Cómo será la puesta en escena?

MEDINA   Se necesitan dos escenarios completamente distintos. El primero es un espacio herméticamente cerrado. El segundo es la naturaleza abierta. Sirven para representar la tensión entre un mundo interior y otro exterior, entre un adentro y un afuera. Uno se abre finalmente al otro: aparece la migración.

STILLMARK   La compañía consta de diez actores alemanes y diez chilenos.

MEDINA   Se utilizan ambas lenguas, alemán y español. Sus diferencias y dificultades se emplean conscientemente como medio de expresión. Esto posibilita un autoconocimiento por comparación con el otro. En el trabajo experimental se integran las diferentes visiones culturales.

Se trabaja fundamentalmente con el cuerpo; los elementos de la co-
reografía y de la danza intentan encontrar imágenes, metáforas. El
lenguaje del arte debe hacer comprensible lo narrado a todos los espectadores más allá de las barreras lingüísticas.
STILLMARK   ¿Con qué apoyo cuenta para este proyecto?
MEDINA   Recibimos ayudas de la sección cultural del Ministerio de Exteriores chileno y de nuestra embajada en Berlín. Esto es solo el
principio. Una llama enciende la siguiente...

Alexander Stillmark (1941) estudió dirección en el colegio ERNST BUSCH Berlín. Director de escena en el BERLINER ENSEMBLE (1964 -70), director de escena en DEUTSCHES
THEATER Berlín (1971-86), Docencia y dirección en el colegio ERNST BUSCH Berlín, director del MECKLENBURGISCHES STAATSTHEATER Schwerin (1989-91).
Puestas en escena en Berlín, Erfurt, Tübingen, Gera, Frankfurt/Oder, Schwerin, en
Hanoi, Dhaka, Helsinki, Nikosia, Santiago de Chile. Trabaja para TV y radio. Colaboración teatral con Paul Dessau, Georg Katzer, Mikis Theodorakis, Rainer Bredeme-
yer, Friedrich Schenker, Rolf Hoyer, Gruppe Bayon e.o. Puestas multi-mediales de
obras musicales experimentales y electrónicas (G. Katzer, F. Schenker u.a).

Carlos Medina Palacios: 1944 en Chile, 1974 emigración hacia RDA. Co-fundador del
TEATRO LAUTARO del VOLKSTHEATER ROSTOCK. Estudió en el REGIE-INSTITUT Berlín.
Director de escena en el BERLINER ENSEMBLE. 1986- 1987 Regreso a Chile y vuelta a
Alemania. Director de escena en el DEUTSCHES THEATER. 1991 fundación y dirección
del IKARON THEATERS, Berlín.

Puestas en escena en Europa:
1974 *Margarita Naranjo*, del *Canto Genaral*, Pablo Neruda, V OLKSTHEATER ROSTOCK.
1975 *Die Nacht der Soldaten*, Carlos Cerda, estreno VOLKSTHEATER ROSTOCK.
1976 *Der geflochtene Kreis*, Victor Carvajal, obra para niños, VOLKSTHEATER ROSTOCK.
1980 *Die Ausnahme und die Regel*, Bertold Brecht, BERLINER ENSEMBLE.
1980 *Glanz und Tod des Joaquin Murieta*, Pablo Neruda, LANDESTHEATER TÜBINGEN.
1981 *Der kleine Prinz*, Antoine de Saint Exupéry, BERLINER ENSEMBLE.
1982 *Mutter Courage und ihre Kinder*, Bertolt Brecht, colectivo NEUE SZENE, Antwerpen, Bélgica.
1983 *Die Tage der Commune*, Bertolt Brecht, BERLINER ENSEMBLE.
1984 *Der kleine Prinz*, Antoine de Saint Exupéry, DRAMATISCHES THEATER, Beograd,
Jugoslavia.
1985 *Überquerung des Niagara*, Alonso Alegría, STADTTHEATER Jena.
1986 *Die Ausnahme und die Regel*, Bertolt Brecht, colectivo NEUE SZENE, Antwerpen,
Bélgica.
1986 *Mit der Faust ins offene Messer*, Augusto Boal, DEUTSCHES THEATER, Berlín
1987 *Der kleine Prinz*, Antoine de Saint Exupéry, VEREINIGTE BÜHNEN Graz, Austria.
1988 *Offene Zweierbeziehung*, Dario Fo & Franca Rame, DEUTSCHES THEATER, Berlín.
(durante 10 años)
1990 *Der Auftrag*, Heiner Müller, SCHILLERTHEATER Berlín.
1990 *Der Wunderheiler*, Brian Friel, DEUTSCHES THEATER, Berlín.

1991 *Quai West*, Bernard-Marie Koltès. Producción del Ikaron THEATER en la casa de cultura TACHELES, Berlín

1992 *Der Sturm*, William Shakespeare, coproducción KLEIST-THEATER Frankfurt/ Oder y IKARON THEATER en la ruina de la Marienkirche Frankfurt/Oder.

1994 *SommerNachtsTraum -Verliebte und Verrückte* , William Shakespeare. Producción del IKARON THEATER Berlín en la casa de cultura TACHELES, Berlín.

1995 *La Tía*, Texto Carlos Medina. Producción del IKARON THEATER Berlín, HAUS DER KULTUREN DER WELT, Berlín.

1996 *Liebe ist... Rausch und Absturz*. Texto Carlos Medina & Teresa Polle. Producción del IKARON THEATER Berlín en "el Garten infernale", Berlín.

1997 *Der Herr der Fliegen*, William Golding. Producción del IKARON THEATER Berlín en "el Garten infernale", Berlín.

1998 *Eine Probe* adaptación de la novela *Der Herr der Fliegen* de William Golding. Producción del IKARON THEATER Berlín en "el Garten infernale", Berlín.

1999 *Viva La Vida*. Texto Carlos Medina. Producción del IKARON THEATER Berlín en "el Garten infernale", Berlín.

2000 *Der Herr der Fliegen*, William Golding, producción international de la escuela de teatro ARCIS, Santiago de Chile y del IKARON THEATER, en Santiago y en Berlín.

2000 *Salto Mortale*. Producción del IKARON THEATER Berlín, en las calles de Berlín.

2001 *Exotopie-Vivir la diferencia en la igualdad*. Puente de teatro Berlín-Santiago, Santiago - Berlín.

Bibliografía

Abramson, Harold J.: "Assimilation and Pluralism", en *Harvard Encyclopedia of American Ethnic Groups*, eds. Stephan Thernstrom; Ann Orlov; Oscar Handlin. Cambridge 1980, pp. 150-160.

Aciman, André, ed.: *Letters of Transit: Reflections on Exile, Identity, Language, and Loss*. New York 1999.

Acosta, Iván: *El súper*. Miami 1982.

-----: *Un cubiche en la luna. Tres obras teatrales*. Houston 1989.

Adler, Heidrun; Röttger, Kati, eds.: *Performance, pathos, política – de los sexos. Teatro postcolonial de autoras latinoamericanas*. Frankfurt/Main 1998.

-----; Herr, Adrián, eds.: *De las dos orillas: Teatro cubano*. Frankfurt/Main 1999.

-----; Woodyard, George, eds.: *Resistencia y Poder: Teatro en Chile*. Franfurt/Main 2000.

Aguirre Bernal, Celso: *Breve historia del estado de Baja California*. Mexicali s.a.

Aisemberg, Alicia; Rodríguez, Martín: "El teatro argentino en el exilio (1976-1983)", en *Historia del Teatro Argentino en Buenos Aires*, ed. Osvaldo Pellettieri. Vol. 5, en imprenta.

Alegría, Fernando: "One true Sentence", en REVIEW - *Latin American Literature and Arts* 30, 7 (sept.-dic. 1981), pp. 21-23.

Alomá, René R.: "Alguna cosita que alivie el sufrir", en *Teatro cubano contemporáneo*, ed. Carlos Espinosa Domínguez. Madrid 1992, pp. 1275-1333.

Alvarez Borland, Isabel: *Cuban-American Literature of Exile: From Person to Persona*. Charlottesville, London 1998.

Anaine, Susana: "El teatro de Roberto Cossa o la puesta en escena de una conciencia histórica", en ESPACIO DE CRÍTICA E INVESTIGACIÓN TEATRAL 4, 6-7 (April 1990).

Andrade, Elba; Fuentes, Walter: *Teatro y dictadura en Chile: Antología crítica*. Prólogo de Alfonso Sastre. Santiago de Chile 1994.

Anzaldúa, Gloria: *Borderlands/Lafrontera: The New Mestiza*. San Francisco 1987.

Arancibia, Juana A; Mirkin, Zulema, eds.: *Teatro argentino durante el Proceso. Ensayos Críticos, 1976-1983*. Buenos Aires 1992.

Arce, Manuel José: *'Delito, condena y ejecución de una gallina' y otras piezas de teatro grotesco*. San José de Costa Rica 1971.

-----: *D'une cité et autres affaires*. Paris 1995.

Arenas, Reinaldo: *Persecución (Cinco piezas de teatro experimental)*. Miami 1986.

Balme, Christopher: *Theater im postkolonialen Zeitalter. Studien zum Theatersynkretismus im englischsprachigen Raum*. Tübingen 1995.

Baron, Ana; del Carril, Mario; Gómez, Albino: *Por qué se fueron*. Buenos Aires 1995.

Barquet, Jesús: "Heteroglosia y subversión en *Los siete contra Tebas* de Antón Arrufat", en ANALES LITERARIOS: DRAMATURGOS 1, 1 (1995), pp. 74-87.

-----: "Antón Arrufat habla claro sobre *Los siete contra Tebas*", entrevista en ENCUENTROS 14 (Herbst 1999), pp. 91-100.

Barth, Fredrik, ed.: *Ethnic Groups and Boundaries. The Social Organization of Culture Difference*. Bergen, Oslo, London 1969.

Bauer, Oksana M.: *Jorge Díaz: Evolución de un teatro ecléctico*. Ann Arbor 1999.

Bauman, Kevin M.: "Metatexts, Women and Sexuality: The facts and (Ph)allacies en Torres Molina's *Extraño juguete*", en ROMANCE LANGUAGES ANNUAL 2 (1990).

Beardsell, Peter: "Crossing the Border in Three Plays by Hugo Salcedo", en *LATR* 29, 2 (Spring 1996), pp. 71-84.

Bhabha, Homi: *The Location of Culture*. New York 1994.

-----: *Home, Exile, Homeland: Film, Media and the Politics of Place*. New York, London 1999.

Bixler, Jacqueline: "Games and Reality on the Latin American Stage", en *LATIN AMERICAN LITERARY REVIEW* 12 (Spring-Summer 1989), pp. 22-35.

------: "For Women Only? The Theatre of Susana Torres Molina", en *Latin American Women Dramatists: Theater, Texts, and Theories*, eds. C. Larson; M. Vargas. Bloomington 1998, pp. 215-233.

Boal, Augusto: *Revolução na America do Sul*. São Paulo 1960.

-----:"Arena cuenta Zumbi", en *PRIMER ACTO* 146/147 (1972), pp. 71-97.

-----: *Teatro del Oprimido* (1974). (*Théâtre de l'opprimé*. Paris 1977.)

-----: *Peças rectificadas: Lisa, a mulher liberadora; A tempestade-Caliban*. São Paulo 1975.

-----: *Tres obras: Torquemada, Tio Patinhas y Revolución en América del Sur*. Buenos Aires 1975.

-----: *Murro em ponta de faca* (1977).

-----: *Jeux pour acteurs et non acteurs*. Paris 1978.

-----: *Stop, c'est magique!* Paris 1980.

-----: *La méthode Boal de théâtre de thérapie*. Paris 1990.

Boelhower, William: "Ethnic Trilogies: A Genealogical and Generational Poetics", en *The Invention of Ethnicity*, ed. Werner Sollors. New York, Oxford 1989, pp. 158-175.

Bolik, Sibylle: *Das Hörspiel in der DDR*. Frankfurt/Main 1994.

Boudet, Rosa Ileana; Leal, Rine; Pogolotti, Graziella, eds.: *Teatro y Revolución*. La Habana 1980.

Brady, Mary Pat: "The Fungibility of Borders", en *NEPANTLA: VIEWS FROM SOUTH* 1,1 (Spring 2000), pp. 171-90.

Brunner, José Joaquín: *Un espejo trizado. Ensayos sobre cultura y políticas culturales*. Santiago de Chile 1988.

Burgos, Fernando: "Estética de la ironía en el teatro de Jorge Díaz", en *REVISTA CHILENA DE LITERATURA* 27-28 (1986), pp. 133-141.

Canal Feijóo, Bernardo: *Constitución y Revolución*. Buenos Aires 1955.

Cárdenas, Raúl de: *Las sombras no se olvidan*. Princeton 1993.

-----: *Nuestra Señora de Mazorra*, 1994.

Castro, Oscar: "Érase una vez un rey", en *CONJUNTO* 21 (julio-sept. 1974), pp. 68-83.

-----: "La guerra", en *CONJUNTO* 37 (julio-sept. 1978), pp. 35-57.

-----: "La noche suspendida", en *CONJUNTO* 60 (abril-junio 1984), pp. 64-85

Cerda, Carlos: *La noche del soldado*. Berlin 1976. UA 1975 Volkstheater Rostock.

-----: *Ein April hat 30 Tage*. Película, idea de Gunther Scholz. Dirección: Gunther Scholz. Potsdam 1979.

-----: *Spiel gegen die Zeit*. Dramaturgia: Hans Bräunlich, dirección: Fritz Göhler. Berliner Rundfunk 17. 2. 1983. 1984.

-----: *Die Zwillinge von Calanda, oder Über einige Gesetzmäßigkeiten bei der Entwicklung politischer Phänomene*. Dramaturgia: Hans Bräunlich, dirección: Fritz Göhler. Stimme der DDR 30. 6. 1984. En *Kein Wort von Einsamkeit. Hörspiele*. Berlin 1986, pp. 139-167.

-----: *Lo que está en el aire*. Berlin 1986. (adaptación del drama radiofónico escrito con

Omar Saavedra Santis *Eine Tulpe, ein Stein, ein Schwert).* Ictus 1987.
-----: *Residencia en las nubes.* Berlin 1988.
-----: *Este domingo.* (adaptación de la novela de José Donoso). Berlin 1990.
-----: *Kein Reisender ohne Gepäck.* Dramaturgia: Hans Bräunlich, dirección: Fritz Göhler. Stimme der DDR 9. 7. 1988. En *Steig der Stadt aufs Dach. Hörspiele.* Berlin 1990, pp. 39-68.
-----; Omar Saavedra Santis: *Eine Uhr im Regen.* Dramaturgia: Hans Bräunlich. Berliner Rundfunk 1981.
-----;-----: *Eine Tulpe, ein Stein, ein Schwert.* Dramaturgia: Hans Bräunlich, dirección: Fritz Göhler. Radio DDR 17. 9. 1982. En *Dame vor Spiegel: Hörspiele.* Berlin 1984, pp. 165-199.
Cheymol, Marc: *Miguel Ángel Asturias dans le Paris des Années Folles.* Grenoble 1987.
Corces, Laureano: "Más allá de la isla: la identidad cubana en el teatro del exilio", en *De las dos orillas: Teatro cubano* (Adler, Herr 1999), pp. 59-64.
Cortázar, Julio: "América Latina: exilio y literatura", en ARAUCARIA DE CHILE 10 (1980), pp. 59-66.
Cossa, Roberto: *Teatro.* Buenos Aires 1990.
-----: *Una mano para Pepito* (1960).
-----: *Nuestro fin de semana* (1964).
-----: *Los días de Julián Bisbal* (1966).
-----: *La ñata contra el libro* (1966).
-----: *La pata de la sota* (1967).
-----: *El avión negro* (1970), con Carlos Somigliano, Roberto Talesnik, Germán Rozenmacher.
-----: *La nona* (1977).
-----: *No hay que llorar* (1979).
-----: *El viejo criado* (1980).
-----: *Tute Cabrera* (1981).
-----: *Gris de ausencia* (1981), para Teatro Abierto.
-----: *Ya nadie recuerda a Frédéric Chopin* (1982).
-----: *El tío loco* (1983).
-----: *De pies y manos* (1984).
-----: *Los compadritos* (1985).
-----: *El sur y después* (1987).
-----: *Yepeto* (1987).
-----: *Angelito* (1991).
-----: *Años difíciles* (1997).
-----: *El saludador* (1999).
-----: *Pingüinos* (2001).
Creese, Robb: "I Write These Messages That Come", entrevista con María Irene Fornés en *The Drama Review* 21, 4 (dic. 1977), pp. 25-40.
Cruz, Priscilla: "Teatro de la Resistencia o el camino de un teatro popular latinoamericano" (entrevista con Gustavo Gac), en CONJUNTO 57 (juli-septiembre 1983).
Cuartas Rodríguez, Joaquín Miguel: *Vereda tropical.* Madrid 1995.

Díaz, Jorge: *La paloma y el espino* (1957). *Manuel Rodríguez* (1958). *El cepillo de dientes* (1960). *Un hombre llamado Isla* (1961). Madrid 1967. *Réquiem por un girasol* (1961). *El velero en la botella* (1962). *El lugar donde mueren los mamíferos* (1963). Madrid 1972.

Variaciones para muertos de percusión (1964), en CONJUNTO 1 (1964). *El nudo ciego* (1965). *Topografía de un desnudo* (1965). Santiago de Chile 1968. Madrid 1992. *El génesis fue mañana (La víspera del degüello)* (1965). Madrid 1967. *Introducción al elefante y otras zoologías.* (1968). *Algo para contar en Navidad* (1968). Barcelona 1974. *Liturgía para cornudos* (1969). *La Orgástula* (1969), en LATR 1, 4 (1970). *La Pancarta o Está estrictamente prohibido todo lo que no es obligatorio (Amaos los unos sobre los otros)* (1970), en *Teatro Difícil.* Madrid 1971 y en *One Act Plays,* Pittsburgh 1973. *Americaliente* (1971). *Antropofagia de salón* (1971). *Mear contra el viento* (1972), en CONJUNTO. *Mata a tu prójimo como a ti mismo. (Esplendor carnal de la ceniza)* (1974). Madrid 1977. Santiago de Chile 1978. *Ceremonia ortopédica* (1975). Santiago de Chile 1978. *El locutorio (Contrapunto para dos voces cansadas)* (1976). Valladolid 1977. Santiago de Chile 1978. *Toda esta larga noche. (Canto subterráneo para blindar una paloma)* (1976), en CONJUNTO 70 (1986). *La puñeta* (1977). (basado en la creación colectiva del TEATRO ALEPH „Erase una vez un rey" sobre poemas de Nicanor Parra). *Un día es un día (La carne herida de los sueños)* (1978). *La manifestación* (1978). Valladolid 1979 y en *Revista La Calle* (Madrid) 73 - 14 (1979). *Ecuación* (1979). *El espantajo* (1979). *Oscuro vuelo compartido. (Fragmentos de alguien)* (1979), en APUNTES 97 (1988), S. 48-91. *¿Estudias o trabajas?* (1980). *Desde la sangre y el silencio (Fulgor y muerte de Pablo Neruda)* (1980). *Crónica (Los tiempos oscuros)* (1981). *Un ombligo para dos* (1981), en CONJUNTO 9, 2 (1983), *Piel contra piel* (1982). *Ligeros de equipaje* (1982), en PRIMER ACTO 208 (marzo-abril 1985) y en *Teatro latinoamericano en un acto.* Havanna 1986. *Andrea. (Los jardines sumergidos). Las cicatrices de la memoria (Ayer, sin ir más lejos)* (1984). Premio „Tirso de Molina" 1985. Madrid 1986. *Muero, luego existo* (1985), en LITERATURA CHILENA 10.2, 3 (abril/septiembre 1986, pp. 31-36. *Dicen que la distancia es el olvido* (1985), en GESTOS 2, 3 (abril 1987), pp. 170-206. *„¿Por qué justo a mi me tocó ser yo?* (1986). *La otra orilla* (1986). Toledo 1988. (*„La marejada",* 1997). *Matilde (La chascona)* (1987). *Materia sumergida* (1988). *El desasosiego (Percusión)* (1988). *El tío vivo* (1988). *Opera inmóvil (Dulce estercolero)* (1989). Alicante 1995. *El estupor (Contra el ángel y la noche o Paisaje en la niebla con figuras)* (1989). *Un corazón lleno de lluvia.* (1989). *Para dinosaurios y trompetas.* (1990). *A imagen y semejanza (Los espejos enfrentados o Nadie es profeta en su espejo)* (1990). Menorca 1991. *El guante de hierro* (1991), en APUNTES 107 (1994). *Pablo Neruda viene volando.* 1991, en PRIMER ACTO 240 (1991). *El jaguar azul* (1992). *Pon tu grito en el cielo* (1993). *De boca en boca* (1993). *Por arte de mar* (1994). *Cuerpo Glorioso (Crisálida)* (1995). *Viaje a la penumbra* (1995). *Tierra de nadie* (1996). *La cicatriz* (1996). *Zona de turbulencia (El desasosiego)* (1996). *El confín de la esperanza. (Winnipeg)* (1997). *Desconcierto de cuerdas* (1997). *La mirada oscura* (1998). *Federico, el niño que cumple cien años* (1998). *La dionisea. (La luminosa herida del tiempo)* (1998). *El* (1998). *Razón de ser* (1998). *El naufragio interminable* (1999). *Devuélveme el rosario de mi madre y quédate con todo lo de Marx* (1999). *El desvarío* (1999). *Epílogo con Arcángeles y Perros.* (1999). *Antes de entrar dejen salir* (1999). *Variaciones para una mujer sola* (2000). *Palabras que habitan la noche* (2000).

-----: *Teatro de Jorge Díaz.* Madrid 1967.

-----: *Teatro. Ceremonias de la soledad. 3 obras dramáticas.* Santiago de Chile 1978.

-----: *Antología subjetiva. 16 obras dramáticas.* Santiago de Chile 1996. [e.o. *Toda esta larga noche; Ligeros de equipaje; La otra orilla*].

-----: *Los últimos Díaz del milenio. 7 obras dramáticas.* Santiago de Chile 1999.

-----: *La orgástula y otros actos inconfesables. 14 obras dramáticas breves.* Santiago de Chile 2000.

Dorfman, Ariel: "El teatro en los campos de concentración chilenos. Conversación con Oscar Castro", en *CONJUNTO* 37 (julio/sept.1978), pp. 3-33. Idem en *ARAUCARIA DE CHILE* 6 (1979), pp. 115-147.

Dubatti, Jorge: "Carlos Manuel Varela: intertexto absurdista y sociedad uruguaya en *Alfonso y Clotilde*", en *Teatro Latinoamericano de los 70*, ed. Osvaldo Pellettieri. Buenos Aires 1995.

Dworkin y Méndez, Kenya C.: "From Factory to Footlights: Original Spanish-language Cigar Workers' Theatre in Ybor City and West Tampa, Florida", en *Recovering the U. S. Hispanic Literary Heritage*, ed. María Herrera-Sobek; Virginia Sánchez Korrol. Vol. III. Houston 1999, pp. 332-350.

Eidelberg, Nora: "Susana Torres Molina, destacada teatrista argentina", en *ALBA DE AMÉRICA* 7, 12-13 (1989), pp. 391-393.

Elwert, Georg: "Nationalismus, Ethnizität und Nativismus - Über Wir-Gruppenprozesse", en *Ethnizität im Wandel*, eds. Peter Waldmann; Georg Elwert. Saarbrücken, Fort Lauderdale 1989, pp. 21-60.

Epple, Juan Armando: "Teatro y exilio. Una entrevista con Jorge Díaz", en *GESTOS* 2 (noviembre 1986), pp. 146-154.

Escarpanter, José A.: "Veinticinco años de teatro cubano en el exilio", en *LATR* 19, 2 (1986), pp. 57-66.

-----: "El exilio en Matías Montes Huidobro y José Triana", en *LINDEN LANE MAGAZINE* (oct.-dic. 1990), pp. 61 s.

-----: "Tres dramaturgos del inicio revolucionario: Abelardo Estorino, Antón Arrufat y José Triana", en *REVISTA IBEROAMERICANA* 56, 152-153 (1990), pp. 881-896.

-----: "Rasgos comparativos entre la literatura de la isla y del exilio: el tema histórico en el teatro", en *Lo que no se ha dicho*, ed. Pedro R. Monge Rafuls. New York 1994, pp. 53-62.

-----: "Entrevista con Matías Montes Huidobro", en *OLLANTAY* 5, 2 (summer/autumn 1998), pp. 98-105.

Espinosa Domínguez, Carlos, ed.: *Teatro cubano contemporáneo. Antología*. Madrid 1992.

Falcón, Aristides: "Matías Montes Huidobro: el dramaturgo en el exilio", en *GESTOS* 10, 20 (1995), pp. 135-139.

Febles, Jorge: "La desfiguración enajenante en *Ojos para no ver*", en *CRÍTICA HISPÁNICA* 4 (1982), pp. 127-130.

-----: „Metáfora del artista adolescente: El juego alucinante en *Sobre las mismas rocas*", en *LATR* 27, 2 (spring 1994), pp. 115-126.

-----; González Pérez, Armando, eds.: *Matías Montes Huidobro. Acercamiento a su obra literaria*. New York 1997.

-----: "De la desazón de los 70 al prurito reconciliador de los 90: Revolución (¿y contrarrevolución?) en cinco piezas del exilio cubano", en *De las dos orillas* (Adler/ Herr, 1999), pp. 77-96.

Feliciano, Wilma: "Language and Identity in Three Plays by Dolores Prida", en *LATR* 28, 1 (1994), pp. 125-138.

-----: "'I Am A Hyphenated American': Interview With Dolores Prida", en *LATR* 29, 1 (1995), pp. 113-119.

Fernández, Gerardo: "La familia de Benjamín García", en *Seis obras de teatro cubano*. (Leal 1989), pp. 197-274.
Ferreira, Ramón: *Teatro*. Miami 1993.
Feyder, Linda, ed.: *Shattering the Myth: Plays by Hispanic Women*. Houston 1992.
Flusser, Vilém: *Von der Freiheit des Migranten. Einsprüche gegen den Nationalismus*. Berlin 1994.
Fornés, María Irene: *Promenade and Other Plays*. New York 1971.
-----: *Plays*. New York 1986. [*The Danube; Mud; The Conduct of Life, Sarita*]
Fornet, Ambrosio: *En blanco y negro*. La Habana 1967.
-----: "La diáspora como tema", en *Memorias recobradas*. Santa Clara 2000, pp. 129-37.
Forster, David W.: "Identidades polimórficas y planteo metateatral en *Extraño juguete* de Susana Torres Molina", en *ALBA DE AMÉRICA* 7, 12-14 (1989), pp. 75-86.
Fox, Claire F: *The Fince and the River: Culture and Politics at the U.S.-Mexico Border*. Minneapolis 1999.
Fusco, Coco: "The Other History of Intercultural Performance", en *THE DRAMA REVIEW* 38, 1 (T141, 1994), pp. 143-167.

Galindo, Hernán: "Los niños de sal", en *Teatro del Norte: Antología*. Tijuana 1998, pp. 9-37.
Gambaro, Griselda: *Teatro*. 6 Vols. Buenos Aires: Ediciones de la Flor. 1984-1991. [I: *Real Envidio, La malasangre, Del sol naciente*; II: *Dar la vuelta, Información para extranjeros, Puesta en claro, Sucede lo que pasa*; III: *Viaje de invierno, Nosferatu, Cuatro ejercicios para actrices, Acuerdo para cambiar de casa, Sólo un aspecto, La gracia, El miedo, El nombre, El viaje a Bahía Blanca, El despojamiento, Decir sí, Antígona furiosa*; IV: *Las paredes, El desatino, Los siameses, El campo, Nada que ver*; V: *Efectos personales, Desafiar al destino, Morgan, Penas sin importancia*; VI: *Atando cabos, La casa sin sosiego, Es necesario entender un poco*].
-----: "Los rostros del exilio", en *ALBA DE AMÉRICA* 7, 12-13 (1989), pp. 419-427.
Ganter, Stephan: *Ethnizität und ethnische Konflikte. Konzepte und theoretische Ansätze für eine vergleichende Analyse*. Freiburg/Breisgau 1995.
García Canclini, Néstor: *Culturas Híbridas*. México 1989.
García, María Cristina: *Havana USA. Cuban Exiles and Cuban Americans in South Florida, 1959-1994*. Berkeley, Los Angeles, London 1996.
García Huidobro, Verónica: "Diez años de un arquitecto de textos: Ramón Griffero", en *LA ESCENA LATINOAMERICANA* 2, 3/4 (1994).
Gewecke, Frauke: "Kubanische Literatur der Diaspora (1960-2000)", en *Kuba heute. Politik -Wirtschaft - Kultur*, eds. Martin Franzbach; Ottmar Ette. Frankfurt/Main 2001.
Giella, Miguel Angel: "Roberto Cossa, *Gris de ausencia*," en *Teatro Abierto 1981*. Buenos Aires 1991, pp. 76-83.
-----: "Inmigración y exilio: el limbo del lenguaje", en *Teatro y Teatristas*, ed. O. Pelletieri. Buenos Aires 1992, pp. 119-128.
Gleason, Philip: "The Melting Pot: Symbol of Fusion or Confusion?", en *AMERICAN QUARTERLY* 14, 1 (1964), pp. 20-46.
-----: "Confusion Compounded: The Melting Pot in the 1960s and 1970s", en *ETHNICITY* 6 (1979), pp. 10-20.
Gnutzman, Rita: "*Alfonso y Clotilde* de Varela: un teatro para espectadores cómplices", en *ANALES DE LITERATURA HISPANOAMERICANA* 28 (1999), pp. 699-712.

Gómez-Peña, Guillermo: *Warrior for Gringostroika*. Minnesota 1993.
-----: "The Multicultural Paradigm: An Open Letter to the National Arts Community", en *Negotiating Performance: Gender, Sexuality and Theatricality in Latin/o America*, ed. Diana Taylor, Juan Villegas. Durham, London 1994, pp. 17-29.
-----: "Ethno-Kyborgs und genetisch geschaffene Mexikaner (Neue Experimente in der "Ethno-Techno" Kunst)", en *FAMO (FRANKIJA &MASKA)* 1, I. Zagreb/Ljubljana 2000.
González, Tomás: *Delirios y visiones de José Jacinto Milanés*. La Habana 1988.
González-Dagnino, Alfonso: "El exilio", en *ARAUCARIA DE CHILE* 7 (1979), pp. 117-134.
González-Pérez, Armando: *Presencia negra: teatro cubano de la diáspora*. Madrid 1999.
Gordon, Milton M.: *Assimilation in American Life. The Role of Race, Religion, and National Origin*. New York 1964.
Graham-Jones, Jean: "Myths, Masks and Machismo: *Un trabajo fabuloso* by Ricardo Halac and *Y a otra cosa mariposa* by Susana Torres Molina", en *GESTOS* 10, 20 (1995), pp. 91-106.
Griffero, Ramón: *Opera para un naufragio* (1980).
-----: *Altazor-Equinoxe* (1981).
-----: *Recuerdos del hombre con su tortuga* (1983).
-----: *Historias de un galpón abandonado* (1984).
-----: *Cinema-Utoppia* (1985).
-----: *99 La Morgue* (1986).
-----: *Fotosíntesis-Porno* (1988).
-----: *Viva la República* (1989).
-----: *Extasis o la senda de la santidad* (1993).
-----: *La Gorda* (1994).
-----: *Las Aseadoras de la Opera* (1994).
-----: *Río abajo* (1995).
-----: *Sebastopol* (1998).
-----: *Almuerzos de mediodía - Brunch* (1999).
-----: *Las copas de la ira* (1999).
-----: "La senda de una pasión", en *APUNTES* 108 (1994).
Guerrero del Río, Eduardo; Rojo, Sara: *Dos escritores claves en la dramaturgia chilena: Armando Moock y Jorge Díaz*. Santiago de Chile 1978.
-----: "La peligrosa aventura de un montaje como el de Griffero", en *APUNTES* 96 (1988).
-----: "Espacio y poética de Ramón Griffero. Análisis de su trilogía *Historias de un galpón abandonado, Cinema-Utoppia, y 99 La Morgue*", en *Hacía una nueva crítica y un nuevo teatro latinoamericano*, eds. A. y F. de Toro. Frankfurt/Main 1993, pp. 127-136.
Gutiérrez, Mariela: "Dolores Prida: exilio, lengua e identidad", en *ENCUENTROS* 14 (1999), pp. 155-162.

Heinz, Marco: *Ethnizität und ethnische Identität. Eine Begriffsgeschichte*. Bonn 1993.
Herlinghaus, Hermann; Riese, Utz, eds.: *Heterotopien der Identität. Literatur in interamerikanischen Kontaktzonen*. Heidelberg 1999.
-----; Walter, Monika: "Lateinamerikanische Peripherie - diesseits und jenseits der Moderne", en *Repräsentation und Alterität im (post)kolonialen Diskurs*, ed. Robert Weimann. Frankfurt/Main 1997, pp. 242-300.
Hicks, D. Emily: *Border Writing: The Multidimensional Text*. Minneapolis 1991.

Hörning, Karl H.; Winter, Rainer, eds.: *Widerspenstige Kulturen. Cultural Studies als Herausforderung*. Frankfurt/Main 1999.

Holzapfel, Tamara: "Jorge Díaz y la dinámica del absurdo teatral", en ESTRENO 9, 2 (1983), pp. 32-35.

Huerta, Jorge: "Looking for the magic: Chicanos in the mainstream", en *Negotiating Performance* (Taylor, Villegas 1994), pp. 37-48.

Hurtado, María de la Luz: "El teatro de Ramón Griffero: Del grotesco al melodrama", en APUNTES 110 (1996), pp. 37-54.

Ilie, Paul: *Literature and Inner Exile*. Baltimore 1980.

Israel, Nico: *Outlandish: Writing between Exile and Diaspora*. Stanford 2000.

Ivelic, Radoslav K.: "El teatro y su verbo, en torno a la dramaturgia de Jorge Díaz", en ANALES (Santiago de Chile 1969), pp. 17-28.

Jähnichen, Waltraut: "Dem Furchtbaren mit Hoffnung begegnen. Chile im Hörspiel der DDR", en *DDR-Literatur '84 im Gespräch*. Berlin 1985, pp. 89-108.

Jappe, Elisabeth: *Performance -Ritual - Prozeß: Handbuch der Aktionskunst in Europa*. München, New York, 1993.

Jorge Díaz. Relación cronológica de las obras escritas y publicadas entre 1957 y 2000, ed. Centro Cultural de España en Santiago de Chile.

Kaminsky, Amy: *After Exile: Writing the Latin American Diaspora*. 1999.

Kaplan, Caren: *Questions of Travel. Postmodern Discourses of Displacement*. Durham, London 1996.

Kirshenblatt-Gimblett, Barbara: "The Ethnographic Burlesque", en THE DRAMA REVIEW 42,2 (T 158, 1998), pp. 175-180.

Kößler, Reinhart; Schiel, Tilman, eds.: *Nationalstaat und Ethnizität*. Frankfurt/Main 1995.

Kronik, John, ed.: ESTRENO. [Número Especial Jorge Díaz] 9, 2 (1983).

Ladra, David: "El teatro de Arístides Vargas", en PRIMER ACTO 275 (1998), pp. 56.

Leal, Rine: *En primera persona*. La Habana 1967.

-----, ed.: *Seis obras de teatro cubano*. La Habana 1989.

-----: "Asumir la totalidad del teatro cubano", en LA GACETA DE CUBA (sept.-oct. 1992), pp. 26-32.

-----, ed.: *Teatro: 5 autores cubanos*. New York 1995. [*Fefu y sus amigas* de María Irene Fornés; *Las monjas* de Eduardo Manet; *Nadie se va del todo* de Pedro R. Monge Rafuls; *Balada de un verano en La Habana* de Héctor Santiago; *La Fiesta* de José Triana].

Leschin, Luisa; Franco, Cris, et al.: *Latins Anonymous: Two Plays*. Houston 1996.

Liera-Schwichtenberg, Ramona: "Crossing Over: Selina's Tejano Music and the Discourse of Borderlands", en *Mapping the Beat: Popular Music and Contemporary Theory*. Maldin 1998, pp. 205-218.

López, Josefina: *Real Women Have Curves*. Woodstock 1996.

-----: "Simply María or the American Dream", en *Shattering the Myth: Plays by Hispanic Women*, ed. Linda Feyder. Houston 1992

Luján Leiva, María: *Latinoamericanos en Suecia. Una historia narrada por artistas y escritores*. Uppsala 1996.

Machado, Eduardo: *The Floating Island Plays.* New York 1991.

Mahieu, Roma: *Juegos a la hora de la siesta.*

-----: *María Lamuerte.*

-----: *Las rojas manzanas.*

-----: *La gallina ciega.*

-----: *Percusión.*

-----: *Opera nuestra de cada día.*

-----: *Bailable.*

-----: *El lobizón y el entierro.*

-----: *Diario íntimo de Odolinda Correa.*

-----: *El Benshi.*

-----: *Ring Side.*

-----: *Del amor.*

-----: *Pilar 8, Casilla 149 bis.*

-----: *Dragón de fuego.*

-----: *A fuego lento.*

-----: *El unicornio.*

-----: *Renacerá.*

-----: *SIDA Bebé.*

-----: *La Perricholi.*

-----: *Tango.*

Manet, Eduardo: *Les Nonnes* (1969).

-----: *Eux ou la prise du pouvoir* (1971).

-----: *Holocaustum ou Le borgne* (1972).

-----: *L'autre Don Juan* (1973).

-----: *Madras, la nuit où...* (1975).

-----: *Lady Strass* (1977).

-----: *Le jour où Marie Shelley rencontra Charlotte Bronté* (1979).

-----: *Un balcon sur les Andes* (1985).

-----: *Mendoza en Argentine* (1985).

-----: *Ma'déa* (1985).

-----: *Histoire de Maheu le boucher* (1986).

-----: *Les Chiennes* (1987).

-----: *Monsieur Lovestar et son voisin de palier* (1995).

Martín, Manuel Jr.: "Sanguivin en Union City", en *Teatro cubano contemporáneo. Antología*, ed. Carlos Espinosa Domínguez. Madrid 1992, pp. 789-857.

-----: "Rita and Bessie", en *Presencia negra: teatro cubano de la diáspora (Antología crítica)*, ed. Armando González-Pérez. Madrid 1999, pp. 249-276.

Martín-Rodríguez, Manuel M.: "Deterrritorialization and Heterotopia: Chicano/a Literature in the Zone", en *Confrontations et métissages. Actes du VIe congrès européen sur les cultures d'Amérique latine aux Etats-Unis. Bordeaux 7-8-9 juillet 1994*, eds. Elyette Benjamin-Labarthe; Yves-Charles Grandjeat; Christian Lerat. Bordeaux 1995, pp. 391-398.

Martínez, Juan Carlos: "El reencuentro, un tema dramático", en *Lo que no se ha dicho*, ed. Pedro R. Monge Rafuls. New York 1994, pp. 63-72.

-----: „Memoria, paradoja, y otros juegos para desmantelar la homofobia", en *De las dos orillas: Teatro cubano* (Adler, Herr 1999), pp. 165-176.

Martínez, Oscar J., ed.: *U.S.-Mexico Borderlands: Historical and Contemporary Perspectives.* Wilmington 1996.

Masiello, Francine: "La Argentina durante el Proceso: las múltiples resistencias de la cultura", en *Ficción y política: la dictadura argentina durante el proceso militar.* Buenos Aires, Madrid 1987.

Mazziotti, Nora, ed.: *Poder, deseo y marginación: aproximaciones a la obra de Griselda Gambaro.* Buenos Aires 1989.

McWilliams, Carey: *North from Mexico: The Spanish-Speaking People of the United States.* New York 1990.

Memorias del subdesarrollo. Dirección y guión de Tomás Gutiérrez Alea sobre la novela de Edmundo Desnoes. New Yorker Video. Cuba, 1968.

Meléndez, Priscilla: "El espacio dramático como signo: *La noche de los asesinos* de José Triana", en *LATR*17, 1 (fall 1983), pp. 25-36.

-----: "A puerta cerrada: Triana y el teatro fuera del teatro", en *En busca de una imagen. Ensayos críticos sobre Griselda Gambaro y José Triana*, ed. Diana Taylor. Ottawa 1984.

Méndez-Faith, Teresa; Minc, Rose: "Entrevista con Griselda Gambaro", en *ALBA DE AMÉRICA* 7, 12-13 (1989), pp. 419.

-----: "Sobre el uso y abuso de poder en algunas obras de Griselda Gambaro", en *REVISTA IBEROAMERICANA* 51, 132-133 (1985), pp. 831-841.

Mignolo, Walter D.: "Introduction: From Cross-Genealogies and Subaltern Knowledges to Nepantla", en *NEPANTLA: VIEWS FROM THE SOUTH* 1, 1 (spring 2000), pp. 1-8.

Miguez, Graciela: "Una temática inusual en Carlos M. Varela", en *REVISTA GRAFFITI* 65, 7 (1996).

Mijares, Enrique: *¿Herraduras al centauro?* Monterrey 1997.

-----: *La realidad virtual del teatro mexicano.* Mexiko 1999.

-----: "Manos impunes", en *Teatro del Norte: Antología.* Tijuana 1998, pp. 39-57.

Milleret, Margo: "Girls Growing Up, Cultural Norms Breaking Down in Two Plays by Josefina López", en *GESTOS* 13, 26 (noviembre 1998), pp. 109-125.

Miranda, Jaime: *Kalus* (1980).

-----: *Por la razón o la fuerza* (1981).

-----: *El donante* (1983).

-----: *Regreso sin causa* (1984).

Monge Rafuls, Pedro R.: *Cristóbal Colón y otros locos* (1986).

-----: *Limonada para el Virrey* (1987).

-----: *De la muerte y otras cositas* (1988).

-----: *El instante fugitivo* (1989).

-----: *Solidarios* (1989).

-----: *Recordando a Mamá* (1990).

-----: *Easy money* (1990).

-----: *Noche de Ronda* (1991).

-----: *Consejo a un muchacho que comienza a vivir* (1991).

-----: *No hay mal que dure 100 años* (1991).

-----: *Soldados somos y a la guerra vamos* (1991).

-----: "Nadie se va del todo" (1991), en *Teatro: 5 autores cubanos* (Rine Leal 1995), pp. 109-158.

-----: *Momentos* (1993).

-----: "Otra historia" (1993), en *Presencia negra: Teatro cubano de la diáspora. Antología Crítica*, ed. Armando González-Pérez. Madrid 1999, pp. 50-91.

-----: "Las lágrimas del alma", en PUENTE LIBRE 7 (summer 1995), pp. 137-140.

-----: "En este apartamento hay fuego todos los días. Un monólogo" (1987), en OLLANTAY 3, 1 (winter/spring 1995), pp. 63-69.

-----: "Trash. A Monologue", en OLLANTAY 3, 1 (winter/spring 1995), pp. 107-114; idem en *Out of the Fring*, eds. Caridad Svich; María Teresa Marrero. New York 2000, pp. 273-287.

-----: *Solución* (1997).

-----: *Se ruega puntualidad*. New York 1997.

-----: *Madre solo hay una* (1992/97).

-----: *Lo que no se ha dicho*, ed. New York 1994.

-----: "Sobre el teatro cubano", en OLLANTAY 2, 1 (winter/spring 1994), pp. 101-113.

Montes Huidobro, Matías: *Las cuatro brujas* (1950).

-----: *Las vacas* (1959).

-----: "La sal de los muertos" (1960), en *Teatro selecto contemporáneo hispanoamericano*, eds. Orlando Rodríguez-Sardiña; Carlos Miguel Suárez Radillo. Madrid 1971.

-----: *La madre y la guillotina* (1961).

-----: *Las caretas* (1961).

-----: *La puerta perdida* (1961).

-----: *Sucederá mañana* (1961).

-----: *El verano está cerca* (1961).

-----: *Ojos para no ver*. Miami/Madrid 1979.

-----: „La navaja de Olofé" (1981), en *Prismal Cabral* 7/8 (1982), pp. 118-133.

-----: *Las paraguayas* (1988).

-----: *Exilio* (1986). Honolulu 1988.

-----: *Funeral en Teruel*. Honolulu 1990.

-----: "Su cara mitad", en *Teatro cubano contemporáneo*. (Espinosa Domínguez 1992).

-----: *El hombre del agua* (1997).

-----: *Obras en un acto*. Honolulu 1991. [*Sobre las mismas rocas*, 1950; *Los acosados*, 1959; *La botija*, 1960; *Gas en los poros*, 1960; *El tiro por culata*, 1961; *La madre y la guillotina* (1961); *Hablando en chino* (1976); *La navaja de Olofé*, 1981; *Fetos*, 1988; *La garganta del Diablo*, 1989; *La soga*, 1990; *Lección de historia*, 1990].

-----: *Persona, vida y máscara en el teatro cubano*. Miami 1973.

-----: *Persona: vida y máscara en el teatro puertoriqueño*. San Juan de Puerto Rico 1986.

-----: "Censura, marginación y exilio en el teatro cubano", en ANALES LITERARIOS. DRAMATURGOS 1, 1 (1995), pp. 7-25.

-----: "Escribir en el exilio", en OLLANTAY 5, 2 (summer/autumn 1998), pp. 41-44.

Montoya, Richard; Salinas, Ric; Sigüinza, Herbert, eds.: *Culture Clash: Life, Death and Revolutionary Comedy*. New York 1998.

Mora, Pat: *Nepantla: Essays from the Land in the Middle*. Albuquerque 1993.

Moraga, Cherríe: "Shadow of a Man", en *Shattering the Myth: Plays by Hispanic Women*, ed. Linda Feyder. Houston 1992.

Morton, Carlos: *Rancho Hollywood y otras obras de teatro chicano*. Houston 1999.

Navarro, Gerardo: *Hotel de Cristal. Vicios privados: Antología*. Tijuana 1997, pp. 77-85.

-----: *Schizoethnic*. 1996, inédit.

Nelson, Bradley J.: "Pedro R. Monge Rafuls and the Mapping of the (Postmodern) Subject in Latino Theater", en GESTOS 12, 24 (noviembre 1997), pp. 135-148.
Nigro, Kirsten F., ed.: *Palabras más que comunes. Ensayos sobre el teatro de José Triana.* Boulder 1994.

Obregón, Osvaldo: "En torno a la difusión y recepción del teatro latinoamericano en Francia", en AMÉRICA, *Cahiers du CRICCAL* 1 (1986).
-----: *La diffusion du théâtre latino-américain en France depuis 1958.*(Tésis de doctorado, 4 vols., 1142 pp., Université de Paris III, Sorbonne-Nouvelle) 1987.
-----: "Teatristas latinoamericanos en Francia: los problemas del exilio", en DIÓGENES, *Anuario crítico del teatro latinoamericano* I, 1987, pp. 109-121; idem en *Le Théâtre sous la contrainte.* Aix-en-Provence, pp. 249-264.
-----: "Entrevista a Manuel José Arce", en GESTOS 5 (abril 1988).
-----: "Jorge Lavelli, a Cosmopolitan Director Twice Over", en WESTERN EUROPEAN STAGES (New York), II, 2 (Fall 1990). Idem en *Confluences. Le dialogue de cultures dans les spectacles contemporains (essais en l'honneur de Anne Ubersfeld).* 1993, pp. 142-152.
-----: "Boal, prophète en son pays? VIIème Festival International du Théâtre de l'Opprimé", en THÉÂTRE/PUBLIC 116 (mars/abril 1994), pp. 63-65.
-----: *Representaciones del poder en el teatro de José Triana.* IV Colloque international "Théâtre et pouvoir", domaines: hispanique, hispanoaméricain et mexicain. CRI-LAUP-CERTM. Perpignan 1998.
-----: "Le théâtre latino-américain en France: 1958-1987", en CAHIERS DU LIRA, Rennes 2000.

Palls, Tracy: "El teatro del absurdo en Cuba: El compromiso artístico frente al compromiso político", en LATR 11, 2 (spring 1978), pp. 25-32.
Parcero, Daniel; Helfgot, Marcelo; Dulce; Diego: *La Argentina exiliada.* Buenos Aires 1985.
Pascht, Arno: *Ethnizität. Zur Verwendung des Begriffs im wissenschaftlichen und gesellschaftlichen Diskurs. Eine Einführung.* München 1999.
Pavlovsky, Eduardo: *La ética del cuerpo.* Buenos Aires 1994.
Pellarolo, Silvia: "Revisando el canon/la historia oficial: Griselda Gambaro y el heroismo de *Antígona*", en GESTOS 7, 14 (1992), pp. 79-86.
Pellettieri, Osvaldo: "Historia y Teatro", en *Todo es Historia* 212 (dic. 1984), pp. 32-44.
Pereira Bezerra, Antonia: *Le théâtre de l'opprimé et la notion du spectateur acteur.* Université de Tolouse-Le Mirail 1999.
Pérez Firmat, Gustavo: *El año que viene estamos en Cuba.* Houston 1995.
-----: *Life on the Hyphen. The Cuban-American Way.* Austin 1999 [1994].
-----: *Cincuenta lecciones de exilio y desexilio.* Miami 2000.
Phelan, Peggy: *Unmarked: The Politics of Performance.* London 1993.
Polster, Martina: *Chilenische Exilliteratur in der DDR* (Humboldt-Universität, 1996). Marburg 2001.
Pradenas Chuecas, Luis: *Théâtre au Chili.* 3 Vols. Université de Paris VII 1995.
Prida, Dolores: "The Show Does Go On (Testimonio)", en *Breaking Boundaries: Latina Writing and Critical Readings*, ed. Asunción Horno-Delgado et al. Amherst 1989, pp. 181-188.
-----: *Beautiful Señoritas & Other Plays.* Houston 1991.

Poujol, Susana: "*Yepeto*: Una poética de la escritura", en ESPACIO DE CRÍTICA E IN-VESTIGACIÓN 1, 4 (1988), pp. 51-56.

Quintero, Héctor: *Te sigo esperando/Antes de mí el Sahara.*,ed. Juan Antonio Hormigón. Madrid 1998.

Reck, Hans-Ulrich: "Entgrenzung und Vermischung: Hybridkultur als Kunst der Philosophie", en *Hybridkultur. Medien, Netze, Künste*, eds. Irmela Schneider; Christian W. Thomsen. Köln 1997, pp. 91-117.

Reszczyinski, Katia; Rojas, María Paz; Barcel, Patricia: "Exilio: estudio médico-político", en ARAUCARIA DE CHILE 8 (1979), pp. 109-128.

Riese, Utz: "Kulturelle Übersetzung und interamerikanische Kontaktzonen. An Beispielen aus der autobiographischen Literatur der Chicanos", en *Heterotopien der Identität. Literatur in interamerikanischen Kontaktzonen*, eds. Hermann Herlinghaus; Utz Riese. Heidelberg 1999, pp. 99-150.

Rivera, Héctor Luis: "Las vertientes de Carmita", en OLLANTAY 3, 1 (1995), pp. 58-69. [sobre *En este apartamento hay fuego todos los días*]

Roepke, Gabriela: "Tres dramaturgos en Nueva York", en *Lo que no se ha dicho* (Monge Rafuls 1994), pp. 73- 96. [sobre M. Martín Jr., M. I. Fornés, P. R. Monge Rafuls] (idem en OLLANTAY 1, 2 (julio 1993), pp. 70-88.

Röttger, Kati: "Nichts ist, was es ist. Das Theater von Griselda Gambaro", en *Materialien zum Theater in Argentinien*, eds. Karl Kohut, Osvaldo Pellettieri. Frankfurt/Main 2002, pp. 173-191.

Rosaldo, Renato: *Culture and Truth: The Remaking of Social Analysis*. Boston 1989.

Saavedra Santis, Omar: *Szenen wider die Nacht*. UA Rostock 1977.

-----: *Herzlich willkommen in Amapola*. UA Rostock 1981. Adaptación por Hans Bräunlich (SWF Baden-Baden, Radio DDR).

-----: *Der Konsul und die Terroristin*. Dramaturgia: Dieter Hirschberg. Südwestfunk Baden-Baden 1988.

-----: *Fall im Morgengrauen*. Dramaturgia: Hans Bräunlich, dirección: Fritz Göhler. Stimme der DDR 24. 6. 1989.

-----: *Karfunkel. Wie klaut man einen Elefanten?* Película, dirección: Alejandro Quintana, ZDF 1991.

Sáenz, Dalmiro: ¡*Hip...hip...ufa!*. La Habana 1967.

Said, Edward W.: *Orientalism*. New York 1978.

-----: "The Mind of Winter: Reflections on Life in Exile", en HARPER'S (septiember 1984), pp. 49-55.

-----: "Figures, Configurations, Transfigurations", en *New Historical Literary Study: Essays on Reproducing Texts, Representing History*, eds. Jeffrey N. Cox; Larry-J. Reynolds. Princeton 1993.

Salcedo, Hugo: *El viaje de los cantores*. México 1990.

-----: "La bufadora", en YUBAI 4, 16 (oct.-dic. 1996), pp. 18-27.

-----: "Dramaturgia en el norte de México", en TIERRA ADENTRO 97 (abril-mayo 1999), pp. 45-48.

-----: "Selina: La Reina del Tex-Mex", en *Teatro de frontera 2*. Durango 1999, pp. 123-153.

Saldívar, José David: *Border Matters: Remapping American Cultural Studies*. Berkeley 1997.

Sánchez-Boudy, José: *La soledad de la Playa Larga (Mañana, mariposa)*. Miami 1975.

Sandoval, Alberto: "Dolores Prida's *Coser y cantar*: Mapping the Dialectics of Ethnic Identity and Assimilation", en *Breaking Boundaries: Latina Writing and Critical Readings*, ed. Asunción Horno-Delgado et al. Amherst 1989, pp. 201-220.

Santiago, Héctor: *Las noches de la chambelona*. Princeton 1993.

-----: "Características del teatro frente a otros géneros literarios en el exilio", en *Lo que no se ha dicho*, ed. Pedro R. Monge Rafuls. New York 1994, pp. 97-112.

Sarlo, Beatriz: "Política, ideología y figuración literaria", en *Ficción y política: la dictadura argentina durante el proceso militar*. Buenos Aires, Madrid 1987, pp. 30-59.

-----: "El campo intelectual: un espacio doblemente fracturado", en *Represión y reconstrucción de una cultura: el caso argentino*. Buenos Aires 1988, pp. 96-107.

Schneider, Irmela; Thomsen, Christian W., eds.: *Hybridkultur. Medien, Netze, Künste*. Köln 1997.

Scott, Jill: "Griselda Gambaro's *Antígona furiosa*: Loco(ex)centrism for jouissan(SA)", en *GESTOS* 8, 15 (1993), pp. 99-110.

Seda, Laurietz: "El hábito no hace el monje en *Y a otra cosa mariposa*", en *LATR* 30, 2 (1997), pp. 103-114.

Sepúlveda, Luis: *Leben und Leiden des Stan Laurel und Oliver Hardy*. Dirección Hein Bruehl. WDR 18. 8. 1994.

Sieveking, Alejandro: "Teatro chileno antifascista", en *Primer Coloquio sobre literatura chilena (de la resistencia y el exilio)*. Mexiko 1980, pp. 97-113.

Skármeta, Antonio: *Die Suche*. Dirección: Peter Lilienthal. WDR 5. 10. 1976.

-----: *Tot, vorübergehend*. Dirección Bernd Lau. WDR 6. 6. 1982.

-----: "La nueva condición del escritor en el exilio", en *ARAUCARIA DE CHILE* (1992), pp. 133-141.

Sollors, Werner, ed.: *Theories of Ethnicity. A Classical Reader*. Houndsmills, London 1966.

----- : *Beyond Ethnicity. Consent and Descent in American Culture*. New York, Oxford 1986.

-----: "A Critique of Pure Pluralism", en *Reconstructing American Literary History*, ed. Sacvan Bercovitch. Cambridge 1986, pp. 250-279.

-----, ed. : *The Invention of Ethnicity*. New York, Oxford 1989.

Sosnowski, Saúl, ed.: *Represión y reconstrucción de una cultura: el caso argentino*. Buenos Aires 1988.

Stavans, Ilán: *La condición hispánica: Reflexiones sobre cultura e identidad en los Estados Unidos*. Mexiko 1999.

Svich, Caridad; Marrero, María Teresa, eds.: *Out of the Fringe*. New York 2000.

Taylor, Diana, ed.: *En busca de una imagen. Ensayos críticos sobre Griselda Gambaro y José Triana*. Kanada 1989.

-----: "Framing the Revolution: Triana's *La noche de los asesinos* and *Ceremonial de guerra*", en *LATR* 24, 1 (fall 1990), pp. 81-92.

-----; Villegas, Juan, eds.: *Negotiating Performance: Gender, Sexuality and Theatricality in Latin/o América*. Durham 1994.

-----: "A Savage Performance. Guillermo Gómez-Peña and Coco Fusco's *Couple in the Cage*", en *THE DRAMA REVIEW* 42, 2 (T 158, summer 1998), pp. 160-175.

Thorau, Henry; Magaldi, Sábato, eds.: *Theaterstücke aus Brasilien*. Berlin 1996. [Maria Adelaide Amaral, Oswald de Andrade, Augusto Boal, Dias Gomes, Plínio Marcos, Nelson Rodrigues]

Todorov, Tzvetan: *L'homme dépaysé*. Paris 1996.

Torres, María de los Angeles: "Beyond the Rupture: Reconciling with Our Enemies, Reconciling with Ourselves", en *Bridges to Cuba (Part One)*, en MICHIGAN QUARTERLY REVIEW 33, 3 (summer 1994), pp. 419-36.

Torres, Omar: *Fallen Angels Sing*. Houston 1991.

Torres Molina Susana: *Extraño juguete* (1977).

-----: "Y a otra cosa mariposa" (1981), en *Voces en escena*, eds. Nora Eidelberg; María Mercedes Jaramillo. Medellín 1991, pp. 335-403.

-----: *Inventario* (1983).

-----: *Espiral de fuego* (1985).

-----: *Amantíssima* (1988).

-----: *Unio mystica* (1991).

-----: *Canto de sirenas* (1995).

-----: *Paraíso perdido* (1997).

-----: *Manifiesto* (1998).

-----: *No sé tú* (1999).

-----: *Nada entre los dientes* (1999).

-----: *Cero* (1999).

-----: *Hormigas en el Bidet* (1999).

-----: *Una noche cualquiera* (1999).

-----: *Modus operandi* (1999).

-----: *Como si nada* (2000).

-----: *Estática* (2000).

Toynbee, Arnold: *Un estudio de la historia*. Vol. I. Buenos Aires 1951.

"Trayectoria del Teatro de la Resistencia", en *Boletín Informativo de la CUT* (Central única de Trabajadores de Chile - Comité exterior). París 1983.

Trastoy, Beatriz: "La inmigración italiana en el teatro de Roberto Cossa: El revés de la trama", en *Inmigración italiana y teatro argentino*, ed. Osvaldo Pellettieri. Buenos Aires 1999, pp. 137-145.

-----: "Madres, marginados y otras víctimas: el teatro de Griselda Gambaro en el ocaso del siglo", en *Teatro Argentino del 2000*, ed. Osvaldo Pelletieri. CUADERNO DEL GETEA nº 11. Buenos Aires, 2000, pp. 37-46.

Treviño, Medardo: *Teatro*. Durango 2000.

Triana, José: *La casa ardiendo* (1962).

-----: *La visita del ángel* (1962).

-----: *El parque de la fraternidad*. La Habana 1962. [*Medea en el espejo, El Mayor General hablará teogonía, El parque de la fraternidad*].

-----: *La muerte de Ñeque* (1963). La Habana 1964.

-----: *La noche de los asesinos*. La Habana 1965 y en *Teatro cubano contemporáneo, ed.* Carlos Espinosa Domínguez. Madrid 1992).

-----: *Ceremonial de guerra* (1968). Prólogo de George Woodyard. Honolulu 1990.

-----: *Palabras comunes* (1980).

-----: *Teatro*. Prólogo de José A. Escarpanter. Madrid, 1991. [*Medea en el espejo, La noche de los asesinos, Palabras comunes*].

-----: *Cruzando el puente*. Valencia 1992 y en LATR 26, 2 (spring 1993), pp. 59-83.

-----: „Revolico en el Campo de Marte", en GESTOS 19 (abril 1995).
-----: "La fiesta" (1994), en *Teatro: 5 autores cubanos* (Leal 1995), pp. 217-277.
-----, ed.: *El tiempo en un acto. 13 obras de teatro cubano*. New York 1999.
Tucker, Martin: *Literary Exile in the Twentieth-Century: An Analysis and Biographical Dictionary*. New York 1991.

Vargas, Arístides: *Nuestra Señora de las Nubes*, en PRIMER ACTO 275 (1998), pp. 57-72.
-----: "Evolución formal en el teatro latinoamericano", en PRIMER ACTO 275 (1998), pp. 51-55
Vásquez, Ana; Araujo, Ana María: *Exils latino-américains: la malédiction d'Ulysse*. Paris 1988.
Vasserot, Christilla, ed.: *Théâtres cubains*. LES CAHIERS, Maison Antoine Vitez 1. Montpellier 1995.
-----: "Entrevista con José Triana", en LATR 29, 1 (fall 1995), pp. 119-129.
Vila, Pablo: *Crossing Borders, Reinforcing Borders: Social Categories, Metaphors, and Narrative Identities on the U.S.-Mexico Frontier*. Austin 2000.
Villarreal, Edit: "My Visits with MGM (My Grandmother Marta)", en *Shattering the Myth: Plays by Hispanic Women*, ed. Linda Feyder. Houston 1992.
Vorlicky, Robert: "The Value of *Trash*: A Solo Vision", en OLLANTAY 3, 1 (winter/spring 1995), pp. 103-106.

Waldman, Gloria Feldman: "Three Female Playwrights Explore Contemporary Latin American Reality: Myrna Casas, Griselda Gambaro, Luisa Josefina Hernández", en *Latin American Women Writers* (Miller, Tatum 1977), pp. 75-83.
Watson-Espener, Maida: "Ethnicity and the Hispanic American stage: the Cuban experience", en *Hispanic Theatre in the United States*, ed. Nicolás Kanellos. Houston 1984, pp. 34-44.
Woodyard, George W.: "Jorge Díaz and the Liturgy of Violence", en *Dramatists in Revolt*, eds. L. Lyday; G. Woodyard. Austin 1976.
-----: "Ritual as Reality in Díaz' *Mata a tu prójimo como a ti mismo*", en ESTRENO 9, 2 (1983), pp. 13-15.
-----: "Jorge Díaz", en *Latin American Writers III*, eds. Carlos A. Solé; María Isabel Abreu. New York 1989, pp. 1393-1397.
-----: "*Palabras comunes* de Triana: Ciclos de cambio y repetición", en *En busca de una imagen* (Taylor 1989), pp. 175-181.
-----: "The Two Worlds of Jorge Díaz", en ESTRENO 18, 1 (primavera 1992), pp. 20-22.
-----: "The Theatre of Roberto Cossa: A World of Broken Dreams", en *Perspectives on Contemporary Spanish American Theatre*, ed. Frank Dauster. BUCKNELL REVIEW 40, 2 (Fall 1996).
-----: "José Triana", en *Encyclopedia of Latin American History and Culture*, ed. Barbara A. Tenenbaum. New York 1996, pp. 267-268.
-----: "Exorcisando los demonios: *El último día de verano* de José Triana", en *Proceedings of the III Jornadas de Teatro Latinoamericano*, Puebla 1997.
-----: "Espejos que deforman: El teatro reciente de José Triana", VI Congreso de Teatro Iberoamericano y Argentino, Buenos Aires 1997.

Zalacaín, Daniel: *Marqués, Díaz, Gambaro: Temas y técnicas absurdistas en el teatro hispanoamericano*. University of North Carolina at Chapel Hill.

-----: "El asesinato simbólico en cuatro piezas dramáticas hispanoamericanas", en *LATR* 19, 1 (fall 1985), pp. 19-26. [u.a. José Triana].

-----: *Teatro absurdista hispanoamericano.* Valencia, Chapel Hill 1985. [Virgilio Piñera, José Triana].

-----: "Circularidad y metateatro en la escena hispanoamericana", en *HISPANOFILA* 86 (1986), pp. 37-54. [*La noche de los asesinos* de José Triana, *Dos viejos pánicos* de Virgilio Piñera].

Zaliasnik, Yale: *El juego en tres obras de Jorge Díaz.* Santiago de Chile 1997.

Zangwill, Israel: *The Melting Pot/Plaster Saints.* London 1925.

Zatlin, Phyllis: "Politics and Metatheatre: A Cuban-French View Of Latin America", en *LATR* 23, 2 (spring 1990), pp. 13-19.

-----: "Eduardo Manet, Hispanic Playwright in French Clothing?", en *MODERN LANGUAGE STUDIES* 22, 1 (1992), pp. 80-87.

-----: "Nuns in Drag? Eduardo Manet's Cross Gender Casting of *Les Nonnes*", en *THE DRAMA REVIEW* 4, 36 (1992), pp. 106-120.

Zayas de Lima: "Susan Torres Molina, la mujer y el mito", en *Dramas de Mujeres*, ed. Halima Tahan. Buenos Aires 1998.